空天地大数据与水利应用丛书

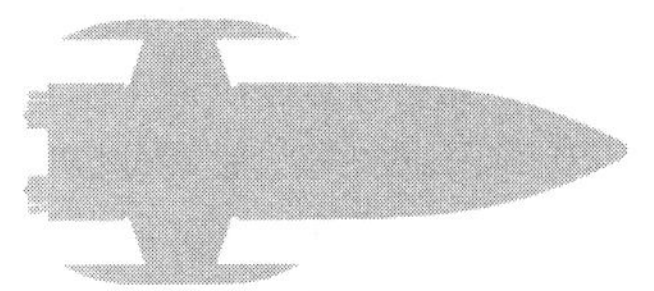

基于无人船水下遥感的
底质分类研究

陈曦　雷添杰　邓安军　李京　沈蔚　著

中国水利水电出版社
www.waterpub.com.cn
·北京·

内 容 提 要

如何从多源声学图像中提取有效信息用于融合，如何实现有效的信息融合以提高底质分类的精度等，是业内近年来值得研究的重要问题。鉴于此，本书重点探讨了融合多源声学图像信息的海洋底质分类方法，针对融合过程中的关键问题探讨了多源声学图像特征提取与特征选择方法、面向对象的自动底质分类方法以及适用于底质分类的图像信息融合方法，同时结合实验进行了方法验证和分析。

本书适合相关专业师生作为辅助教材，也可以作为相关领域工作人员的指导读物。

图书在版编目（CIP）数据

基于无人船水下遥感的底质分类研究 / 陈曦等著
. -- 北京 : 中国水利水电出版社, 2020.11
（空天地大数据与水利应用丛书）
ISBN 978-7-5170-9096-0

Ⅰ. ①基… Ⅱ. ①陈… Ⅲ. ①无人驾驶－船舶－水下探测－遥感－研究 Ⅳ. ①U675.7

中国版本图书馆CIP数据核字(2020)第212881号

书　　名	空天地大数据与水利应用丛书 **基于无人船水下遥感的底质分类研究** JIYU WUREN CHUAN SHUIXIA YAOGAN DE DIZHI FENLEI YANJIU
作　　者	陈曦　雷添杰　邓安军　李京　沈蔚　著
出版发行	中国水利水电出版社 （北京市海淀区玉渊潭南路1号D座　100038） 网址：www.waterpub.com.cn E-mail：sales@mwr.gov.cn 电话：（010）68367658（营销中心）
经　　售	北京科水图书销售中心（零售） 电话：（010）88383994、63202643、68545874 全国各地新华书店和相关出版物销售网点
排　　版	中国水利水电出版社微机排版中心
印　　刷	天津嘉恒印务有限公司
规　　格	184mm×260mm　16开本　10.25印张　249千字
版　　次	2020年11月第1版　2020年11月第1次印刷
定　　价	**68.00**元

《基于无人船水下遥感的底质分类研究》

参　写　人　员

陈　曦　雷添杰　邓安军　李　京　沈　蔚

陈建国　吉祖稳　王党伟　胡海华　陆　琴

王嘉宝　李小涵　张亚珍　张鹏鹏

前言

无人船水下遥感（Unmanned Ship Based Underwater Remote Sensing），即利用无人船平台实现自动化、智能化快速获取水下地形、水下底质、水体物理化学性质等遥感信息的组织、处理、建模和应用分析的技术。近年来，随着无人船舶航行技术、遥测遥控技术、声学传感器技术、通信技术、GPS差分定位技术和遥感应用技术的发展，无人船遥感系统的性能和自动化程度不断提高。作为侧扫声呐、多波束系统和浅地层剖面仪等多源声学遥感设备的载具，无人船具有灵活机动、自动化水平高、技术相对成熟、安全性高等特点，因此受到了广泛的关注，并应用在水环境保护、航道测量、海底线缆探查、水下搜救、水质监测等多个领域。

水下底质分类对海洋、河流、湖泊科学研究、资源开发、环境保护和海权维护具有重要意义。侧扫声呐、多波束系统和浅地层剖面仪等多源探测是声学法底质分类的常用技术，声学图像是通过上述3种技术得到的主要成果之一。基于声学图像分析法的底质分类具有高空间覆盖率、高制图精度和低成本的特点，是传统采样法、回波波形分析法等方法无法比拟的。但是，仅基于单一数据源进行自动底质分类的精度偏低，大量水底多源声学探测数据仍处于利用率较低、有效信息提取依赖人工解译的状态。

多源声学图像具有多维、多源、异构的特点，其提供的信息既有较大的差异性，又有良好的互补性。多源声学图像信息融合是水下测绘、水生态、水下地质调查、水声学等领域的研究趋势。但是，目前基于无人船遥感平台，融合多源声学图像进行自动底质分类的方法处在探索阶段，怎样通过无人船获取的多源声学图像提取有效信息，以及怎样实现有效的信息融合以提高底质分类的精度是有待突破的关键问题。

围绕上述问题，本书针对无人船平台获取的水下多源声学遥感数据，研究了融合多源声学图像信息的水下底质分类方法，针对融合过程中的几个关键问题，重点讨论了多源声学图像特征提取与特征选择方法、面向对象的自动底质分类方法和适用于底质分类的图像信息融合方法，并结合实验进行了方法验证和分析。本书研究工作的主要内容体现在以下方面。

（1）改进了面向底质分类的多源声学图像预处理方法。从多源声学图像的形成原理出发，讨论了融合多源声学图像信息进行底质分类的可行性，并通过改进侧扫声呐和浅地层剖面声呐图像预处理方法为底质分类提供条件。

（2）研究了多源声学图像的特征信息提取方法。分别从定性和定量角度分析了不同水下底质在水下地貌、地形和浅地层剖面图像中的特征，并给出了部分特征的定量提取方法；分析了具有代表性的36种水下地貌图像特征量、11种水下地形特征量和12种水下浅层剖面图像特征量。为了降低通过经验选取的特征量之间的冗余性，提出了基于相关性聚类的特征筛选方法；为了提高所选特征量对底质分类的有效性，又提出了最大相关最小冗余算法（mRMR）与粒子群优化算法（Particle Swarm Optimization，PSO）的特征选择方法。通过上述过程提取的特征量既可作为底质分类的依据，又可作为多源声学图像信息特征级融合的研究对象。

（3）研究了多源声学图像的分类信息提取方法。基于面向对象的分类思想，对于水下地貌和地形图像，依次采用多尺度分割方法，结合mRMR与PSO算法的特征选择方法，以及包括K—近邻、朴素贝叶斯、决策树、支持向量机和随机森林5种常用的监督分类算法进行了底质分类研究；根据水下浅层剖面图像仅描述水底表层底质一维分布的特点，提出了一种面向对象的、基于滑动窗口的浅层剖面图像监督分类方法。实验结果表明，不同分类算法对不同底质类型的分类效果各有优劣；地貌数据更适合对砾石、粗砂、细砂和泥等底质进行分类，地形数据更适合对礁石和沙波的分类；基于滑动窗口的浅层剖面图像监督分类方法可有效分辨黏土、粉砂、卵石、基岩等底质在浅层剖面图像中的水平分布，总体分类精度高于90.83%。通过上述过程得到的分类信息既可单独应用，又可作为多源声学图像信息决策级融合的研究对象。

（4）在上述研究的基础上，进一步探索了多源声学图像信息融合的综合模型和融合方法。其中，综合模型结合了信息融合的混合模型（OB）、基于主题（THB）和基于空间特征、面向应用的（SFBAO）浅层声学数据集成与融合模型，以及面向底质分类的特征级与决策级融合模型，形成从宏观到微观的技术框架；融合方法采用了融合多源声学图像特征信息的特征级融合方法，以及融合多源声学图像分类信息的决策级融合方法，围绕后者提出了基于Dempster－Shafer证据推理的多源声学图像决策级融合方法，并讨论了证据融合顺序设计、基本信度分配函数构建、证据合成规则选取和决策规则选取的方法。最后，对本书介绍的底质分类方法进行了综合比较，结果表明特征级融合与决策级融合可提高基于单一数据源的底质分类精度，在分类数据的输入顺序和数量设定合理的情况下，决策级融合可在总体精度上超过特征级融合。在对特定底质类型的分类精度方面，特征级和决策级融合的结果又具有较好的互补性。

本书获得“十三五”国家重点研发计划课题“不同类型区水库和湖泊淤积调查分析与基础数据库（2017YFC0405201）”、中国水利水电科学研究院科技成果转化基金“水库泥沙淤积与调控技术成果集成与转化（SE1003A012017）”资助，并入选“遥感青年科技人才创新资助计划”。

鉴于笔者水平有限，书中错误和不足在所难免，欢迎读者朋友不吝指正，不胜感谢！

著者

2020年1月

目录

前言

第1章 绪论 …… 1

1.1 研究背景 …… 1

1.2 研究现状 …… 6

1.3 存在的问题 …… 12

1.4 研究内容与技术路线 …… 13

1.5 本书的组织结构 …… 14

第2章 水底多源声学图像的形成原理 …… 16

2.1 水底声学图像的成像理论 …… 16

2.2 侧扫声呐的声学图像形成原理 …… 28

2.3 多波束系统的声学图像形成原理 …… 36

2.4 浅地层剖面仪的声学图像形成原理 …… 40

2.5 多源声学图像的比较 …… 47

2.6 本章小结 …… 48

第3章 多源声学图像的特征分析 …… 49

3.1 水底多源声学图像的底质特征描述 …… 49

3.2 实验数据及研究区概况 …… 52

3.3 多源声学图像的特征提取 …… 58

3.4 基于相关性聚类的多源声学图像特征筛选方法 …… 68

3.5 本章小结 …… 76

第4章 面向对象的多源声学图像底质分类方法 …… 77

4.1 水底多源声学图像分割 …… 77

4.2 水底多源声学图像的特征选择 …… 82

4.3 面向对象的水底多源声学图像分类 …… 92

4.4 本章小结 …… 106

第5章 面向水下底质分类的多源声学图像信息融合方法 …… 108

5.1 面向水下底质分类的多源声学图像融合综合模型 …… 108

5.2 基于水底地貌、地形图像的特征级融合与底质分类方法 …… 113
5.3 一种基于水底地貌、地形图像的决策级融合与底质分类方法 …… 117
5.4 一种基于水底地貌、地形和浅地层剖面图像的决策级融合与底质分类方法探讨 …… 129
5.5 本书采用的几种底质分类方法综合比较 …… 134
5.6 本章小结 …… 136

第6章 总结与展望 …… 138
6.1 本书的主要结论和创新点 …… 138
6.2 研究展望 …… 139

参考文献 …… 141

致谢 …… 153

第1章

绪　论

水体是全球生命支持系统的一个基本组成部分，也是一种有助于实现可持续发展的宝贵财富（联合国《21世纪议程》），对海洋、河流、湖泊等水体的全面认知、开发、利用和保护越来越受到全人类的高度重视。

地表水体的底层处于地球内、外圈层的边界，是自然演化与人类活动的重要承载面，对水下底质的研究有多方面的意义。第一，从水底科学研究的角度来看，水下底质可反映水下自然现象、性质以及变化规律，是海洋、湖泊地质学，地球物理学，地球化学，水下生物学，海洋工程学等多个学科的重要研究对象之一；第二，从水下资源开发的角度看，海洋、河流、湖泊底质蕴含的矿产资源、海底能源、生物基因资源、海洋渔业资源等具有重要的经济价值。第三，从水下空间利用的角度看，了解水下底质对于海洋、内河交通运输、水下管线铺设、滩涂利用和围海造地等水下及近海工程具有重要意义；第四，从海洋主权和海洋安全维护的角度看，基于水下探测的海底勘察在维护国家的海洋权益（大陆架、专属经济区）、分享国际海底权利、保障国家海洋安全，以及水下应急搜救、海洋地质灾害防护等领域也发挥着重要作用。

1.1　研究背景

1.1.1　无人船水下遥感应用

无人船水下遥感（Unmanned Ship Based Underwater Remote Sensing），即利用无人船平台实现自动化、智能化快速获取水下地形、水下底质、水体物理化学性质等遥感信息的组织、处理、建模和应用分析的技术。近年来，随着无人船舶航行技术、遥测遥控技术、声学传感器技术、通讯技术、GPS差分定位技术和遥感应用技术的发展，无人船遥感系统的性能和自动化程度不断提高。作为侧扫声呐、多波束系统和浅地层剖面仪等多源声学遥感设备的载具，无人船具有灵活机动、自动化水平高、技术相对成熟、安全性高等特点，因此受到了广泛的关注，并应用在水环境保护、航道测量、海底线缆探查、水下搜救、水质监测等多个领域（张锡越等，2018；李斌等，2015）。

作为一种低成本、低风险、高效能的水面遥感平台，无人船不仅可装载光学、微波、激光雷达等水面遥感设备，以及温度、盐度、深度、酸碱度、水体溶解氧等水体传感器，还可搭载侧扫声呐、多波束系统和浅地层剖面仪等多种水下声学遥感设备，从而具备了水下声学遥感探测的综合功能（Lee S. 等，2017；Thompson D. 等，

2019)。由于无人船比传统测量船减少了船员生命维持等系统，因此可做到灵活机动，能适应较恶劣的水面环境，且能够在能源补给充分的情况下不间断作业，具有传统测量船无法比拟的优势。

当前无人船水下遥感系统的基本组成包括动力系统、导航系统、通信系统、船体平台、传感器系统和岸基遥控与处理系统（图1-1）。其中，动力系统为无人船提供航行和定点停泊所需的动力和能源；导航系统为无人船和远程控制终端提供船舶实时定位信息和航线、航向等导航信息，包括船舶姿态感知、环境感知、障碍物识别、人机交互、智能路径规划、组合导航等子系统（陈佳，2013）；通讯系统用于传输无人船自身状态、远程控制、图像及数据流等信息；船体平台包括适用于不同任务的无人船体以及为传感器系统提供的支架和设备接口等；传感器系统通常包括GNSS导航与姿态传感器、声学多普勒流速剖面仪（Acoustic Doppler Current Profiler，ADCP）、测深仪以及侧扫声呐、多波束系统和浅地层剖面仪等多种水下声学遥感设备；岸基遥控与处理系统包括无人船航线记录与控制系统、无人船状态与环境感知信息处理系统以及针对传输回来的水下遥感数据进行处理与分析的系统等。

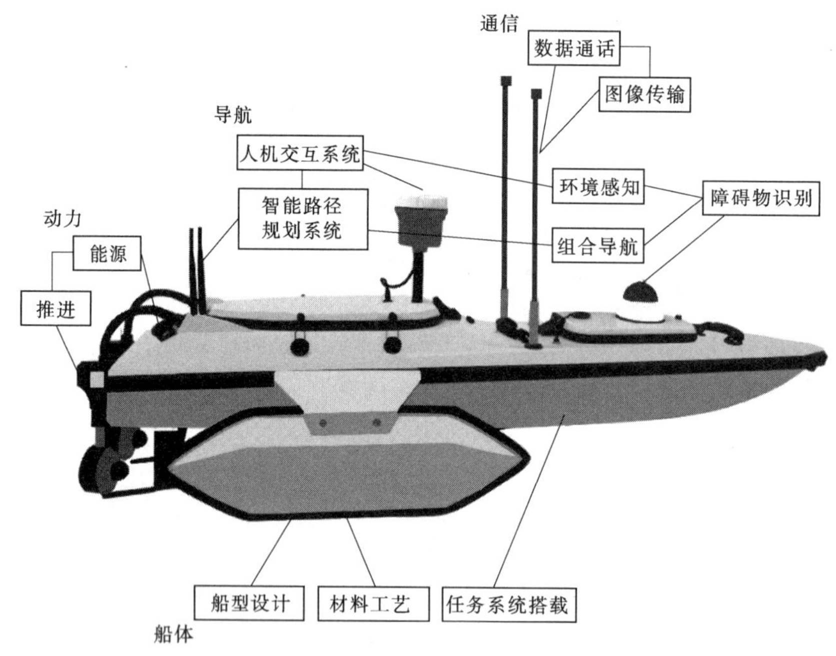

图1-1 无人船水下遥感系统组成图

目前，基于无人船平台的水下遥感系统主要应用可分为水下调查与测量、防务两个大方向（蒲进菁等，2020；高宗江等，2017；金久才等，2015）。其中，水下调查与测量方面的应用包括水下测绘、水下底质调查、水下目标检测、物理海洋（气象、水文）观测、水体生化指标监测、水生物观测等；防务方面的应用主要包括重点港口、水下构筑物（大坝、水下电缆、管道等）、航道区域的巡检，以及水下搜救、军事防御等。

国内外已有大量机构进行无人船技术的研发工作（蒲进菁等，2020），其中企业包括美国的科学应用国际公司（Science Applications International）、通用动力公司（General Dynamics）、诺格公司（Northrop Grumman Corporation），以色列的埃尔比特系统公司（Elbit Systems）、拉斐尔先进防务系统公司（Rafael）、以色列航空工业公司（IAI），英国的奎纳蒂克公司（QinetiQ）、ASV公司，德国的阿特拉斯电子公司（Atlas Elektronik），法国的ECA公司，日本的雅马哈公司，中国的云洲智能科技公司等；科研院所、高校包括美国海军研究局（Office of Naval Research，ONR）、美国国防高级研究计划局（Defense Advanced Research Projects Agency，DARPA）、中国科学院沈阳自动化研究所、中国船舶重工集团公司旗下各研究所、哈尔滨工程大学、海军工程大学、上海海事大学、大连海事大学、上海大学等。

我国无人船技术随着国家及地方政府、科研院所和企业的不断投入，已逐步与国外技术缩小差距，从前期的专用遥控船（不具备自主控制能力）逐渐发展出自主式无人船等产品。但目前大型无人船以及具备复合功能的水下遥感无人船系统尚处于研制和发展阶段。

综上所述，无人船具有机动性强、灵活、不间断测量成本低、安全性高等特点，可弥补传统水下测绘和调查在环境复杂、恶劣的水域作业的局限性，因此成为各国军、民用装备研制的热点。基于无人船平台的水下遥感系统主要应用于水下调查与测量、水下防务等领域。随着各国对海洋发展战略的重视以及对水下空间开发力度的加大，无人船水下遥感技术将扮演越来越重要的角色。随着5G、人工智能技术、卫星通讯与导航技术的发展，无人船遥感系统与新技术、新材料的深度融合将有望引领无人船遥感行业的技术突破和应用创新。

目前基于无人船平台的水下遥感系统主要用于内陆河流、湖泊及浅海区域常规调查，面临的主要问题包括无人船方面的稳定性、安全性、数据传输效率、船载信息处理效率、定位与测量精度等，以及水下遥感系统信息处理方面的数据获取精度、数据组织效率、信息融合方法、数据后处理与应用扩展等。本书主要围绕后者，即基于无人船平台的水下遥感系统在水下底质分类中的信息处理技术与应用展开论述。

1.1.2 水下底质的粒级划分

早在航海时代早期的1873—1876年，英国海洋调查船Challenger号就对来自各大洋的海底沉积物进行了分类，并由英国海洋学家编制了世界第一幅大洋底质图[1]。最初的海洋底质图上的分类主要包含砂、软泥、贝壳、混有砂的软泥等。

1958年，《海洋与湖沼》杂志第1卷第2期刊登了译自苏联科学院海洋研究所著名地质学家M.B.克利诺娃教授的文章，介绍了海底底质图的编制原则、编制方法，并分析了我国黄海、东海的底质分布特征及成因。该论文介绍了以十进制分类原则为基础的底质机械分级分类方法，将海洋底质分为石块、巨砾、砾石、石子、砂、粉砂和泥共7类，后6类又各分为粗、中、细三个细分的组，这成为早期我国科学家对东海和南海底质进行初步研究的分类标准[2]。

我国2008年2月起施行的《海洋调查规范　第一部分：总则》（GB/T 12763.1—2007）国家标准对海洋底质按粒级标准的划分和命名规则如表1-1所示[3]。

表 1-1 海洋底质等比制（φ 值标准）粒级分类表

粒组类型	粒级名称		粒径范围		$\varphi=-\log_2 d$		代号
	简分法	细分法	mm	μm	d	φ	
岩块（R）	岩块（漂砾）	岩块	>256		256	−8	R
		粗砾	256～128		128	−7	CG
			128～64		64	−6	
			64～32		32	−5	
砾石（G）	砾石	中砾	32～16		16	−4	MG
			16～8		8	−3	
		细砾	8～4		4	−2	FG
			4～2		2	−1	
砂（S）	粗砂	极粗砂	2～1	2000～1000	1	0	VCS
		粗砂	1～0.5	1000～500	1/2	1	CS
	中砂	中砂	0.5～0.25	500～250	1/4	2	MS
	细砂	细砂	0.25～0.125	250～125	1/8	3	FS
		极细砂	0.125～0.063	125～63	1/16	4	VFS
粉砂（T）	粗粉砂	粗粉砂	0.063～0.032	63～32	1/32	5	CT
		中粉砂	0.032～0.016	32～16	1/64	6	MT
	细粉砂	细粉砂	0.016～0.008	16～8	1/128	7	FT
		极细粉砂	0.008～0.004	8～4	1/256	8	VFT
黏土（泥）(Y)	黏土	粗黏土	0.004～0.002	4～2	1/512	9	CY
			0.002～0.001	2～1	1/1024	10	
		细黏土	<0.001	<1	1/2048	>11	FY

近年来，刘志杰等[4]讨论了谢帕德分类法和福克分类法，提出基于这两种分类法按照单一优势粒级的原则对含砾沉积物做进一步细分，以砾石、泥、砂、粉砂、黏土为端元构建细分的命名体系。温朝江等[5]讨论了底质专题图符号系统的逻辑设计，参照《中国海图图式》（GB 12319—1998）中的底质类型符号体系[6]，提出以主要成分的粒级分类为主、物质成分为辅的专用底质类型符号体系，其粒级分类标准采用岩块、砾石、砂、粉砂、黏土的划分体系，并可按照粒级和物质成分继续细分。总的来说，我国对浅海、河流、湖泊底质类别的分类方法在国外底质分类体系的基础上不断完善，按照粒级划分可分为岩块、砾石、砂、粉砂、黏土（泥）五大类。

1.1.3 现有的水下底质探测方法

水下底质探测方法目前可分为传统采样法和遥测法两种。传统的水下底质采样法一般为机械式采样。根据国家海洋地质地球物理调查规范[3]，水下底质采样一般要求测定水深，做表层采样和柱状采样。底质表层采样一般使用蚌式、箱式、多管式、自返式采样器或拖网等设备；柱状采样常使用重力活塞、震动活塞及浅钻等取样设备。上述采样设备有各自适用的底质类型，因此选择采样设备时还需对被采样区的底质类型有大致了解。采样后底质分类可基于样本的性状，如颜色、气味、厚度、稠度、黏性等进行判别，也可采用筛析法、沉析法或激光法鉴别样本的粒径组分。机械式采样法能获取底质准确而详细的信息，但往往采样效率低、测量成本高、测量条件要求高、采样数据不连续，因此不适用于大面积底质调查[7-8]。

水下底质遥测法包括光学探测法和声学探测法。其中，光学探测法利用可见光、激光等光电信号，提供与人类视觉直观感知相一致的水底高清晰度图像。但电磁波在水中的衰减特性使得光学探测方法不适宜大范围、混浊水体等条件下的底质探测。声学探测法是目前新兴的水下底质遥测方法，声波在水中的传播能力优于微波和可见光，而且水底声学反射、散射、衰减和声速变化等特征可用于了解底质的粗糙度、硬度、粒度等特性，因此可用于底质类别判断。声学底质探测法是一种经济、快捷的间接探测手段，特别是在采样资料稀少（或底质不便于取样）、需要了解大面积水下底质分布、对底质分布制图的空间精度要求较高的情况下，声学探测法具有采样法和光学探测法无法比拟的优势，声学法底质探测与分类又因此被称为“声学遥感”[9]。

1.1.4 水下底质声学分类方法

现代水下底质声学分类主要基于对声学数字信号的分析，根据所用的数据形式不同，底质的声学分类方法可分为回波波形分析法、反向散射强度分析法和声学图像分析法。

回波波形分析法主要使用垂直作用于水底的声波，获取从水底返回的回波信号，并根据信号的波形特征建立与不同水下底质的硬度、粗糙度、声阻抗等物理性质的关系，再根据底质的物理性质建立与底质类别的关系从而实现底质分类[10-11]。基于回波波形分析法的底质分类有着较明确的物理机制，目前已有一些比较成熟的软件可供使用[12]。但是回波波形分析法基于垂直入射的声波，因此测量覆盖的范围较小，得到的底质分布图往往需要进行空间插值，因此降低了底质分布制图的空间精度。

反向散射强度分析法有两种主要方式，一种是通过建立反向散射强度值、波束入射角与底质物理性质的关系，再根据底质的物理性质建立与底质类别的关系；另一种方式是对反向散射强度信号进行声速校正、地形校正、入射角度校正后转化为与入射角无关的反向散射强度数据，再通过建立反向散射强度与底质类别的关系实现底质分类[13]。反向散射强度分析法需要通过大量实验建立强度数据值与底质类别的关系，而且需要准确测定波束入射角等参数，对测量设备和数据处理有较高的技术要求。

声学图像分析法主要基于侧扫声呐、多波束系统或浅地层剖面仪将记录的声信号转化为声学图像，通过图像的灰度变化反映底质表面或剖面的反向散射强度或纹理特征，而反向散射强度和图像纹理特征与地形、地貌以及底质的物理性质有密切关系。声学图像分析法有较多的数据来源，相比于回波波形分析法和反向散射强度分析法，声学图像既可以覆盖较大的空间范围，又包含了底质的反向散射和纹理信息，更便于人工解译分析或使用计算机自动分类，因此基于声学图像分析的水下底质分类已成为研究热点[14]。

侧扫声呐（Side Scan Sonar，SSS）通过记录声波斜入射情况下的水底反向散射信号强度而形成声学图像。侧扫声呐图像的灰度值不仅与水下底质的物理性质有关，还与声波传播路径、声脉冲入射角度、水底粗糙度以及水底地形等诸多因素有关，因此是一种水底地貌成像方式。

多波束系统也称为多波束回声测深仪（Multi－beam Echo Sounder，MBES），通过在垂直于航向的平面内发射大量声波束而获取几十甚至上百个深度数据，可记录一定宽度内全覆盖的水深信息，同时也可记录相应的反向散射强度数据。因此，一些多波束系统不仅可得到水底地形图，还可实现与侧扫声呐相同的功能得到水底地貌图像。多波束系统生成的图像具有较高的位置精度，通过精确校正可得到与入射角无关的反向散射强度数据，达到反向散射强度分析法的技术要求，但是多波束系统生成的地形、地貌图像的空间分辨率往往比侧扫声呐图像低。

浅地层剖面仪（Sub－bottom Profiler，SBP）发射垂直入射的声脉冲与底质作用，通过连续记录产生的回波信号而形成水底浅地层剖面声学图像。这种声学图像反映水底表层及浅地层底质的声学反射和透射特征，既可采用回波波形分析法进行底质分类，又可用图像分析法进行底质和地层剖面的分类。但是，与回波波形分析法存在的问题一样，浅地层剖面仪发射的声信号在水底平面上的覆盖范围较小，得到的底质分布图往往需要进行空间插值。

综上所述，声学图像分析法用于底质分类是一种既有潜力又有挑战的方法。一方面，各类声学图像反映的是水底的声学特征，是对底质物理性质的间接描述，因此其底质分类有各自的局限性；另一方面，各类声学成像设备为声学图像分析法提供了丰富的数据源，这些数据源虽然有较大的差异性，但也有互补性，因此，充分结合侧扫声呐、多波束系统、浅地层剖面仪等声学设备形成的水底地貌、地形和浅地层剖面图像信息，结合采样资料或直接观测资料进行水下底质分类正受到越来越多的关注，具有很大的应用潜力[9-10][15]。

1.2 研究现状

基于各类声学图像的水下底质分类是近年来研究的热点，这一方面得益于相关硬件、软件的逐渐丰富；另一方面得益于相关理论和方法的发展进步。基于单一类型声学图像的水下底质分类目前已积累了一些研究成果，根据数据源不同可分为基于侧扫声呐图像、基于多波束反向散射强度和测深数据以及基于浅地层剖面图像的分类研究。随着研究的深入和实践经验的丰富，一些研究已经提出了多源声学数据融合的思想，结合多种声学数据进行底质分类或水底目标识别已在一些应用中得到了实践，但仍以人工综合判读为主，信息融合的层次较低。

1.2.1 基于侧扫声呐图像的水下底质分类方法研究现状

侧扫声呐图像是一种水底地貌图像，基于侧扫声呐图像的底质分类主要利用不同底质在图像中的灰度和纹理信息，可用于识别一些特定的底质大类如岩石、砾石、砂、泥等。有关研究主要围绕三方面开展，一是研究适用于侧扫声呐图像底质分类的灰度和纹理特征量；二是在此基础上研究用于底质分类的自动分类算法；三是直接采用人工识别方法或使用商业软件进行底质分类。

1.2.1.1 侧扫声呐图像的灰度和纹理特征研究

侧扫声呐图像的灰度特征主要通过灰度直方图统计量进行描述，常用的特征量包括均值、标准差、偏度、峰度、能量、熵、变异系数、灰度直方图的分位数、极差等参数[16-23]。侧扫声呐图像的纹理特征常被作为判别水下底质类型的重要特征描述量。王雷[24]、李庆武等[25]总结了目前常用的纹理信息提取方法并划分为4类：统计分析法、结构分析法、频谱分析法以及模型分析法。其中，统计分析法包括灰度共生矩阵法[22-23][26]、高阶统计量法[27]、分形几何法[24][28-30]等；结构分析法包括形态学分解[31]、拓扑纹理描述[32]等；频谱分析法包括小波分析法[33-35]、傅里叶谱分析法[21][36-37]、纹理能量法[38]等；模型分析法常用模型包括马尔可夫模型[24][39-41]、Tamura模型[42]、Gabor滤波器模型[24][43-44]等。虽然上述几类可概括目前常见的大部分声学图像纹理信息提取方法，但根据特征量的构造方法和统计指标不同，还可对上述方法再做细分[24][45-46]。例如，采用梯度算子（如Roberts算子、Sobel算子等）对图像进行变换并计算灰度共生矩阵统计量，形成了灰度—梯度共生矩阵法[46]；考虑原图像中各像素与其邻域内所有像素的灰度值联合分布，形成了邻域灰度共生矩阵[24]。常用的灰度共生矩阵（Gray Level Co-occurrence Matrix，GLCM）纹理描述方法还可导出多个统计指标，Haralick等[26]首次提出14个基于GLCM的统计指标（Haralick等，1973）；在国内外水底声学图像分类相关研究中常用的包括角二阶矩、对比度/反差度、相关系数、方差、逆差矩/惯性矩、熵等[21][23][47-48]。

目前提出的侧扫声呐图像特征描述量已非常丰富，但是实际应用中往往根据特征提取方法的可实现性主观选择用于图像分类的特征量，一些研究甚至认为提取的特征量越多越好。实际上，很多特征量具有高度相关性，也并非所有特征都有助于侧扫声呐图像分类，根据具体数据怎样合理地进行特征选择仍需要进一步研究。

1.2.1.2 侧扫声呐图像自动分类算法研究

侧扫声呐图像自动分类算法的研究中，李庆武等[49]基于Contourlet变换后的纹理特征，应用支持向量机算法对图像大小为64×64的5种典型底质侧扫声呐样本图像进行分类（李庆武等，2011）；熊明宽等[16-17]基于灰度和纹理共6种特征量，分别应用支持向量机、遗传小波神经网络等算法对泥、砂、礁石3种底质的典型样本图像进行了分类研究（熊明宽等，2012、2014）；杨词银等[38][50]基于纹理能量特征、邻域灰度共生矩阵特征，应用K-均值聚类算法和三层BP神经网络分类算法对大小为64×64的泥、砂、石3种底质的典型样本图像进行分类（杨词银等，2005）；胡玉薇[30]研究了水下声学图像的分形维数特征，应用二层BP神经网络算法对沙土与石块、水下沙层波纹、多年变形冰层3种类别、大小为48×48的声学图像样本进行了分类研究（胡玉薇，2009）；郭军等[51-52]基于灰度均值和共生矩阵统计量共7种特征，应用支持向量机算法对泥土、沙地、岩石、沙砾、泥沙5种底质、大小为32×32的典型样本图像进行分类（郭军等，2012、2016）。上述对侧扫声呐图像自动分类算法的研究均采用尺度较小的局部样本图像，由于样本图像中的底质类别单一，纹理特征明显，因此可达到较好的分类效果，但在实际应用中往往难以提取出形状规则且纹理单一的底质分布区，故上述方法无法直接用于底质分布复杂、覆盖区域较大的声学图像分类。

一些国外研究尝试了仅使用侧扫声呐图像进行大范围底质分类，Fournier 等[53]基于侧扫声呐图像的灰度特征进行K-均值算法分类，但结果仅能描述某些水底植被的大致空间分布情况（Fournier 等，2010）；Lucieer[54]基于侧扫声呐图像的均值、标准差和灰度共生矩阵的均值共3种特征，采用面向对象方法和最近邻算法研究了澳大利亚某海域的底质分布，该研究只将底质分为砂（Sand）和礁石（Reef）两类或砂、礁石和低矮礁石（Low Reef）3类，即发现当所分类别数增加时，分类精度大幅下降（Lucieer，2008）。上述研究表明，仅使用侧扫声呐图像进行大范围底质分类时，图像提供的信息十分有限，若不充分利用图像的灰度和纹理信息，不仅结果的分类精度低，而且不适用于多类别底质的分类，现有分类方法的泛化能力仍有待提高。

1.2.1.3 侧扫声呐图像人工分类及现有的自动分类软件

侧扫声呐图像具有较高的空间分辨率，因此常被用于人工底质分类。沈蔚等[55]对C3D测深侧扫声呐系统进行了研究，认为基于高清晰的水下声呐图像一般可以通过人工方式准确区分沙地、泥地、碎石、礁石等不同的水底地貌（沈蔚等，2013）；王志光等[56]讨论了基于侧扫声呐人工判别水下洼地和水下障碍物的方法（王志光等，2012）；Kaeser 等[57]通过人工解译方法对美国Flint河某段的水下沙、细砾石、粗砾石、细石灰石、石灰石块、混合砾石等底质进行分类（Kaeser 等，2013）；Lucieer[54]对比了侧扫声呐图像自动分类结果与人工解译结果，发现人工识别多类底质时结果精度明显高于自动分类（Lucieer，2008）；Gutperlet 等[58]研究了侧扫声呐图像人工解译结果与真实底质粒径的关系，结合取样调查数据发现在轻微人类扰动的环境中，人工解译结果可较好地与底质粒径匹配，在扰动较大的环境中，由于反向散射强度受到地表粗糙度的影响，人工解译结果与底质粒径的相关性减弱但仍然显著（Gutperlet 等，2017）。

除了国内外大量研究和实践中采用的人工判读方法进行水下底质分类，目前侧扫声呐的自动分类的软件已经在国外得到了商业推广，挪威Simrad公司的Triton分类软件基于反向散射强度的特征参数进行分类；加拿大QTC公司的Multiview软件基于反射波束的波形特征进行分类，可提取超过166个波形特征或描述符[59]；英国Echoplus公司的ECHOplus系统基于声波的两次反向散射信号反演水底粗糙度和硬度实现底质分类；英国GeoAcoustics公司的Texture Mapping System可基于图像纹理进行底质分类。上述研究表明，通过人工解译方法对侧扫声呐图像进行底质分类是一种较为可靠的方法，而且与自动分类方法相比其对图像的预处理要求更低，但是此类方法处理海量数据时工作量很大且判读过程常常不可回溯。虽然目前已有对侧扫声呐图像的自动分类软件相关应用的报导，均未将软件自动分类结果直接作为底质空间分布的标准，可见其底质分类精度还有待验证。此外，一些进口软件的封闭性也限制了对底质分类精度的改进。

1.2.2 基于多波束图像的水下底质分类方法研究现状

多波束系统通过对每个接收波束进行幅度时间序列采样（或称为 Snippet 技术），不仅可得到水底地形图，还可得到水底地貌图像，由于测量时能够准确测定波束的入射角，多波束系统生成的图像具有较高的位置精度。基于多波束图像的底质分类研究主要围绕 3 方面开展，一是利用精确校正得到的与入射角无关的反向散射强度图像进行底质分类；二是利用未经入射角校正的反向散射强度数据和入射角信息建立与底质类别的关系；三是结合多波束反向散射强度和测深数据进行底质或水底目标识别。

1.2.2.1 基于多波束反向散射强度图像的底质分类研究

如上所述，侧扫声呐获取的水底地貌图像与多波束系统获取的反向散射强度图像具有相似性，因此两类数据的特征提取和分类方法一般可以通用。一些研究专门基于多波束反向散射强度数据进行了底质分类方法研究，阳凡林[21]研究了 BP 网络监督分类、SOM 网络非监督分类和基于最小概率的 Bayesian 分类等底质分类方法（阳凡林，2003）；唐秋华等[60]介绍了基于自组织特征映射（Self－organizing Feature Map，SOFM）对多波束图像进行底质分类的方法（唐秋华等，2004）；吕海龙等[61]基于反向散射强度、频谱分布和 GLCM 的对比度等特征，研究了贝叶斯分类方法在多波束图像底质分类中的应用（吕海龙等，2006）；赵旭[62]基于多波束反向散射强度数据提出了一种使用 FuzzyART 神经网络的水底沉积物分类方法（赵旭，2009）；Brown 等[63]使用 Multiview 软件对多波束反向散射强度数据分类，实现了表层底质分布制图，但分类结果受到水底地形的影响（Brown 等，2011）。上述研究表明，只有在地形起伏较小的地区，多波束系统才能得到与入射角无关的反向散射强度图像并可直接用于底质分类；而在水底存在起伏的区域，多波束反向散射强度往往仍受到水底微地形的影响，分类时必须有效利用图像灰度和纹理特征才可能改善精度。

1.2.2.2 基于反向散射强度与入射角关系的底质分类研究

多波束系统通过斜入射的方式可获得底质多角度入射的反向散射强度数据，通过大量实验建立波束入射角、声波频率、反向散射强度和底质类别的关系模型或数据库对基于多波束系统的底质分类具有重要意义。赵建虎[64]等讨论了不同掠射角、不同频率与不同底质类型组合时多波束反向散射强度的特征（赵建虎等，2008）；金绍华等[65-66]研究了基岩、砂、泥粉砂质砂、淤泥质粉砂、砂淤泥质粉砂等几类底质的反向散射强度随入射角的变化关系（金绍华，2011、2014）；何林帮等[67]通过实验比较了砾石、砂、淤泥 3 类底质与波束入射角和多波束反向散射强度的关系（何林帮等，2014）；Zhi 等[68]讨论了在同一入射角下，泥、砂、砾石 3 类底质的含量与反向散射强度的关系（Zhi 等，2014）。上述研究经过大量测量建立了反向散射强度、入射角与底质类别的关系，但对于水底地形和底质类别未知的区域，上述方法仍有局限性。

1.2.2.3 结合多波束反向散射强度和测深数据的底质或水底目标识别

多波束反向散射强度与测深数据的结合为底质分类提供了更多可用信息，Marsh

等[69]基于以上两类数据提出用自组织神经网络进行底质分类的方法（Marsh等，2009）；Micallef等[70]利用以上两类数据将水底地貌和地形分别分类，并使用TexAn软件和监督分类方法进行半自动的水底生境分类（Micallef等，2012）；Diesing等[71]基于以上两类数据及其衍生数据，将地统计学方法、面向对象分类方法和随机森林算法的底质分类结果与人工综合解译结果比较，发现面向对象方法的分类结果与解译结果更为接近（Diesing等，2014）。通过人工判别方式结合多波束反向散射强度和测深数据识别水底目标是较为常见的应用方式，丁继胜等[72]介绍了利用多波束反向散射强度、测深和水体数据识别水底目标的方法（丁继胜等，2014）；陈正荣等[73]利用多波束采集软件EIVA的点云图和DEM三维图进行水下的沉船和集装箱的人工识别（陈正荣等，2013）；黄承义等[74]利用多波束生成的水下三维地形对海底管道进行人工识别（黄承义等，2013）；陆俊[75]用多波束系统和Cfloor软件生成水下地形图，用于水下潜坝、沉船的探测和泥沙推移的研究（陆俊，2006）。上述研究表明，随着多波束系统的测深精度和分辨率提高，结合多波束反向散射强度和测深数据进行水下底质分类还有很大潜力，虽然两者结合的人工判别已经较为常用，但结合两类数据进行自动底质分类的方法还缺少更为系统的研究。

此外，以上介绍的商用底质分类软件，如Triton、Multiview以及英国的RoxAnn系统、美国的ASCS和VBT-Bottom Classifier系统等都能对多波束数据进行特征提取、特征训练和分类，但仍存在分类精度不高、分类级别不够多、对于混合像元或不同底质类型的边界区很难区分等问题[76]，有时必须结合现场取样等其他辅助方法才能更有效、稳健地应用[77]。

1.2.3 基于浅地层剖面图像的水下底质分类方法研究现状

国内关于浅地层剖面仪的相关文献主要集中于对其基本原理的介绍[78-79]、与侧扫声呐和多波束等数据的集成[80]、浅地层剖面数据表达方式[81]等的研究，应用于水底分层DTM的生成[82]和水底目标探测[83]等领域，且大多基于人工识别方法，目前国内还未见基于浅地层剖面图像的底质自动分类方法研究。国外已有文献利用浅地层剖面仪所获取的剖面声学图像进行底质分类的研究与应用，Stevenson等[84]研究了浅剖信号衰减量与底质粒度的关系（Stevensen等，2002）；Zheng等[85]尝试利用浅剖数据反演底质的孔隙率（Porosity）和渗透率（Permeability），从而用这两个特征进行底质分类（Zheng等，2013）；Nitsche等[86]综合应用侧扫声呐和浅地层剖面仪数据，分析了美国Hudson河床底质的类型，并发现底质的反向散射强度由体散射、底质粒度和河床表面粗糙度等多个因素决定（Nitsche等，2004），采用类似方法进行底质及地层识别的还有Schrottke等[87]和Lowag等[88]。因此，基于浅地层剖面图像的表层底质自动分类方法还有待进一步研究。

浅地层剖面图像主要反映两类水底特性，一是水底地形起伏，据此可判断是否有突出于平均水底面的特殊地物；二是水底剖面的声阻抗特性，据此可区分其扫描的正下方区域底质类型及其变化。浅地层剖面图像可为基于侧扫声呐和多波束系统图像的水下底质分类提供更多的参考信息，既可作为水底自动分类的依据，也可作为分类结果的验证数据。

1.2.4 多源声学图像信息融合的研究现状

如1.1.3小节所述，侧扫声呐以获取具有较高分辨率的水底地貌图像为主，多波束系统可获得水底反向散射强度形成的地貌图像和通过测深结果形成的水底地形图，浅地层剖面仪可获得垂直测线的浅地层剖面图像，三种数据具有多源、多维、异构的特征，两两结合将有相得益彰的效果。因此，多源声学图像融合的思想早已被提出，并在一些研究中得到了实践。目前对多源声学图像信息融合的研究可分为自动（或半自动）融合和人工综合应用两方面。

1.2.4.1 多源声学图像信息的自动融合研究

多源声学图像信息自动融合是建立在多源信息融合理论上的。实现多源声学图像信息自动融合的基础是将这些数据进行有效集成。姜小俊等[83]采用GIS空间数据管理技术，提出了基于THB-SFBAO的水底浅层声学数据集成与融合模型，可实现多源声学数据集成与综合应用（姜小俊，2008）；任少华等[80]提出了一种基于特征和应用（Feature and Application，F-A）的水底声学数据融合方法：首先基于主题进行数据集成，然后根据相关特征和应用进行数据融合，最终实现面向应用的数据高效管理和有效融合（任少华等，2009）；刘长东[89]研究了基于水下多源数据的海域管理信息系统，在集成多源、异构数据的基础上提供了空间分析、业务管理、模型演示等数据综合分析功能（刘长东，2008）；李鹏[90]研究了面向底质勘察的多源、异构数据集成技术（李鹏，2013）；Parrott等[91]介绍了一种集成多波束测深数据和侧扫声呐图像的方法，其主要思想是将多源数据分别预处理转换为栅格数据，再通过GIS系统统一地理坐标，最终实现多源数据的集成和综合应用（Parrott等，1999）；Ware等[92]开发的GeoZui3D系统可集成多源水下探测数据，并基于统一的空间参考实现水底表层的实时监测、目标解译和目标定位（Ware等，2001）。上述文献以多源声学数据的集成框架研究为主，而未对多源声学信息融合后的具体应用进行技术框架的讨论。

多源声学图像信息自动融合更重要的目的是通过融合获取更高质量的图像数据或有用信息。国内外一些研究由此借鉴了多源遥感图像融合的概念和方法。Bas等[93]介绍了一种融合侧扫声呐和多波束测深图像的方法，主要实现两种数据的精确配准，使合成的数据具有较高的空间分辨率和三维位置精度（Bas等，1997）；Huang等[94]研究了侧扫声呐图像自身的特征级和决策级方法，其特征级融合将灰度共生矩阵、游程矩阵、小波变换、Gabor滤波等几类特征作为融合对象输入多层感知分类器（Multilayer Perceptron Classifier）用于图像分类，其决策级融合应用了多数投票法（Major Voting）、模糊隶属度（Fuzzy Membership）方法和证据理论（Evidence Theory）3类方法，结果表明基于证据理论的决策级融合对侧扫声呐图像自身信息融合最为有效（Huang等，2006）；Reed等[95]研究了侧扫声呐图像自身的决策级融合方法，分别比较了基于马尔可夫随机场（Markov Random Field，MRF）和基于可能性理论（Probabilistic Theory）的融合方法（Reed等，2006）；Noel等[96]结合侧扫声呐、干涉式测深侧扫声呐、科学回声探测仪以及视频摄像机等多源数据，采用DIVA（Detection & Investigation Vertical Acoustic）方法融合多源数据得到水底植被分布图，但该方法需要较多人工参与（Noel等，2008）；

Ismail 等[97]提取了多波束测深数据多个尺度的特征量，并结合侧扫声呐数据采用主成分分析（Principal Component Analysis，PCA）和K均值聚类（K-means clustering）方法进行水底地貌分类（Ismail 等，2015）；Lucieer 等[22][98]使用多波束反向散射强度、测深数据及其衍生数据，并结合自主式水下潜航器（Autonomous Underwater Vehicle，AUV）等辅助数据分别对澳大利亚和新西兰两处海域开展了底质自动分类研究（Lucieer 等，2011、2013）。国内的相关研究主要有：阳凡林等[21][99]在实现侧扫声呐和多波束测深数据配准的基础上提出了一种基于二进小波的融合方法，得到了保留多波束和侧扫声呐数据大多数信息的融合图像（阳凡林等，2003、2006）；郭军[100]提出了基于SURF（Speeded Up Robust Features）的声呐图像自动配准方法，并采用加权融合法实现多波束与侧扫声呐图像的融合（郭军，2013）；赵建虎等[101]改进了SURF匹配算法，通过两类数据的图像配准后融合，同时获取了高质量的水底地形和地貌数据（赵建虎等，2013）；汤春瑞[102]提出了基于Retinex模型分解和Surfacelet变换进行侧扫声呐和多波束图像融合的方法（汤春瑞，2009）；王达等[103]基于Piella多尺度分解框架提出了一种多源声呐图像的像素级融合方法（王达等，2015）。从上述研究来看，国内研究主要集中于在数据层面融合多源声学图像以改善数据质量，国外研究虽然提出了一些对水底地貌、地形数据的特征级融合方法和对地貌数据自身的决策级融合方法，但目前仍缺乏多源声学数据特征级和决策级融合的统一技术框架，对于浅地层剖面数据提供的信息也未在自动融合过程中充分利用。

1.2.4.2 多源声学图像信息的人工综合应用

通过人工综合判读的方式对侧扫声呐、多波束和浅地层剖面等多源声学数据进行水下调查与底质分类已经在国内外水下调查工作中得到了广泛的应用，例如刘晓东等[104]、彭俊等[105]、刘乐军等[106]、林曼曼[107]结合多源声学数据进行了水底地质灾害类型的人工判别；姜小俊[108]、Ruffell[109]、Tian[110]等结合多源声学数据进行了水下目标物的声学探查；Georgiadis 等[111]、Shumchenia 等[112]的研究中利用多源声学数据进行了海底生境的调查。通过人工方式综合多源声学信息虽然已成为被普遍认可并广泛应用的方法，但以这种方式为主的信息融合工作量巨大，也亟须自动或半自动融合方法作为补充或替代。

1.3 存在的问题

融合多源声学图像信息的水下底质分类已成为被普遍认可并广泛应用的方法，但目前仍以人工综合利用为主。虽然对自动或半自动分类方法的需求日趋迫切，但根据上述文献可知，实现多源声学图像信息的融合并用于水下底质自动分类还存在以下问题。

（1）多源声学图像的特征信息提取缺乏理论指导。多源声学图像具有多源、多维、异构特性，特征提取是实现多源声学图像信息融合的前提，但目前对多源声学图像特征的提取存在主观性，从图像中提取的特征过少、过多或无效都将降低底质分类的精度。如何从多源声学图像特征中筛选出有效的特征子集仍缺乏方法和理论指导。

（2）基于多源声学图像的底质分类信息提取缺少适用于大范围、复杂底质分布区的有效方法。根据上文文献可知，现有的底质分类方法对于大范围、复杂底质分布区的分类精度低，泛化能力弱，一方面是由特征选择方法不合理导致的；另一方面是由于现有特征提取和分类算法大多是基于像素的或仅适合于形状规则的局部图像。基于像素的分类无法充分利用图像纹理信息，而若对图像做规则分割将导致对底质分布的空间划分不准确，降低分类精度。

（3）面向底质分类的多源声学图像信息融合缺少有效方法和理论框架。多源声学图像信息融合虽然被认为是提高底质分类精度的可行途径，但是数据级融合无法直接达到提高分类精度的目的，而特征级和决策级融合的有关研究较少，行之有效的方法和理论框架有待进一步探索。

1.4 研究内容与技术路线

围绕上述问题，本书以提高大范围、复杂底质分布区的底质分类精度为目标，以多源声学图像的信息提取与信息融合为主要途径，拟开展如下工作。

（1）研究侧扫声呐、多波束系统和浅地层剖面仪各自的成像原理，探讨多源声学图像信息融合的可行性，并改进预处理方法，为有效地提取多源声学图像信息提供基础。

（2）研究多源声学图像的特征信息提取方法。根据不同底质在多源声学图像中的特点，研究多源声学图像的定性和定量特征，分析常见定量特征的冗余性以及对底质分类的有效性，提出特征筛选和特征选择方法。所得的特征子集可作为单一数据源进行底质分类的依据，也将作为多源声学图像信息特征级融合的依据。

（3）研究面向对象的多源声学图像分类方法。针对目前多源声学图像分类方法用于大范围、复杂底质分布区时精度较低的问题，采用面向对象的分类方法实现底质分类，一方面通过图像分割保持对底质空间分布的划分精度；另一方面有利于对图像中特征信息的提取和分类。基于面向对象的思想可分别实现对水底地貌、地形和浅地层剖面图像的底质分类，所得的分类信息可作为多源声学图像信息决策级融合的基础。

（4）研究面向底质分类的多源声学图像信息融合综合模型，并提出多源声学图像信息的特征级和决策级融合方法，通过与基于单一类型声学图像的底质分类结果进行比较，分析特征级和决策级融合的优势与不足。

根据以上内容可设计本研究的技术路线（图 1-2），总体可分为 4 部分。第一部分为多源声学图像的形成原理和预处理方法研究，为本书的研究提供理论依据并准备基础数据；第二部分为多源声学图像的特征分析方法研究，分别对水底地貌、地形和浅地层剖面图像进行特征提取、特征筛选和特征选择；第三部分为面向对象的多源声学图像底质分类方法研究，基于第二部分的特征提取结果研究基于水底地貌、地形和浅地层剖面图像的分类方法，并分别得到上述三类数据的底质分类结果；第四部分为融合多源声学图像信息的底质分类方法研究，该部分综合第二部分的成果实现特征级融合与底质分类，综合第三部分的成果实现决策级融合，最终分别得到特征级和决策级融合后的底质分类结果。对于第三部分、第四部分的底质分类结果，本书将分别进行精度评价和结果对比。

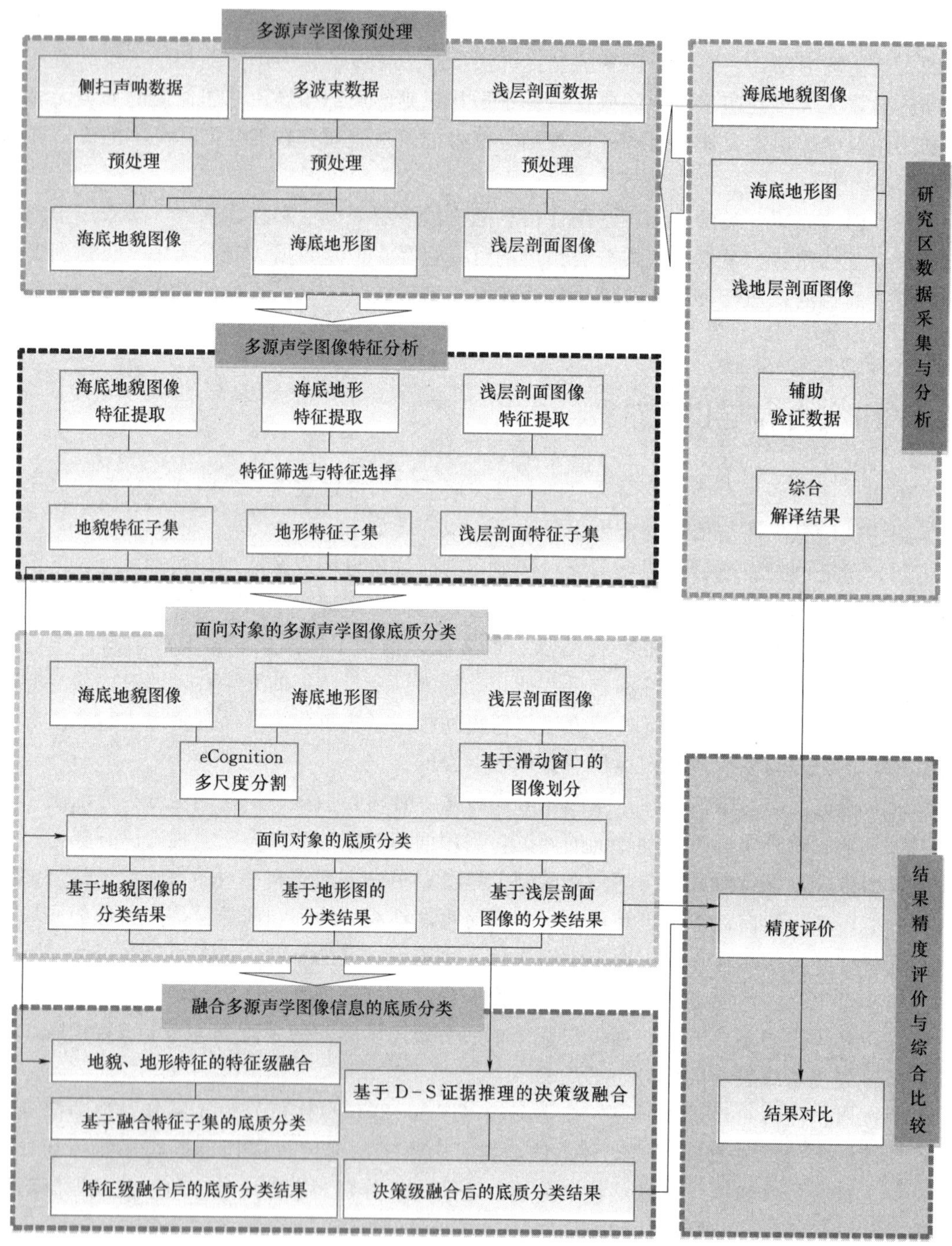

图 1-2 本书研究的技术路线图

1.5 本书的组织结构

本书共分为 6 章，章节安排如下。

第 1 章为绪论。介绍本研究的背景和研究现状，分析目前多源声学图像融合与底质分类研究存在的问题，提出本书研究的技术路线，设计本书结构。

第 2 章探讨水底多源声学图像的形成原理。首先，总结水底声学图像的成像理论；然后，分别讨论侧扫声呐、多波束系统和浅地层剖面仪等生成多源声学图像的原理，对其中的部分预处理方法做出改进；最后，比较多源声学图像的特点，讨论图像信息融合的可行性。

第 3 章探讨多源声学图像的特征分析。首先，定性描述不同底质在多源声学图像中的特征；然后，介绍本书研究的实验数据和研究区概况；接着，基于实验数据介绍水底地貌、地形和地层剖面图像的定量特征提取方法；最后，分析上述定量特征之间的相关性，提出一种特征筛选方法去除冗余的特征量。

第 4 章探讨面向对象的多源声学图像底质分类方法。首先，讨论面向对象的多尺度分割中形状与光谱异质性权重、分割尺度等参数的设定方法，进而实现对地貌图像的多尺度分割；然后研究面向底质分类的最优特征子集选择方法；最后，采用多种分类算法进行面向对象的多源声学图像底质分类。

第 5 章探讨面向水下底质分类的多源声学图像信息融合方法。首先归纳并提出多源声学图像信息融合的综合模型；然后研究融合地貌、地形图像特征以实现底质分类的特征级融合方法；此后研究融合水底地貌、地形两类数据，以及融合地貌、地形和浅地层剖面图像三类数据的决策级融合方法；最后对全书介绍的几种分类方法进行综合比较。

第 6 章是对本书内容的总结与展望。

第 2 章

水底多源声学图像的形成原理

声呐是利用水下声波进行探测、识别、定位、导航和通信的系统[113]。声呐（Sonar，也有译作“声纳”，以下统一译作“声呐”[114]）一词产生自第二次世界大战，是由声音（Sound）、导航（Navigation）和测距（Ranging）3 个英文单词的首写字母构成的。20 世纪 50 年代后期，声呐设计者逐步把数字信号处理技术引入声呐系统，使得声呐的性能发生了根本性变化，并逐步发展出成像声呐，广泛应用于水下目标分类、识别和检测。

本章将从多源声学图像的成像理论出发，首先讨论声学图像与底质声学特性和物质特性的关系；然后介绍以侧扫声呐、多波束系统、浅地层剖面仪为代表的多源声学图像获取和预处理方法及图像的特点，并面向底质分类的应用，分别改进针对侧扫声呐图像和浅地层剖面图像的预处理方法；最后分析多源声学图像的共同点、差异性和互补性。

2.1 水底声学图像的成像理论

声波是目前在水体中唯一能够远距离传播的能量辐射形式[115]。声波作为信息载体不仅可以反映目标的声发射、反射特性，还可用于推算目标的位置。根据声呐是否携带声波信号发射源，通常可分为主动和被动声呐两种，侧扫声呐、多波束系统、浅地层剖面仪等均属于主动声呐，其数据采集过程都遵循声波在水下的传播规律。

声呐方程能够描述声波在水下的能量传播规律，根据声呐方程可分析声学图像与水底反向散射强度的关系。斯涅尔（Snell）定律能够描述声波在介质中的折射规律，根据斯涅尔定律可分析声学图像中目标的定位方式。水底声学图像则主要通过反向散射强度信息和位置信息的耦合对不同底质进行描述。

2.1.1 声呐方程

声呐方程主要由设备、介质和目标三部分参数决定[113]。

（1）设备参数包括发射声源能级 *SL*（Source Level）、发射/接收指向性指数 *DI*（Directivity Index）、自噪声能级 *NL*（Nosie Level）、检测阈 *DT*（Detecting Threshold）。

（2）介质参数包括传播损失 *TL*（Transmission Loss）、混响能级 *RL*（Reverberation Level）、环境噪声能级 *NL*（Nosie Level）。

（3）目标参数包括目标强度 *TS*（Target Strength）、目标发射声能级 SL_{T}（Target Source Level）。

基于上述参数和能量守恒定律，可将声信号传播过程的能级变化通过简单模型描述（图 2-1）：发射声源能级 SL 经介质传输到距离发射换能器 R 处的目标时能级为 $SL-TL$，其中传播能级损失为 TL；该信号被强度为 TS 的目标所反射或散射（形成"回波信号"），在目标位置返回接收换能器方向上的能级变为 $SL-TL+TS$；该信号再次通过介质返回至接收换能器位置时，能级衰减为 $SL-2TL+TS$。考虑整个过程中存在的各向同性的背景噪声 NL，以及接收换能器的指向性消除的一部分背景噪声 DI，则噪声能级为 $NL-DI$。最终，经接收换能器获取并检测到的声信号能级为 DT。接收换能器将回声级信号转换为电信号，经过处理后发送至输出系统供显示或判别系统做进一步分析，水底声学图像是回波信号的输出形式之一。

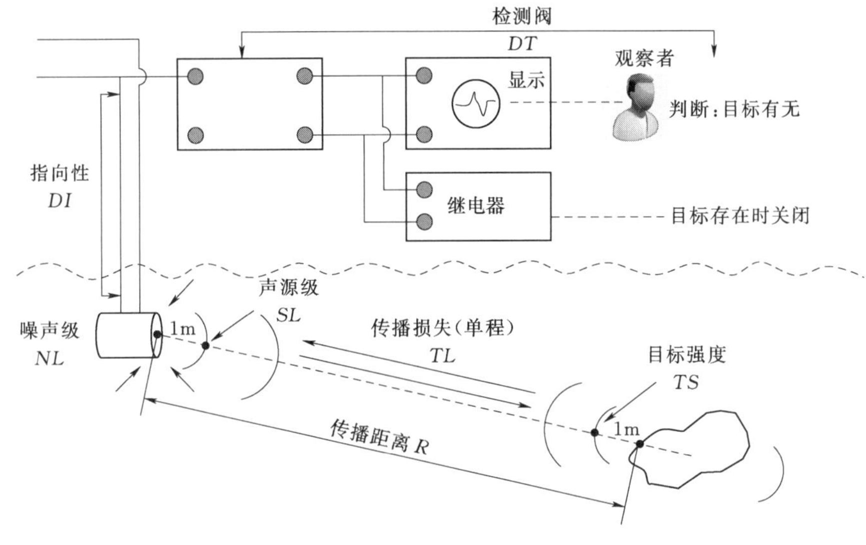

图 2-1　主动声呐工作原理示意图

以上变量的单位均用分贝值（dB）表示，则上述过程可用主动声呐方程（2-1）描述为

$$DT=(SL-2TL+TS)-(NL-DI) \tag{2-1}$$

一些主动声呐存在与发射信号本身相关且非各向同性的混响噪声，当此类混响构成主要背景噪声时，可用等效平面波混响级 RL 代替噪声能级项 $NL-DI$，这时主动声呐方程（2-2）为

$$DT=(SL-2TL+TS)-RL \tag{2-2}$$

在水声物理中，声压 p 的单位为巴（bar），换算为国际单位制 $1\text{bar}=10^5\text{Pa}$。声强 I 的单位为 W/cm^2，声压与声强的换算关系为 $I=p^2$。为了便于数值计算，常以分贝（dB）为单位来表示声压、声强、系统增益和方向性指数等参数的能级。声压的表示需要一个参考值 p_0（即零分贝值），定义任意声压值 p 的分贝值则可换算为 $20\lg(p/p_0)$ 分贝；同理，若以声强 I_0 为参考值，则定义任意声强值 I 的分贝值可换算为 $10\lg(I/I_0)$ 分贝。自 1971 年起，国际上通用的零分贝标准是 1 微帕（μPa），即 $1\mu\text{Pa}=10^{-6}\text{Pa}=10^{-6}\text{N/m}^2$。对于主动声呐方程（2-1），各参数的含义、测定和计算公式如表 2-1[113][116]所示。

表 2-1 声呐方程各参数表

声呐方程参数	参考位置	计算公式	变量定义
发射器声源能级 SL	发射换能器声轴方向到声源中心距离 $R=1\text{m}$ 处	$SL=10\lg\left.\frac{I}{I_0}\right\|_{R=1}$ (dB) $I\|_{R=1}=\frac{P_a}{4\pi}(\text{W/m}^2)$	I 为声强；P_a 为声源辐射功率（单位：W）；I_0 为参考声强，取 $I_0=0.67\times10^{-18}\text{W/m}^2$（均方根为 1μPa 的平面波声强）
传播损失 TL	到声源中心距离 $R=1\text{m}$ 处，及接收点处	$TL=10\lg\frac{I_1}{I_R}$	I_1 为到声源中心距离 1m 处的声强；I_R 为接收点（距离声源 R 处）的声强
目标强度 TS	距离声学目标 1m 处	$TS=10\lg\left.\frac{I_R}{I_i}\right\|_{R=1}$	I_R 是距离声学目标 1m 处的回波声强；I_i 为目标处入射声波的声强
噪声级 NL	接收换能器处	$NL=10\lg\frac{I_N}{I_0}$	I_N 为噪声强度，I_0 为参考声强
接收指向性指数 DI	接收换能器处	$DI=10\lg\frac{I_{ND}}{I_D}$	I_{ND}为等效的无指向性接收换能器产生的噪声强度；I_D 为实际接收换能器产生的噪声强度
混响级 RL	接收换能器处	$RL=10\lg\frac{I_N}{I_0}$	I_N 为接收换能器输出端的混响声强度；I_0 为参考声强
检测阈 DT	接收换能器输出端	$DT=10\lg\frac{I_R}{I_N}$	I_R 为系统可检测到的最低声强；I_N 为接收换能器输出端的噪声强度

基于声呐方程可讨论声波在传播过程中设备、目标和介质对声能的影响，进而可为理解多源声学图像的成像原理提供基本依据。

2.1.2 主动声呐对目标反向散射强度的测定

对于侧扫声呐、多波束系统、浅地层剖面仪等设备，其发射/接收换能器通常具有指向性，因此以下依据主动声呐方程进行讨论。目标强度 TS 是主动声呐测定的主要参数之一，用于描述目标对声波的反向散射能力，是用于水下底质分类的重要参数。目标强度的确定需要通过主动声呐方程的其他参数计算得到[64]。

(1) 设备参数。设备参数 SL、DI 和 NL 通常在声呐设备出厂时已进行了定标测量，DT 与测量时的参数设定有关。

(2) 介质参数。对于介质参数 TL、RL 和 NL，需要计算确定的主要是传播损失 TL，而混响能级 RL 和环境噪声能级 NL 一般为随机噪声，可通过测量得到。声波在介质内的传播损失可认为是波阵面能量随距离的扩展损失与介质对能量的吸收损失之和。其中，扩展损失按照波阵面的扩展形式可分为球面扩展、柱面扩展、无扩展和时间扩展等[15]；对于海水介质，其吸收损失与声波的频率、海水的温度、盐度和深度等因素有关。

首先，讨论波阵面能量随距离的扩展损失。对于面积和深度较大的水域，波阵面的扩展形式可近似为球面扩展。设距离声源 R_1 和 R_2 处的两个波阵面面积分别为 $S_1=4\pi R_1^2$ 和 $S_2=4\pi R_2^2$，波阵面上对应的声强分别为 I_1 和 I_2，则扩展损失如式（2-3）为

$$TL = 10\lg \frac{I_1}{I_2} \tag{2-3}$$

在无损耗介质中，声波穿透波阵面的功率保持不变，则有式（2－4）为

$$4\pi R_1^2 I_1 = 4\pi R_2^2 I_2 \tag{2-4}$$

以上两式联立，并以距离声源中心 $R_1=1\text{m}$ 处的声强为参考值，则有式（2－5）为

$$TL = 10\lg \frac{I_1}{I_2} = 10\lg\left(\frac{R_2}{R_1}\right)^2 = 20\lg R_2/R_1 (R_1 = 1\text{m}) \tag{2-5}$$

然后，讨论海水介质的吸收损失。海水作为非理想介质，其中含有大量自由粒子，对声能具有较强的吸收作用，造成声能的指数衰减。距离声源 Rm 处的声强 I_2 可表示为式（2－6）

$$I_2 = \frac{I_1}{R^n} 10^{-\alpha R} \tag{2-6}$$

式中 α——吸收系数，单位为 dB/m；

n——波束的传播形式，对于公式描述的球面波有 $n=2$。

吸收系数 α 是声波频率、声速、温度、盐度、深度以及海水 pH 值的函数，很多研究对 α 的计算给出了经验公式[116]。研究表明，在水文因素一定的条件下，吸收造成的衰减主要与声波频率有关，频率越大衰减越强。综合考虑波阵面球形扩展和海水的吸收，则传播损失如式（2－7）为[64][113]

$$TL = 20\lg R + 10\alpha R (\text{dB re 1m}) \tag{2-7}$$

式中 TL——传播损失，dB；

R——传播距离，m；

α——吸收系数，dB/m。

式中第一项为声波的球面扩展损失，第二项为海水的吸收损失。

由此可知，声波的扩展损失和吸收损失均与传播距离 R 密切相关。为了获得准确的传播距离 R，需要采用声线跟踪技术，本章 2.1.3.1 小节将对声线跟踪技术进行介绍。

（3）目标参数。主动声呐最重要的目的之一是测定目标反射或散射声波的能力，即目标强度 TS。根据主动声呐方程可知，在确定设备参数 SL、DI、NL 和 DT，以及介质参数 TL 以后，可计算目标强度 TS，如式（2－8）为

$$TS = DT + (NL - DI) + 2TL - SL \tag{2-8}$$

侧扫声呐、多波束系统、浅地层剖面仪等设备主要进行的水下底质声学探测，则目标强度 TS（Target Strength）表示水底反向散射强度 BS（Bottom Strength）。

2.1.3 主动声呐对目标位置的测定

测定水下目标的位置是主动声呐的另一重要功能。对于成像声呐来说，水底目标的位置与反向散射强度值耦合在声学图像中可形成目标图像和纹理，构成基于声学图像进行底质分类的主要信息。主动声呐测定水底目标的位置需要根据换能器发射、接收的声信号属性以及声呐设备的姿态、位置等信息推算，该过程可分解为三个步骤：一是根据发射、接收声信号的时间差和方位角推算目标到换能器的相对坐标；二是根据换能器的姿态参数推

算目标在测量船坐标系下的坐标；三是根据测量船的地理坐标推算目标的地理坐标。

2.1.3.1 目标到换能器的相对坐标

主动声呐测定水下目标的位置主要基于声波在不均匀介质中的折射规律，即斯涅尔（Snell）定律。若将不均匀介质分解成若干层声速均匀的剖面，则斯涅尔定律的表达式如式（2-9）为

$$\frac{\sin\theta_{i}}{C_{i}}=\frac{\sin\theta_{i+1}}{C_{i+1}}=\cdots=p \tag{2-9}$$

式中 i——各介质的剖面层，$i=1,2,\cdots,N$；

θ_i——第 i 层的声波入射角；

C_i——第 i 层的声速；

p——常数。

斯涅尔定律表明，声波在不均匀介质中的传播路径只与声波入射角和介质中的声速有关，本章2.1.4.2小节将给出斯涅尔定律的一种推导方法。

主动声呐通过声信号的发送和接收至少能够确定两类参数：一是接收信号的方位角 θ，二是信号从发送到接收这一过程的时间差 T。当声波在水中的传播速率已知，则可以根据斯涅尔定律构建模型并推算声信号在水中的传播路径，这一过程被称为声线跟踪（Sound Ray Tracing）。当声波的传播路径确定时，则可推算目标到换能器的相对坐标。

声线跟踪是建立在声速剖面（Sound Velocity Profile，SVP）基础上的。声速剖面亦称为声速垂直分布，主要描述声速随深度的相对变化率，通常用声速梯度描述单位深度内声速的相对变化量。实验表明，水体（海水）中的声速随着温度、盐度、深度（或压强）的增加而增加，是深度的线性函数，是温度、盐度的非线性函数。声速剖面的测量可采用直接测量法，即将声速计垂放在测量区域内不同深度的水体中直接测量声速。也可采用间接测量法，即基于已知的水体不同深度处的温度、盐度、深度（或压强）代入经验公式计算声速。目前已有很多研究给出了根据温度、盐度、深度（或压强）计算声速的计算公式，如 W. D. Wilson 公式、W. D. Wilson 简化公式、Dell Grosso 公式、Leroy 公式、Meckenzie 公式、Chen-Millero-Li 公式、EM 分层简化公式等[113]。

声线跟踪的主要目的是确定非垂直入射的声波束在水体介质中的传播路径。例如，在使用侧扫声呐和多波束系统等设备进行测量时，存在大量入射角不为零的波束，根据斯涅尔定律，海水介质的声速梯度使得非垂直入射的声波束在水柱中并非按照直线传播。因此，需要采用声线跟踪技术计算水底目标的相对位置（x，y，z）、声波接近水底时的入射角 θ_i、声波的传播路径长度 S（而非直线距离）等参数，后两个参数将被用于水底纯量声反射强度的计算（本章2.1.4.2小节将给出推导过程）。

声线跟踪基于不同的简化模型有多种计算方法，其基本思想是将海水介质由浅至深分为不同厚度的介质层，认为每层的声速可用简单的变化规律模型进行描述，常用的简化模型主要有层内常声速模型和层内常梯度模型[113][117]。假设声波从换能器到达水底目标经过了 N 层不同厚度的介质层，第 i 层的上边界深度为 z_{i-1}，下边界深度为 z_i，层厚度为 Δz_i（$\Delta z_i=z_i-z_{i-1}$，$i=1,2,\cdots,N$），以下变量 θ_i、C_i、i、p 的含义同公式。

(1) 层内常声速模型。层内常声速模型假设每个介质层内的声速 C_i 为一个常数，亦即声速梯度 $g_i=0$。则在层内声波沿直线传播，波束在第 i 层内的水平位移 Δx_i 如式 (2-10) 为

$$\Delta x_i=\Delta z_i\tan\theta_i=\Delta z_i\frac{\sin\theta_i}{\cos\theta_i}=\frac{pC_i\Delta z_i}{\sqrt{1-(pC_i)^2}} \tag{2-10}$$

在层内的传播路径长度 ΔS_i 如式 (2-11) 为

$$\Delta S_i=\frac{\Delta z_i}{\cos\theta_i}=\frac{\Delta z_i}{\sqrt{1-(pC_i)^2}} \tag{2-11}$$

在层内的传播时间 Δt_i 如式 (2-12) 为

$$\Delta t_i=\frac{\Delta S_i}{C_i}=\frac{\Delta z_i}{C_i\sqrt{1-(pC_i)^2}} \tag{2-12}$$

(2) 层内常梯度模型。层内常梯度模型假设每个介质层内的声速为一个随深度线性变化的函数，亦即声速梯度为一个常数 $g_i(g_i\neq0)$，该模型对声波传播路径的描述如图 2-2 所示。

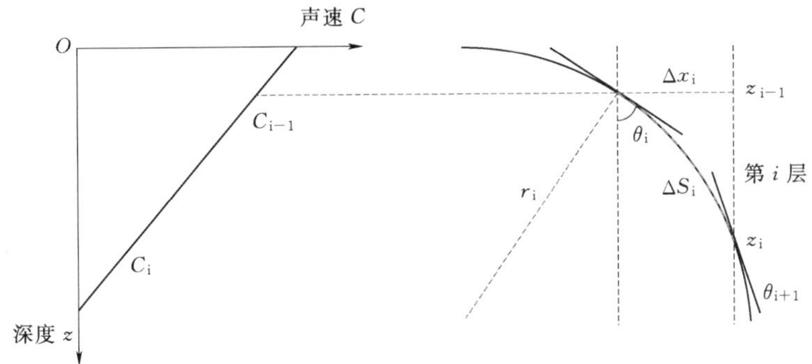

图 2-2 常梯度介质中声波的传播轨迹图

设第 i 层内的深度用变量 z 表示 ($z\in[z_{i-1}, z_i]$)，上边界层的声速为 C_i，下边界层的声速为 C_{i+1}，则该层内的声速 C_i 关于深度 z 的函数如式 (2-13) 和式 (2-14) 为

$$C_i(z)=C_i+g_i(z-z_{i-1}) \tag{2-13}$$

$$g_i=\frac{C_{i+1}-C_i}{z_i-z_{i-1}} \tag{2-14}$$

其中，g_i 是一个常数，根据上述定义有 $C_i(z_i)=C_{i+1}$。根据斯涅尔定律易证明，声波在层内的传播路径为圆弧，其半径为 $r_i=l/|pg_i|$，则波束在第 i 层内的水平位移 Δx_i 如式 (2-15) 为

$$\begin{aligned}\Delta x_i&=r_i|\cos\theta_{i+1}-\cos\theta_i|=\frac{\cos\theta_i-\cos\theta_{i+1}}{pg_i}\\&=\frac{\sqrt{l-(pC_i)^2}-\sqrt{l-p^2(C_i+g_i\Delta z_i)^2}}{pg_i}\end{aligned} \tag{2-15}$$

在层内的传播路径长度 ΔS_i 如式 (2-16) 为

$$\Delta S_i = r_i|\theta_{i+1} - \theta_i| = \frac{\arcsin[p(C_i + g_i\Delta z_i)] - \arcsin(pC_i)}{pg_i} \tag{2-16}$$

在层内的传播时间 Δt_i 如式（2-17）为

$$\Delta t_i = \int_{z_{i-1}}^{z_i} \frac{\Delta S_i}{C_i(z)} dz \approx \frac{r_i \mid \theta_{i+1} - \theta_i \mid}{\Delta z_i \left[\int_{z_{i-1}}^{z_i} \frac{dz}{C_i(z)}\right]^{-1}} = \frac{\theta_{i+1} - \theta}{pg_i^2 \Delta z_i} \ln\left[\frac{C_{i+1}}{C_i}\right]$$

$$\approx \frac{\arcsin[p(C_i + g_i\Delta z_i)] - \arcsin(pC_i)}{pg_i^2 \Delta z_i} \ln\left[1 + \frac{g_i \Delta z_i}{C_i}\right] \tag{2-17}$$

根据已知的声速剖面及常声速模型［式（2-10）～式（2-12）］或常梯度模型［式（2-15）～式（2-17）］，可得到声波在整个传播过程中经过时间 t 和路径长度 S 的表达式［式（2-18）］为

$$\begin{cases} t = \sum_{i=1}^{N} \Delta t_i \\ S = \sum_{i=1}^{N} \Delta S_i \end{cases} \tag{2-18}$$

为了确定声波的传播路径，需要依据声呐设备测得的接收信号方位角 θ 和信号从发送到接收过程的时间差 T 与上式联立进行声线参数的求解。其中，逐层累加得到的声信号传播时间 t 与实际测得的信号从发送到接收这一过程的时间差 T 的 1/2 相等，即［式（2-19）］

$$t = \sum_{i=1}^{N} \Delta t_i = T/2 \tag{2-19}$$

这一过程可采用迭代法确定需要累加的声速剖面层数 N，以及各剖面层的厚度 Δz_i[113][118]。根据声传播路径的可逆性，以接收信号的方位角 θ 为第 i 层的声波入射角，结合式（2-18）～式（2-19）以及式（2-10）或式（2-15），可计算得到声波束到达水底目标的路径长度 S，以及声波束投影中心在各剖面层相对于换能器中心的水平位移 Δx_i，再与式（2-9）联立，可得声波束到达水底目标时的入射角 θ_N。

下面定义换能器坐标系［图 2-3（a）］，该坐标系用于描述声波束探测到的目标相对于换能器的坐标。以换能器的几何中心为原点 O，以测量船右舷方向为 X 轴正方向，船艏方向为 Y 轴正方向，以垂直于 XOY 平面向下的方向为 Z 轴正方向，构建左手坐标系。采用这种坐标系定义方式的包括 CARIS 软件定义的测量船文件格式（HIPS Vessel File，HVF），以及文献［119］等相关研究。水底目标在该坐标系下的坐标（x，y，z）可用式（2-20）计算为

$$\begin{cases} x = \sum_{i=1}^{N} \Delta x_i \\ y = 0 \\ z = \sum_{i=1}^{N} \Delta z_i \end{cases} \tag{2-20}$$

式中　N——需要累加的声速剖面层数，变量；

Δx_i——声波束投影中心在各剖面层 i 相对于换能器中心的水平位移；

Δz_i——各剖面层的厚度，由声线跟踪得到。

由于不考虑单一声信号在航向方向的位移，而是认为声线位于 XOZ 平面内，因此有 $y=0$。

综合本小节所述，确定目标到换能器的相对坐标主要是基于声线跟踪技术，在换能器坐标系下，该技术将声呐设备测得的方位角 θ 和信号发/收时间差 T 转换为目标的相对坐标（x，y，z），同时给出了声波束到达水底时的入射角 θ_N 和路径长度 S。

2.1.3.2 目标在测量船坐标系下的相对坐标

声呐换能器的翻滚（Roll）、偏航（Yaw）和俯仰（Pitch）等姿态变化对声呐探测到的目标定位会产生显著影响，姿态参数可以用姿态传感器测量得到，据此可将将目标位置归算到测量船坐标系下。

以下定义一种常用的测量船坐标系［图 2-3（b）和图 2-3（c）］，该坐标系用于描述水底目标相对于水平面上参考位置的坐标。以测量船体的形心（RP）为坐标系原点 O，以姿态传感器的基准方向构建直角坐标系，即以测量船静止于水面时的右舷方向为 X 轴正方向，船艏方向为 Y 轴正方向，以垂直于 XOY 平面向下为 Z 轴正方向，构建左手坐标系[117][120]。

在该坐标系下，设声呐设备的安装位置坐标为（δ_x，δ_y，δ_z）（单位：m），姿态参数［单位：(°)］：横摇角（Roll）、艏摇角（Yaw）和纵摇角（Pitch）分别定义为 α（右舷向下为正）、β（船艏转向右舷方向为正）和 γ（船艏向上为正）。定义声呐换能器坐标系下

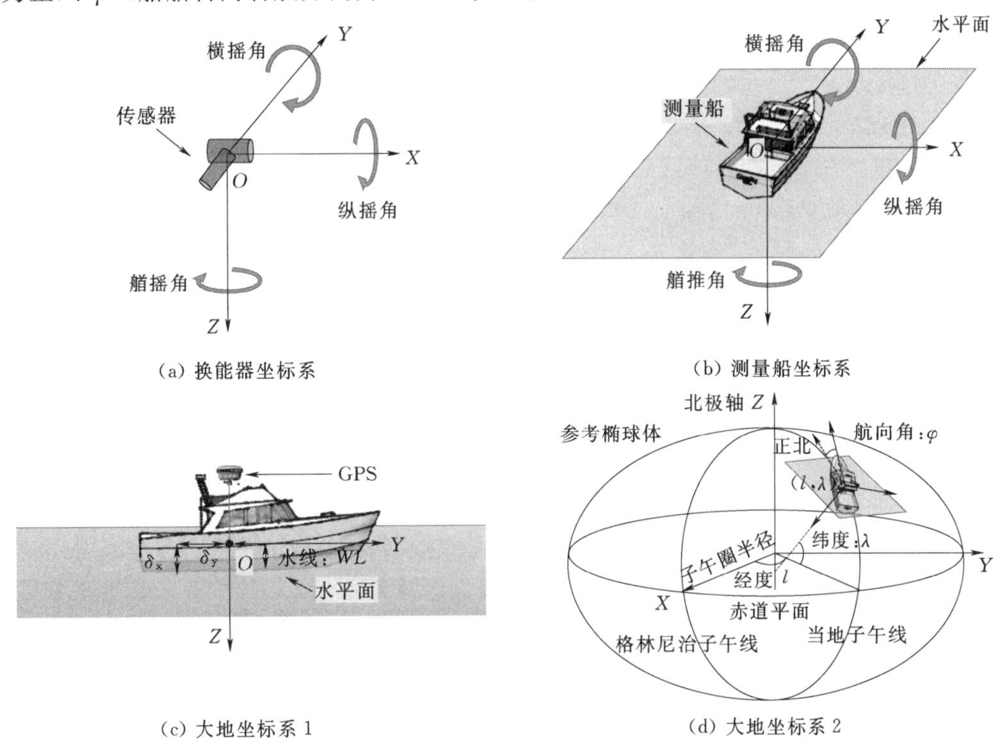

图 2-3 换能器、测量船和大地坐标系示意图

目标的相对坐标为（x，y，z）（单位：m），在测量船坐标系下目标的相对坐标为（x'，y'，z'）（单位：m）。根据坐标变换规律，应当按照纵摇、艏摇、横摇的顺序依次变换，见式（2-21）[119]为

$$\begin{pmatrix} x' \\ y' \\ z' \end{pmatrix} = \begin{pmatrix} \cos\alpha & 0 & -\sin\alpha \\ 0 & 1 & 0 \\ \sin\alpha & 0 & \cos\alpha \end{pmatrix} \begin{pmatrix} \cos\beta & 0 & 0 \\ -\sin\beta & 1 & 0 \\ 0 & 0 & 1 \end{pmatrix} \begin{pmatrix} 1 & 0 & 0 \\ 0 & \cos\gamma & \sin\gamma \\ 0 & -\sin\gamma & \cos\gamma \end{pmatrix} \begin{pmatrix} x \\ y \\ z \end{pmatrix} + \begin{pmatrix} \delta_x \\ \delta_y \\ \delta_z \end{pmatrix} \tag{2-21}$$

综合本小节所述，将声呐换能器坐标系下目标的相对坐标（x，y，z）变换为测量船坐标系下的相对坐标（x'，y'，z'）的主要目的是消除换能器姿态变化对定位的影响。这里建立的测量船坐标系是动态的相对坐标系，仅考虑测量船或换能器自身姿态的变化，而不考虑测量船航向和地理坐标的变化。需要注意的是，实际安装中声呐设备与姿态传感器坐标轴有时存在夹角不为零的情况，这时需要通过测量或在后续数据处理中对姿态参数α、β、γ进行修正。

2.1.3.3 目标的地理坐标

声呐设备测量过程中，测量船的位置和航向实时发生变化，因此应当考虑测量船在地理空间中的运动形式。以下定义大地坐标系［见图2-3（d）］，该坐标系用于描述水底目标的地理坐标。设参考椭球（在当地的）卯酉圈半径为R_N，子午圈半径为R_M，以参考椭球的中心为坐标系原点O，大地经度l为测量船所在位置的子午线与格林尼治子午线所构成的二面角，向东为正；大地纬度λ为经过测量船所在位置的椭球面法线与赤道平面的夹角，向北为正；大地高H是沿该法线到参考椭球面的距离。

设GPS定位系统确定测量船的经度、纬度为（l，λ），船体水线为WL（单位：m），航向角（Heading）为φ［单位：（°）］，GPS定位系统在测量船坐标系下的坐标为（$NavX$，$NavY$，$NavZ$）。将测量船坐标系下的目标坐标（x'，y'，z'）转化为经度、纬度方向的分量（Δl，$\Delta\lambda$），公式见式（2-22）为

$$\begin{pmatrix} \Delta l \\ \Delta\lambda \end{pmatrix} = \begin{pmatrix} \cos\varphi & \sin\varphi \\ -\sin\varphi & \cos\varphi \end{pmatrix} \begin{pmatrix} x' - NavX \\ y' - NavY \end{pmatrix} \tag{2-22}$$

再经过坐标转换，最终可得到目标在大地坐标系下的地理坐标（X，Y，Z）［X、Y分别为经度、纬度，单位：（°）；Z为深度，单位：m］，公式见式（2-23）为

$$\begin{cases} X = \Delta l / R_N \cos\lambda + l \\ Y = \Delta\lambda / R_M + \lambda \\ Z = z' - WL \end{cases} \tag{2-23}$$

综上所述，本小节通过三个坐标系的定义和坐标变换方法，描述了主动声呐测定目标位置的过程。其中，声呐设备测量得到的参数是接收目标信号方位的θ和信号发送/接收时间差T；需要另外测量的辅助参数包括潮位、声速剖面（SVP）、姿态参数横摇角α、艏摇角β、纵摇角γ、瞬时航向角φ、GPS测定的经度和纬度坐标（l，λ）、船体水线WL、GPS定位系统在测量船坐标系下的坐标（$NavX$，$NavY$，$NavZ$）、声呐设备在测量船坐标系下的安装位置坐标（δ_x，δ_y，δ_z），以及参考椭球体参数卯酉圈半径R_N和子午圈半径R_M；最终归算得到水底目标的地理坐标（X，Y，Z）。在声线跟踪过程中还可推算出声波接近水底时的入射角θ_i以及声波的传播路径长度S，进而可用于水底纯量声反

射强度的计算。

上述过程目前已可通过软件如 CARIS、TRITON 等自动实现，由于不同软件采用的声线跟踪模型及算法不同，其归算的坐标略有差别，但一些算例表明文献[119]的计算方法与广泛使用的 CARIS 数据处理系统模块的计算结果已经达到一致。

2.1.4 水底声学图像的形成

本章 2.1.2 小节和 2.1.3 小节分别论述了主动声呐测定水底目标的反向散射强度和位置的原理，本小节将论述水下底质与声学图像的关系，从而完善本研究对水底声学图像的成像理论探讨。正如本书 1.1.3 小节所述，各类水底声学图像反映的是水底的声学特征，是对底质物理性质的间接描述，这一描述过程可概括为：水下底质类型决定底质的声学特征，底质的声学特征影响水底反向散射强度，水底反向散射强度直接影响声学图像的成像。以下对上述过程分别进行讨论。

2.1.4.1 水下底质的主要声学特性

对于水声探测来说，水下底质主要声学特性描述量包括声速 C_i、声衰减系数 α（与声吸收系数 K 和声波频率 f 有关）、声反射系数 V_R 等。这些声学特性往往与底质的物质特性有关。常见的底质物质特性描述量包括底质的平均粒径 m_φ、孔隙率 n_p、密度 ρ 等，我国海洋调查规范中，对底质的鉴定参数还包括粒径统计曲线的偏态和峰态、含水率、黏着力、抗压强度、贯入强度、抗剪强度等[3]。

经过大量测量和统计，一些研究构建了底质的物质特性与声学特性之间的经验关系[121-123]。例如，Akal[124]根据来自全球大洋的大量样本数据，统计并建立了底质平均粒径 m_φ、孔隙率 n_p、底质密度 ρ、声速 C_i 以及垂直反射系数 V_R 的经验关系（Akal，1974）。Hamilton 给出了底质的声衰减系数 α 与孔隙率 n_p 的经验关系（Namilton，1971）。但是这些经验关系的适用范围有限，在对特定区域进行研究时仍应通过实验测定。金中原等[125]通过对大量底质原始数据的分析，总结了 6 种典型底质的部分物质特性和声学特性的关系（金中原等，2016）见表 2-2（如该理论所述，测量的工作频率为 10～100kHz，平均粒径 m_φ）。

表 2-2　六种典型底质的物质特性和声学特性参数表

种类	砾石	粗砂	中砂	细砂	粉砂	黏土
平均粒径 m_φ	−2	0.07	1.58	2.54	5.24	8.42
孔隙度 n_p/%	39.69	40.93	40.63	43.56	50.44	80.93
声速比（与海水声速）	1.122	1.117	1.142	1.121	1.011	0.981
声衰减率 α/(dB/m)	632.5	404	206.7	280.9	347.8	114.2
密度比（与海水密度）	2.051	2.008	1.979	1.906	1.786	1.519

上述结果表明，通过实验可建立水下底质的声学特性（如密度 ρ、声速 C_i 和声衰减率 α）与底质的物质特性（如平均粒径 m_φ 或孔隙率 n_p）的经验关系，而底质的物质特性是由底质的类型决定的。当上述经验关系是一对一或多对一的关系时，则可通过测定水下底质的声学特性对底质类型进行判别。正因如此，很多研究直接根据提取的声学特征参数

进行底质分类[66][126]。

2.1.4.2 水下底质声学特性与水底反向散射强度的关系

声波在不连续介质中传播时，会在两种介质的界面处发生反射、折射和散射现象，其规律与介质的声学特性有关[113][127]。如图2-4所示，在不连续的分层介质中，假定入射声压强为 P_i，界面反射声压强为 P_r，折射声压强为 P_t；与之对应的入射角、反射角和折射角分别为 θ_i、θ_r 和 θ_t，通常情况下有 $\theta_i=\theta_r$；设界面以上介质密度为 ρ_i，声速为 C_i；界面以下介质密度为 ρ_t，声速为 C_t。

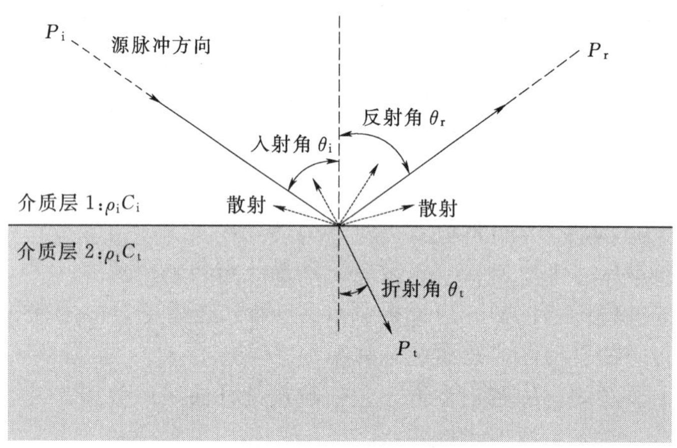

图2-4 声波与介质面的作用示意图

讨论平坦界面上入射、反射和折射声压强之间的关系时，做如下假设。

（1）界面上不存在剩余压力，则有式（2-24）为

$$P_i+P_r=P_t \tag{2-24}$$

（2）界面上的质点在法线方向上运动速度为零，即式（2-25）为

$$\frac{P_i\cos\theta_i}{\rho_i C_i}-\frac{P_r\cos\theta_r}{\rho_i C_i}=\frac{P_t\cos\theta_t}{\rho_t C_t} \tag{2-25}$$

以上两式联立，可得到斯涅尔（Snell）定律表达式（2-26）为

$$\frac{\sin\theta_i}{C_i}=\frac{\sin\theta_t}{C_t}=\cdots=p\text{（}p\text{ 为常数）} \tag{2-26}$$

以上完成了斯涅尔定律表达式即公式的推导。令 $m=\rho_t/\rho_i$，$n=C_i/C_t$，根据上式还可得到反射系数 V_R 和折射系数 V_T 的表达式［式（2-27）和式（2-28）］为

$$V_R=\frac{P_r}{P_i}=\frac{\rho_t C_t\cos\theta_i-\rho_i C_i\cos\theta_t}{\rho_t C_t\cos\theta_i+\rho_i C_i\cos\theta_t}=\frac{m\cos\theta_i-n\cos\theta_t}{m\cos\theta_i+n\cos\theta_t} \tag{2-27}$$

$$V_T=\frac{P_t}{P_i}=\frac{2\rho_t C_t\cos\theta_i}{\rho_t C_t\cos\theta_i+\rho_i C_i\cos\theta_t}=\frac{2m\cos\theta_i}{m\cos\theta_i+n\cos\theta_t} \tag{2-28}$$

水底反向散射强度 BS（也称为声反射强度，单位：dB）不仅与底质的声学特性（声速 C_i、声衰减率 α、声反射系数 V_R）有关，还与声波入射角和水底粗糙度有关。以下将 BS 表达式［式（2-29）］为

$$BS=BS_B+10\lg AE \tag{2-29}$$

式中 AE——声波束在水底的投射面积（单位：m^2）；

BS_B——与底质的体散射特征、表面粗糙度，以及波束的入射角度相关的项。

AE 可根据式（2-30）做近似计算[113]为

$$AE=\begin{cases}\theta_T\theta_R R^2 & \theta_i<5^\circ\\ \dfrac{c\tau\theta_T R}{2\sin\theta_i} & \theta_i\geqslant 5^\circ\end{cases}\tag{2-30}$$

其中，θ_T、θ_R 分别为发射、接收波束的宽度角［单位：(°)］；θ_i 为声波束入射角［与水底法线的夹角，单位：(°)］；τ 为声脉冲宽度（单位：s）；c 为水体中的声速；R 为声波束在水底的投射中心到换能器的距离（单位：m）。

式（2-29）的另一项 BS_B 是与底质的体散射特征和表面粗糙度相关的项 BS_0（或 BS_N），以及与波束的入射角度 θ_i 相关项的和，表达式［式（2-31）］为

$$BS_B=\begin{cases}BS_N & (\theta_i\approx 0^\circ)\\ BS_0+10\lg\cos^k\theta_i & (15^\circ\leqslant\theta_i\leqslant 65^\circ)\end{cases}\tag{2-31}$$

其中，当波束近似于垂直入射（$\theta_i\approx 0^\circ$）时，BS_B 近似为一个常数，用 BS_N 表示；当波束的入射角 θ_i 为 15°～65°时，BS_B 与入射角的相关性可以用 Lambert 法则进行描述，此时可取 $k=2$；BS_N、BS_0 为仅与底质声学特性有关的声反射强度，也称为纯量声反射强度（单位：dB）[64]。

综合式（2-29）～式（2-31），可得水底声反射强度 BS 的近似表达式［式（2-32）］[128]为

$$BS=\begin{cases}BS_N+10\lg(\theta_T\theta_R R^2) & (\theta_i\approx 0^\circ)\\ BS_0+10\lg\cos^2\theta_i+10\lg\left(\dfrac{c\tau\theta_T R}{2\sin\theta_i}\right) & (15^\circ\leqslant\theta_i\leqslant 65^\circ)\end{cases}\tag{2-32}$$

在实际应用中，常采用参数拟合法得到各种水下底质在不同入射角条件下的声反射强度 BS[66]。上述结果表明，主动声呐测得的水底反向散射强度值 BS 并非完全由底质类别决定，若要确定底质类别，一种方式是通过反向散射强度校正得到纯量声反射强度，另一种方式则是通过测定不同底质类型、不同入射声波频率、不同掠射角情况下的水底声反射强度，并建立与设备、入射角无关的不同底质与声反射强度对应关系的数据库[21][64]。上述推导还表明，不同类别的水下底质形成的水底声反射强度可能相等，水底声反射强度与底质类型之间可能存在一对多的关系。

2.1.4.3 水底反向散射强度的图像记录

与遥感图像类似，水底声学图像可看作是水底目标的反向散射强度与其相对位置的直观记录，但是主动声呐接收到反向散射信号时，这两个量不是相互独立的，往往需要通过校正将接收到的信号转化为仅反映底质声学特性的纯量声反射强度 BS_0 或 BS_N。

联立式（2-8）和式（2-32），对于水下底质声学探测，取 $TS=BS$，则可得到纯量声反射强度 BS_0 和 BS_N 的计算公式［式（2-33）和式（2-34）］为

$$BS_0=DT-SL+2TL+NL-DI-10\lg AE-10\lg\cos^2\theta_i\tag{2-33}$$

$$BS_N=DT-SL+2TL+NL-DI-10\lg AE\tag{2-34}$$

回顾式（2-33）和式（2-34）中变量的来源：设备参数 SL 和 DI 在声呐设备在出

厂时已进行定标测量，NL 和 DT 在声呐设备测量时测定（如 2.1.2.1 小节所述）；确定介质参数 TL 需知道声波的传播路径长度 R 和介质的吸收系数 α，其中路径长度 R 通过声线跟踪技术和实测的声速剖面计算得到，吸收系数 α 通过实测或根据经验模型计算得到（如 2.1.2.2 小节所述）。因此，计算 BS_0 和 BS_N 只需对 TL 进行补偿，再消除式（2-33）和式（2-34）中的 $10\lg AE$ 和 $10\lg\cos^2\theta_i$ 两项。其中，补偿 TL 的过程即为增益补偿，消除 $10\lg AE$ 项的过程即为波束照射区面积改正，消除 $10\lg\cos^2\theta_i$ 项的过程即为 Lambert 法则校正[64][128]。

（1）增益补偿。为了消除声信号传播过程中的能量衰减，根据公式计算传播损失量 TL，再加到接收换能器检测到的信号强度值上，即可实现增益补偿。其中，传播距离 R 可用声线跟踪得到的路径长度 S 代替，也可根据声呐系统检测到的信号发射/接收时间差 T 乘以介质中的声速 c 进行估算，后一方法称为时变增益补偿（Time - varied Gain，TVG）。

（2）波束照射区面积改正。计算波束照射区面积 AE 的原理如公式（2-30），若考虑声速剖面，可根据斯涅尔定律逐个剖面计算入射角 θ_i 和传播距离 R 得到更精确的波束照射区面积。

（3）Lambert 法则校正。经过声线跟踪可得到波束到达水底时的入射角 θ_N，考虑到水底地形的影响，校正后的入射角 θ_i'的计算公式［式（2-35）］为

$$\theta_i'=\arccos\left(\frac{\tan(\theta_N-\theta_x)\tan\theta_N+1}{\sqrt{\tan(\theta_y)^2+\tan(\theta_N-\theta_x)^2+1}\sqrt{\tan(\theta_N)^2+1}}\right) \tag{2-35}$$

其中，θ_x、θ_y 分别为水底坡面在换能器坐标系下与 XOY 平面的夹角在横向和纵向上的分量。将校正后的入射角 θ_i'带入公式即可完成 Lambert 法则校正。应当注意的是，Lambert 法则校正通常只能粗略地校正水底地形对底质反向散射强度的影响，对于底质的表面粗糙度、微小的地形起伏或者较复杂的水底（例如布满礁石的海底）造成的影响，通过 Lambert 法则校正仍无法得到准确的 BS_0。但是从另一角度看，在这种情况下得到的声学图像反而包含了水底的一部分微地貌信息，这部分信息对于底质的判别同样重要。

在经过校正形成的声学图像中，像素的灰度值主要描述水底反向散射强度，像素的相对位置则可描述底质的空间分布。不同底质区域对应的地理坐标可通过本章 2.1.3 小节所述的方法测定，将底质分布的地理坐标映射到图像坐标系，再将反向散射强度值映射为图像灰度值，则可初步形成声学图像。

综上所述，本节主要介绍了声学图像的基本成像原理，描述了水下底质空间分布状况与水底声学图像的关系，也说明了基于水底声学图像进行水下底质分类的合理性。多源成像声呐系统大多是根据上述原理成像的，在这一层面上，多源声学图像具有共同点。在实际应用中，多源声学图像还与不同成像声呐系统的测量原理和预处理方法有关，从而形成了一定的差异性和互补性，本章后续部分将进行论述。

2.2 侧扫声呐的声学图像形成原理

侧扫声呐通过斜入射方式向水底发射波束扇面，通过记录回波信号的到达时间和强度

进行水底成像。

2.2.1 侧扫声呐数据的获取

侧扫声呐系统主要由侧扫声呐主机、记录计算机、缆线、电源构成的甲板系统和载有换能器的拖鱼以及拖缆构成，并配有用于定位的 GPS 设备。为提高定位精度，一些侧扫声呐可选配超短基线系统、姿态传感器、回声测深仪等其他辅助设备[130]。

侧扫声呐数据采集时，换能器呈一定角度向水底发射特定频率的声波，其水平波束（航行方向上）较窄而垂直波束（垂直于航向方向上）很宽，从而形成垂直于水底的波束扇面。该波束扇面的一部分与水底相互作用并返回换能器，回波信号按时间顺序依次返回，被换能器接收并转化为电信号传递给主机，经过信号的解算得到波束扇面与水底交线上各位置的回波强度信息（图 2-5）。

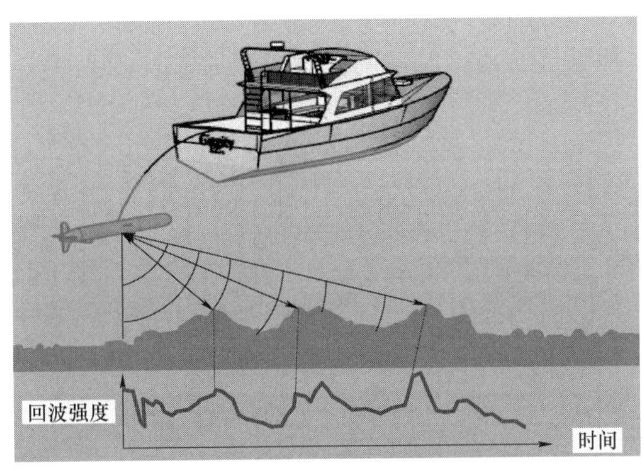

图 2-5　侧扫声呐成像原理示意图

现代侧扫声呐数据的记录主要采用计算机、便携式工作站等设备实时进行。数据采集计算机上需安装侧扫声呐厂商提供的专用记录软件或通用数据采集软件，将数据记录为特定的文件格式，如常用的 Qmips 和 XTF 格式等。侧扫声呐测量时采集的主要数据包括回波强度信息、导航与定位信息，还包括用于预处理的辅助数据，如拖鱼高度、姿态数据、测深信息、通道信息、注释信息等[15]。

2.2.2 侧扫声呐图像的预处理

侧扫声呐换能器不断发射声信号并按照时序记录接收的声信号，将每次发射对应的接收信号按照特定的色彩映射规则显示为一行像素，称为“扫描线”[131]。随着侧扫声呐沿航向运动，将这些像素逐行排列，这样构成的图像称为“瀑布图”（图 2-6）。瀑布图每一个像素位置与回波到达的时刻相对应，像素灰度（或对应的色彩）与回波信号的强度对应。通常瀑布图有 4 条特征线，分别为零位线、水/海面线（侧扫声呐的换能器副瓣较小时，不易出现水/海面线）、水底线和扫描线。

侧扫声呐系统记录的瀑布图一般不包含显式的地理坐标信息，原始信号从零位线由近及远逐渐减弱，因此需要进行预处理才能形成带有地理坐标信息的地貌图像，再进行底质

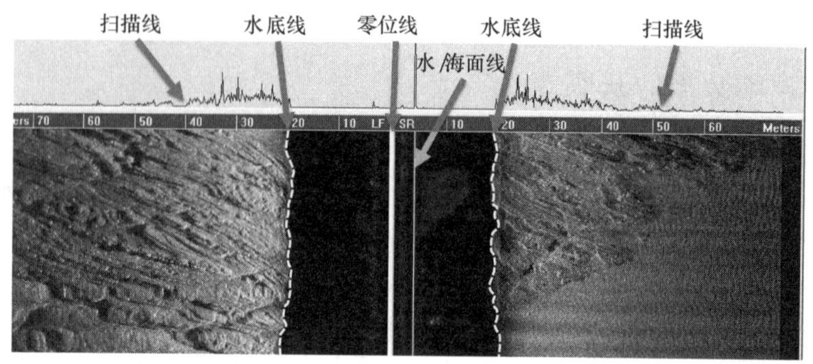

图 2-6 侧扫声呐瀑布示意图

分类等后续应用。多源声学数据在形成完整的带有空间坐标信息的图像之前，整个数据处理过程可称为预处理过程。侧扫声呐图像的预处理过程如图 2-7 所示，主要包括增益均衡，斜距改正，滤波消噪，航迹、航向和航速信息提取，地理编码，图像插值和图像镶嵌[21][131]。

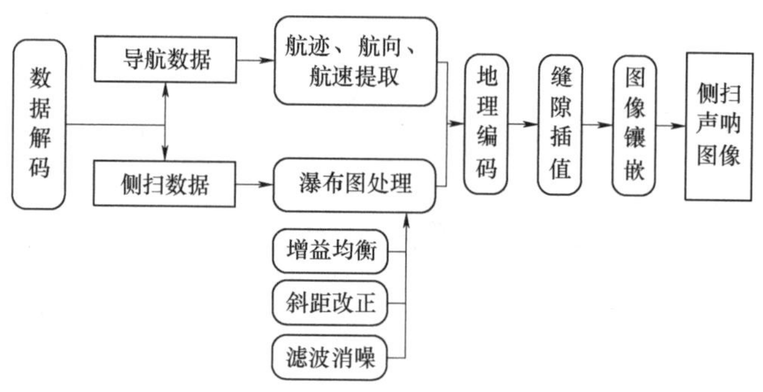

图 2-7 侧扫声呐图像预处理流程示意图

侧扫声呐图像的预处理主要采用计算机、图形工作站等设备完成，一些侧扫声呐厂商提供了专用软件用于数据记录和简单的预处理，一些通用软件如 Triton Survey、OIC Clean Sweep、Qinsy、EIVA、Caris HIPS and SIPS、HYPACK HySweep、Fledermaus 等也可支持多种型号侧扫声呐的数据预处理[130]。需要注意的是，侧扫声呐图像经过预处理虽然在视觉上更有利于人工判别，但一些虚假信息也可能在处理过程中被引入。目前侧扫声呐数据预处理还需要大量人工操作才能达到较理想的精度和效果。

2.2.3 侧扫声呐图像的特点

经过预处理的侧扫声呐图像是明暗相间的灰度（或根据灰度值转换为彩色）图像。除了未被波束覆盖的区域，每个像素的值都对应相应空间位置上的信号强度。以下讨论侧扫声呐图像的灰度与水底反向散射强度和水底地形的关系，并讨论侧扫声呐图像的空间分辨率和位置精度。

（1）图像灰度与水底反向散射强度的关系。为便于理论分析，现将公式［见式（2-36)］抄录如下。

$$BS_0 = DT - SL + 2TL + NL - DI - 10\lg AE - 10\lg\cos^2\theta_i \quad (2-36)$$

根据侧扫声呐图像获取与预处理方法可知，侧扫声呐原始数据记录对应于上式中的 DT 项；增益均衡过程粗略地消除了传播损失 TL 项和声波指向性 DI 项联合造成的差异；滤波消噪过程也常常采用均值滤波、通道滤波等方式近似地消除了噪声级 NL 项；侧扫声呐水平波束宽度较小（通常为1°或小于1°），因此波束在水底投射面积 AE 项的差异对 BS_0 项的影响较小；对于同一型号的侧扫声呐设备在相同水体条件下测量，SL 项对于原始图像中的各采样点近似相等。在水底平坦且介质中的声速为常数的理想条件下，若发射声源级 SL 已知，则各参数经过校正后可计算得到水下底质相关参数 BS_0，底质的反射强度与接收到的声信号强度（在图像中用灰度表示）呈正相关关系，即图像灰度只与底质类型相关。但是上述理想条件往往难以达到，水底地形起伏将造成 $10\lg\cos^2\theta_i$ 项的计算偏差，增益均衡过程也常常无法精确地补偿扫描线上每个像素的传播损失和指向性差异。因此，侧扫声呐图像灰度表达的是水底反向散射强度的近似值或相对值，且受水底地形变化的影响较大。当水底地形平缓时，基于侧扫声呐图像可识别反向散射强度有一定差别的底质。

(2) 图像灰度与地形的关系。如图 2-8 所示，根据侧扫声呐的成像原理和水底散射各向同性的假设可知，当水底地形平缓或仅有轻微起伏时，侧扫声呐图像的灰度值主要与底质的反向散射强度有关，地形变化主要引起的是几何畸变；当水底地形变化剧烈时，侧扫声呐图像将出现显著的灰度差异，其影响可能高于底质本身的反射率不同导致的灰度差异。由于很多水下底质往往不是各向同性的声波散射体（Non-isotropic Scatterer），对于一个水底目标在迎向侧扫声呐发射波束的面上，声波的反向散射强度大，在图像中形成高亮区。在背向侧扫声呐发射波束的面上，反向散射强度小甚至没有反射回波，则在图像中形成声影区，声影区的长度与目标的高度和斜距有关。对于相对平坦的周围水底区域，这种效应较为微弱，综合的结果是在图像中形成灰度适中的背景区[132]。

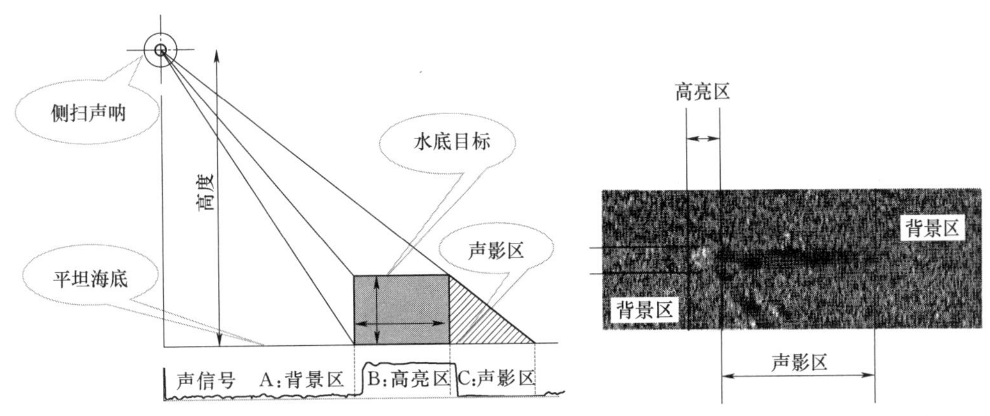

图 2-8 侧扫声呐图像中目标的成像原理示意图

由此可知，侧扫声呐图像的灰度值受地形起伏影响很大，这虽然导致图像灰度无法与水底的反向散射强度建立稳定的回归关系，却适合根据纹理对一些造成地形起伏的水底地物进行辨识，例如天然礁石、水底沙波、水下人工目标、疑似水雷目标（MLO）等，当图像分辨率更高时，甚至可以区分砾石和细砂等不同底质。

(3) 侧扫声呐图像的分辨率。侧扫声呐图像可定义两个方向的分辨率，分别为垂直于航向的垂向分辨率（Vertical Resolution）和与航向平行方向上的航向分辨率（Heading Resolution），如图2-9所示[21]。

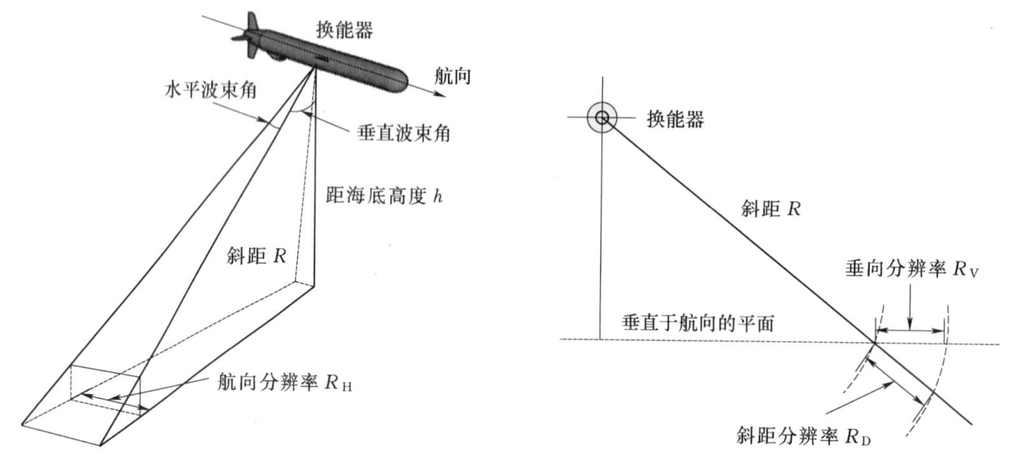

图2-9 侧扫声呐的分辨率示意图

现代侧扫声呐通常提供CW（连续波）和Chirp（线性调频）两种工作模式以适用于远、近和不同频率的高分辨率扫测方式，其垂向分辨率可用公式［式（2-37）和式（2-38）］计算[15]为

$$R_V = \lambda c / 2 \tag{2-37}$$

$$\lambda = 1/w \tag{2-38}$$

式中 R_V——侧扫声呐的垂向分辨率，即在发射波束（扫描线径向）方向上的分辨率；

c——水体中的声速；

λ——传统CW模式下的声波脉冲长度参数（Pulse Length）；

w——Chirp模式下声波脉冲波束的宽度参数（Band Width）。

侧扫声呐的航向分辨率与声呐发射波束的频率、宽度、水平角和航速有关，为提高航向分辨率，可采用降低航速、适当减小发射波束水平角等措施。此外，侧扫声呐的图像分辨率还与空间插值、重采样等预处理方法有关。

(4) 侧扫声呐图像的位置精度。侧扫声呐图像上各个像素的位置精度通常与GPS定位精度、侧扫声呐姿态参数精度以及斜距改正和图像镶嵌的算法等有关，只有在拖鱼上安装声学定位系统（如超短基线系统）、姿态传感器和回声测深仪以确定其准确位置和姿态，并对原始数据进行严格的处理才能获得较好的测深精度和平面精度。否则，侧扫声呐图像只能提供水底的二维平面信息，具有相对准确的平面位置精度，而不能直观地给出深度信息。由于侧扫声呐是根据斜距生成水底图像的，因此对于有一定高度和体积的水底目标，还会在图像中出现几何变形[8][25]。

综上所述，侧扫声呐成像和预处理原理决定了其图像具有较高的垂向和航向分辨率，但位置精度较低；当水底地形平缓时，侧扫声呐图像灰度表达的是水底反向散射强度的近似值或相对值，可用于识别反向散射强度有一定差别的底质。但是，当水底地形变化较大时图像灰度无法与水底的反向散射强度建立稳定的回归关系，却适合根据纹理对一些造成地形起伏的水底地物进行辨识。因此，基于侧扫声呐图像进行底质分类具有一定的合理性，但在一些情况下也存在局限性。

2.2.4 一种基于路径缓冲区的侧扫声呐图像灰度均衡化方法

下面根据侧扫声呐图像特点给出一种侧扫声呐图像灰度均衡化方法。从图 2-6 扫描线的波形可以看出，由于声波传播过程中的能量衰减，侧扫声呐图像常出现近场信号较强、远场信号较弱的情况，且这种整体衰减的趋势通常是非线性的。虽然一些侧扫声呐图像处理软件提供了灰度均衡化功能，但常常因参数设置、操作流程的差异，使得成图效果仅适合图像的人工判读，不利于后续基于图像的分类等数据处理。侧扫声呐图像处理常用的灰度均衡化方法包括时间增益控制（Time Gain Control，TGC）、自动增益控制（Automatic Gain Control，AGC）和手动增益控制（Manual Gain Control，MGC）[133]，上述方法仅能在图像镶嵌之前的瀑布图上进行处理，但由于瀑布图各像素不直接包含空间坐标信息，仅适用于局部图像的灰度修正[134-135]。因此，在必要的情况下还需在预处理后的图像中进一步执行灰度均衡化。

经过初步增益补偿的侧扫声呐图像特征如图 2-10（a）所示，包括航迹线（换能器正下方无信号区域）、扫描成像带和图像背景区。扫描成像带一般对称地分布在航迹线左、右两侧，水底信息主要通过该区域的图像灰度变化呈现。

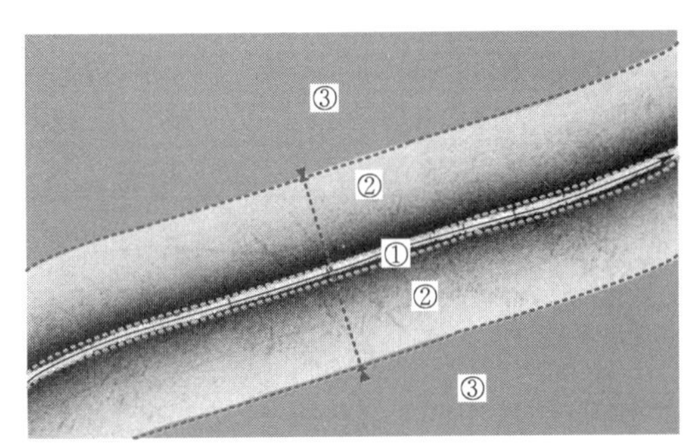

(a) 声呐图像

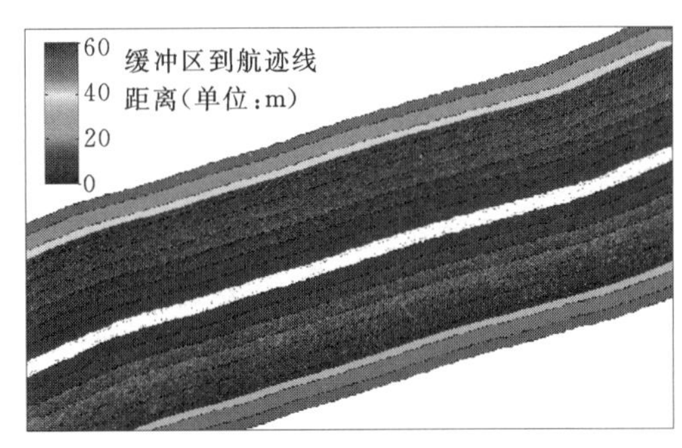

(b) 缓冲区

图 2-10 侧扫声呐图像（局部）及缓冲区示意图

①—航迹线；②—扫描成像带；③—图像背景图

2.2.4.1 算法描述

步骤 1：生成侧扫声呐路径缓冲区。基于侧扫声呐图像灰度与斜距相关的规律，可借鉴地理信息系统的空间分析方法——缓冲区分析，沿声呐路径（航迹线）建立其两侧一定宽度范围内的若干等宽的区域，称为缓冲区［图 2-10（b）］。统计左右两侧缓冲区内像素灰度的分布特征，图 2-11 为航迹两侧缓冲区像素灰度的统计箱形图，缓冲区按与航迹线距离由近及远排列，箱形区域表示大部分像素灰度值所在的灰度区间，黑色“+”符号表示少数离散像素的灰度值分布。

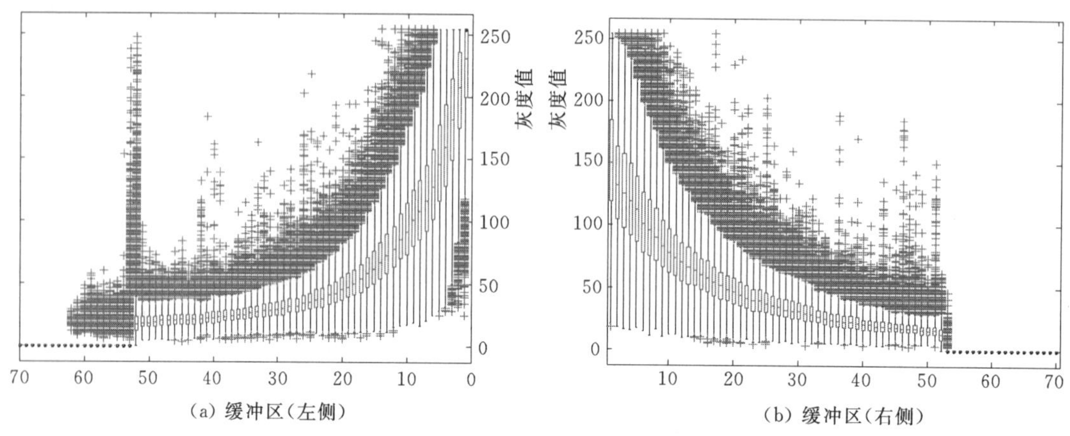

图 2-11 侧扫声呐图像两侧缓冲区的灰度统计

步骤 2：依据各缓冲区内灰度的中位数逐条进行灰度均衡化。将各像素的灰度值与相应缓冲区内所有像素灰度值的中位数求比值实现归一化，见式（2-39）为

$$H_{ij}=\frac{X_{ij}}{X_{i,median}}(H_{max}/2) \tag{2-39}$$

式中 i——缓冲区的编号；

j——相应缓冲区内的像素编号；

X_{ij}——第 i 个缓冲区内的某个像元 j；

$X_{i,median}$——第 i 个缓冲区内所有所有像素灰度值的中位数；

H_{max}——常数，表示整个图像的灰度最大值，例如图像有 256 个灰阶，则 H_{max} 可取 256。

由于图像中的灰度值 X_{ij} 始终为非负值，因此有 $H_{ij}\geqslant 0$，但是根据上述运算存在 $X_{ij}/X_{i,median}>2$，则得到的结果存在 $H_{ij}>H_{max}$ 的情况。由于这些像素数量较少，且有更大可能性包含拟识别的特殊目标，因此对于这些像素，取 $H_{ij}=H_{max}$。逐个缓冲区执行该运算后，得到的扫描带灰度统计箱形图如图 2-12 所示。该过程需要利用航迹信息，既可自适应地对每段图像的灰度进行均衡化处理（不必区分左右两侧），又避免了人工设置 TVG

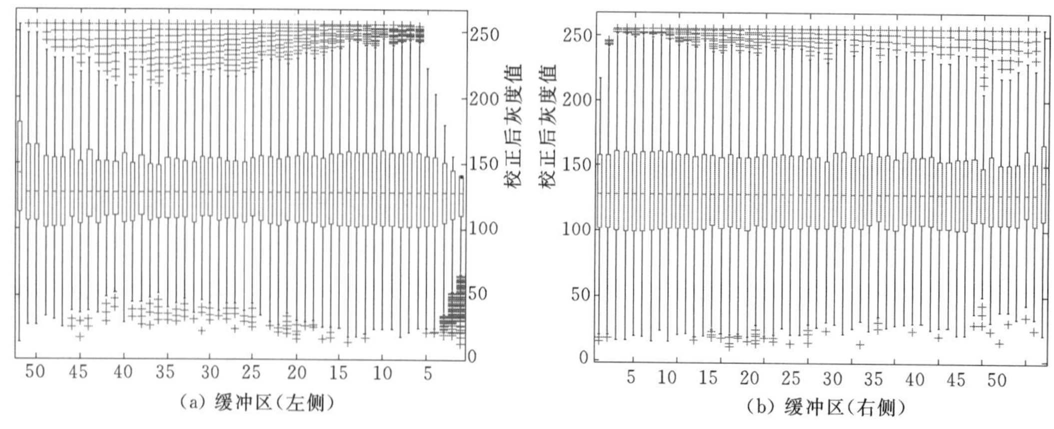

图 2-12 灰度均衡化后缓冲区灰度统计图

函数的参数时，参数不合理带来的偏差。

2.2.4.2 实验与结果

本书选取东海某实验区 6 条侧扫声呐扫描成像带数据进行灰度均衡化处理，原图像扫描区域内主要包含均匀的细砂和少量砾石、礁石等底质，将上述方法与 Triton Isis 软件 AGC 校正和 MGC 校正生成的图像比较，如图 2-13 所示。

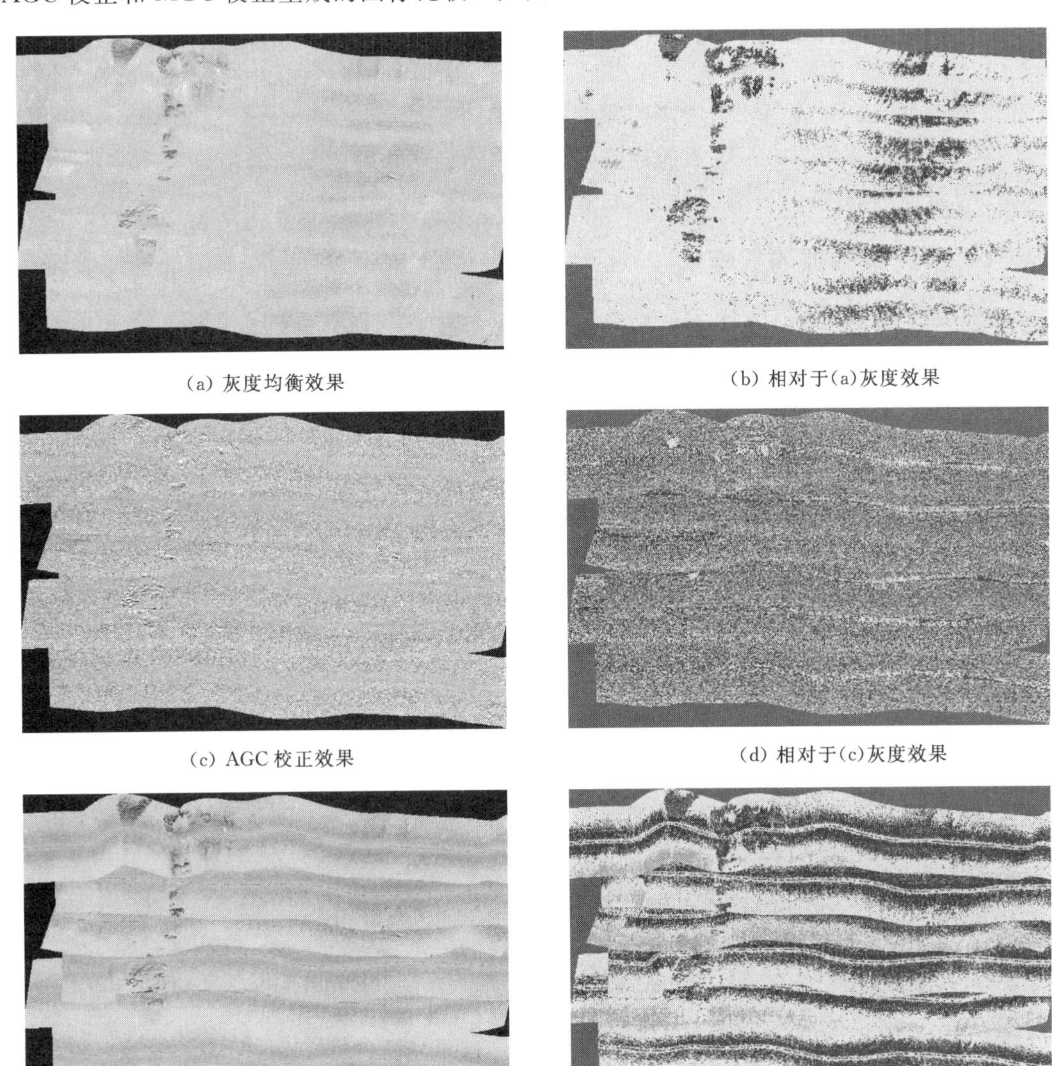

(a) 灰度均衡效果　(b) 相对于(a)灰度效果

(c) AGC 校正效果　(d) 相对于(c)灰度效果

(e) MGC 校正效果　(f) 相对于(e)灰度效果

图 2-13　几种灰度均衡化结果的视觉效果和分类效果对比图

(1) 视觉效果。图 2-13 (a) 为采用本研究提出的方法灰度均衡化后的效果，图 2-13 (c) 和图 2-13 (e) 分别为利用 Triton Isis 软件进行 AGC 校正和 MGC 校正生成的图像。本书提出的方法显著消除了各扫描带灰度不均衡的效应，在底质相对灰度值的保持方面又优于自动 TVG 校正效果，有利于图像的目视解译。

（2）分类效果。本书利用 ENVI 5.0 软件自带的 K－means 非监督分类功能，基于图像灰度对图 2－13（a）、图 2－13（c）和图 2－13（e）进行分类，结果分别见图 2－13（b）、图 2－13（d）和图 2－13（f）。仅从直观经验即可评判，本书提出的预处理结果［图 2－13（b）］更利于对图像中底质的自动分类。更多分类方法将在本书第 4 章介绍。

2.3 多波束系统的声学图像形成原理

多波束系统也称为多波束回声测深仪（Multi－beam Echo Sounder，MBES），采用发射、接收指向正交的两组声学换能器阵，可记录一定宽度内全覆盖的高分辨率地形图，还可实现与侧扫声呐相同的功能得到水底地貌图像。

2.3.1 多波束数据的获取

多波束系统主要由 4 个子系统构成，分别为多波束声学子系统、辅助传感器子系统、多波束数据采集子系统和数据处理子系统[15][64]。其中，声学子系统包括发射、接收换能器和信号控制单元，分别负责波束的发射、接收和信号控制与转换；辅助传感器子系统通常包括定位传感器（如 GPS）、姿态传感器、声速剖面仪（CDT）和罗经等，主要实现对测量船瞬时位置、姿态、航向的测定和对声速剖面的测定；数据采集子系统包含一台处理主机，主要完成发射波束的控制、对返回声波信号的强度和波束往返时间进行测定，以及对各辅助传感器信号的同步采集；数据处理子系统根据其他 3 个子系统提供的数据解算得到各个波束脚印的平面坐标、深度和回波信号强度。多波束系统测深与成像原理如图 2－14所示。

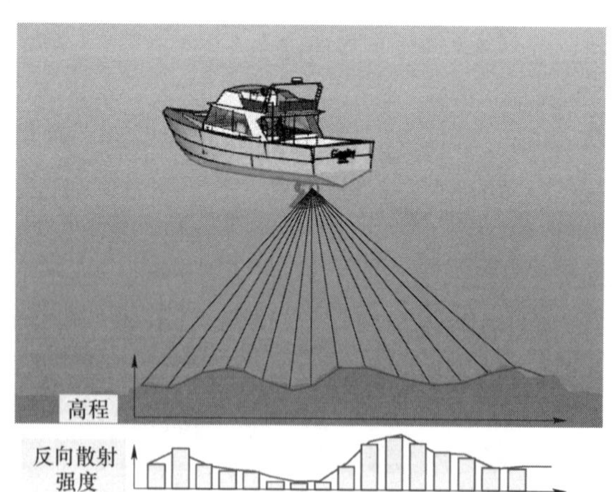

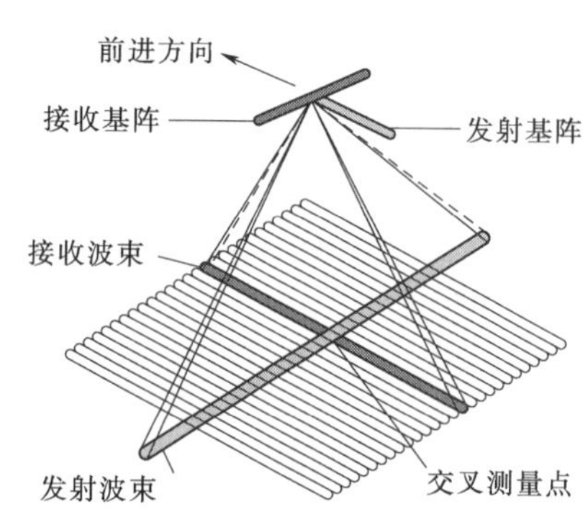

图 2－14 多波束系统测深与成像原理示意图

不同于侧扫声呐采用的收发换能器基阵合置方式，多波束系统采用的是 Mills 交叉技术：发射换能器基阵沿艏艉方向布放，接收换能器基阵垂直于艏艉方向布放。基于波束束控技术[64]，发射换能器沿着航迹方向形成窄波束，投射到水底一条垂直于航迹方向的条带区域上，接收换能器基阵沿着与航迹垂直的方向形成多个窄波束，接收来自水底和水体中目标的回波信号，发射波束与接收波束在空间上交叉形成多个有效的可量测区域，该区域与水底相交的平面称为波束脚印[25]。基于底部检测或振幅—相位结合的检测技术[64]，多波束系统可测定每一返回波束的到达角（Direction of Arrival，DOA）和到达时间（Time of Arrival，TOA）用于生成水底地形图。新型多波束系统采用相干波束形成法，可在水深测量的同时记录回波强度信息用于形成地貌图像。但是受到波束脚印大小的限制，多波束系统形成的回波强度图像在分辨率上远不如侧扫声呐系统[15]。

多波束系统运行时的所有数据均需要采用计算机、便携式工作站等设备实时记录。数据采集计算机上需安装专门的数据采集软件（如荷兰 QPS 公司开发的 QINSy 软件等），将数据记录为特定的文件格式（如常用的 UNB、XTF、RDF 格式等）。多波束系统采集的数据非常丰富，包括测深数据、发射/接收信号强度数据、测量船（或换能器）姿态数据、航向数据、声速剖面数据、潮位数据、导航与定位信息、测量船几何参数、传感器安装参数等[15]。为了实现多个传感器的同步和校准，多波束系统正式测量前需要进行校准测量。

2.3.2 多波束数据的预处理

多波束数据的预处理过程较严格地遵循本章 2.1 小节所述的声学图像成像原理，可分为测深数据预处理和回波强度数据预处理两部分。测深数据预处理采用波束脚印归位技术，基本原理如本章 2.1.3 小节，主要过程包括辅助数据滤波、声速改正、潮位改正、换能器姿态改正、偏差参数校准、条带拼接、测深数据滤波、数据网格化和结果输出（图 2-15）[15]。水底回波强度的计算基本原理如本章 2.1.2 小节所述，预处理过程主要包括信号传播损失

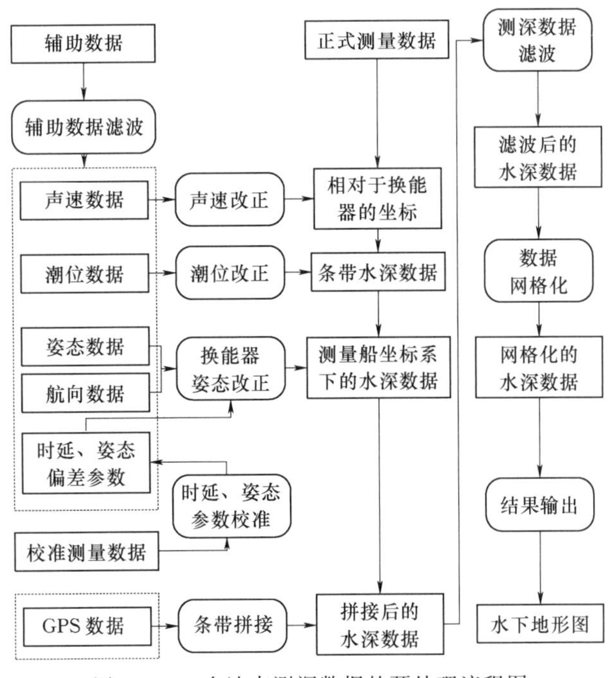

图 2-15 多波束测深数据的预处理流程图

补偿、声线弯曲改正、水底地形校正、声照区面积改正、Lambert 法则改正、声场变化改正等（图 2-16），通常与波束脚印归位过程相结合[136]。

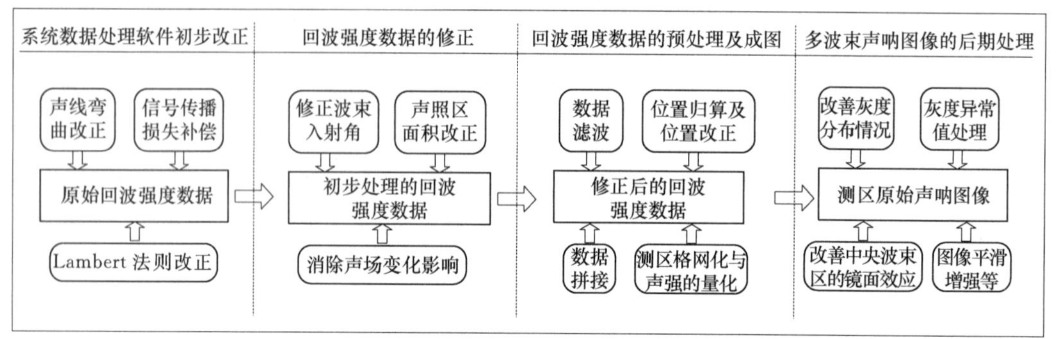

图 2-16 多波束回波强度数据预处理流程图

2.3.3 多波束图像的特点

如上所述，多波束系统可输出两类图像：多波束测深图像和回波强度图像。多波束系统与侧扫声呐的成像原理及预处理方法不同，因此在图像特征及精度方面有所不同。

（1）多波束回波强度图像的灰度与水底反向散射强度的关系。本章 2.3.2 小节已介绍了多波束回波强度图像的预处理过程，一般认为经过严格预处理的多波束回波强度图像的灰度值表达了与地形无关的水底反向散射强度值，可通过建立图像的灰度与底质类别的关系进行底质分类。需要注意的是，回波强度数据的校正过程往往是基于理想化模型的，若水底不是各向同性的声波散射体，其灰度值将受水底微地形的影响，但仍适合根据纹理信息对一些底质类别或水底目标进行识别。

（2）多波束图像的分辨率。多波束图像的分辨率可分为测深分辨率和回波强度图像分辨率。测深分辨率又可分为横向分辨率、纵向分辨率和垂向分辨率[137]，其中，横向是指沿测量船正横方向，纵向是指沿测量船艏艉方向。垂向分辨率是指垂直向下方向，即深度方向分辨两个不同目标之间的最小深度差异。回波强度图像记录的是每个波束脚印对应的回波强度值，故其分辨率与测深数据的横向、纵向分辨率一致。

多波束测深分辨率是指多波束系统在水底三维空间上能够分辨的两个不同目标之间的最小距离[119]，一般认为一个目标物（或两个目标物之间的空间）被 2 个以上波束脚印覆盖即可被分辨出来。以下给出各向分辨率的计算方法。

如本章 2.1.3.1 小节建立的换能器坐标系：以换能器的几何中心为原点 O，以测量船右舷方向为 X 轴正方向，船艏方向为 Y 轴正方向，以垂直于 XOY 平面向下为 Z 轴正方向，设声速为 c，航速为 v，多波束发射频率（采样率）为 P_γ，声脉冲宽度为 τ，水深为 H，波束轴向入射角为 θ_i，横向波束角（正横方向的波束开角）为 θ_x，纵向波束角（艏艉方向的波束开角）为 θ_y。定义波束脚印的 X 轴、Y 轴方向的宽度分别为 s_x、s_y，横向、纵向和垂向分辨率为 σ_x、σ_y 和 σ_z。假定介质均匀，脉冲波束沿直线传播，由于波束开角 θ_x、θ_y 通常很小（小于 5°），可近似认为过换能器中心到波束脚印中心的直线为该波束开角 θ_x、θ_y 的角平分线，因此可根据几何关系可得到波束脚印的 X 轴、Y 轴方向的宽度 s_x、

s_y 的表达式［式（2-40）和式（2-41）］为

$$s_x = H[\tan(\theta_i + \theta_x/2) - \tan(\theta_i - \theta_x/2)] \tag{2-40}$$

$$s_y = 2H\tan(\theta_y/2)/\cos\theta_i \tag{2-41}$$

根据多波束测量的原理，X 轴方向的波束脚印相邻且不重叠，Y 轴方向的波束脚印存在重叠。当水深 H 一定时，波束脚印的横向宽度 s_x 随入射角 θ_i 增加而增大，故以一个目标物被中心入射角分别为 θ_i 和 θ_{i+1} 的两个相邻波束脚印覆盖为准则计算横向分辨率 σ_x；当测量船以速度 v 匀速直线运动时，与航向平行的一列波束脚印（波束入射角 θ_i 相同）的纵向宽度 s_y 不变，且脚印重叠部分的宽度 $s_y - v/P_\gamma$ 也不变，以一个目标物被 2 个以上波束脚印覆盖为准则计算纵向分辨率 σ_y；在一个声脉宽时间 τ 内，声波沿波束轴向往返传播距离为 $c \cdot \tau/2$，以一个目标物高度大于半脉宽 $c \cdot \tau/2$ 对应的深度分量为准则计算垂向分辨率 σ_z。

根据几何关系可计算多波束水深图像的横向、纵向、垂向分辨率如下［式（2-42）和图 2-17］。

$$\begin{cases} \sigma_x = H[\tan(\theta_i + 3\theta_x/2) - \tan(\theta_i - \theta_x/2)] \\ \sigma_y = 3v/P_\gamma - 2H\tan(\theta_y/2)/\cos\theta_i & (s_y - v/P_\gamma \geqslant 0) \\ \sigma_z = c\tau\cos\theta_i/2 \end{cases} \tag{2-42}$$

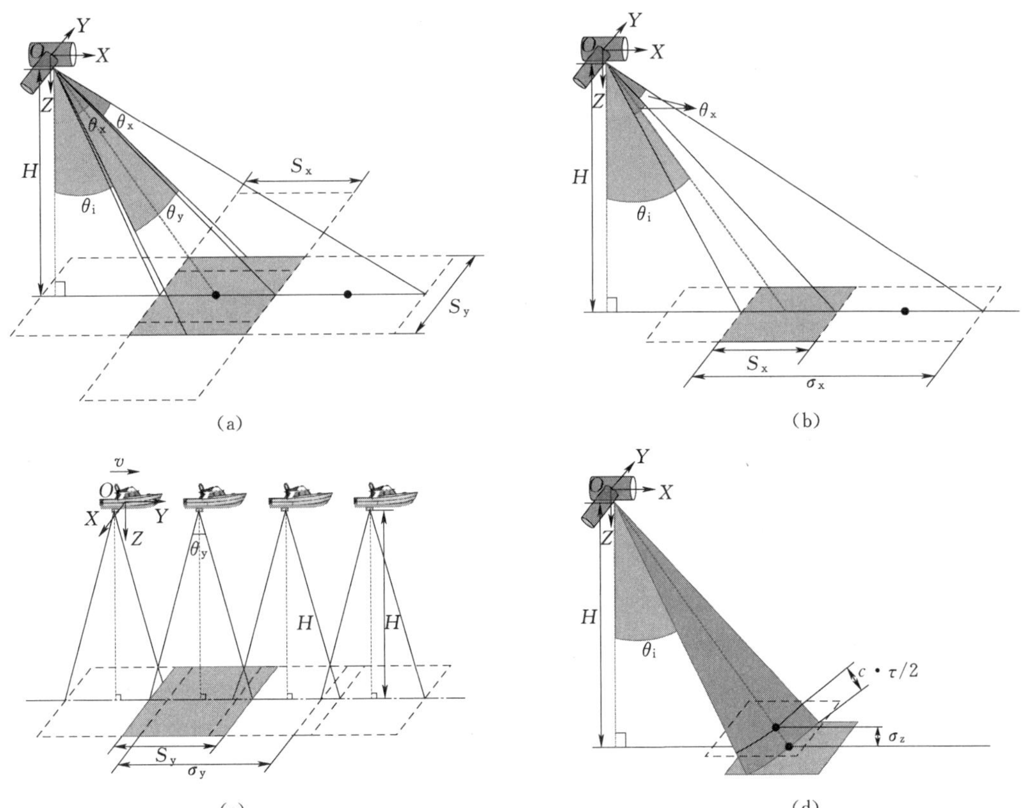

图 2-17 多波束图像的分辨率示意图

本书计算的横向、纵向分辨率与文献[119][137]表达式有所不同，是因为对横向波束脚印的起止计算点略有差异。θ_y 值较小时，一般可用 θ_y 代替 $2H\tan(\theta_y/2)$ 做近似计算[$\theta_y \to 0$ 时，$2H\tan(\theta_y/2)$ 与 θ_y 为同阶无穷小]。

由式（2-42）可知，多波束测深分辨率和回波强度图像分辨率随波束脚印和声脉宽 τ 的增大而降低（相应的 σ_x、σ_y 和 σ_z 值增加），随多波束采样率 P_γ 的减小而降低。一般情况下，波束脚印则随水深 H，波束轴向入射角 θ_i，波束横向、纵向开角 θ_x、θ_y，航速 v 的增加而增大。此外，虽然经过数据网格化处理，多波束图像的实际分辨率是分布不均匀的，中央波束的分辨率相对较高，边缘波束相对较低。

（3）多波束图像的位置精度。多波束图像的位置误差具有多源性，不仅与硬件设备精度有关还与预处理方法有关。硬件设备精度引起的位置误差具体来源包括换能器基阵、定位传感器、姿态传感器、罗经等，以及辅助数据如潮位、声速剖面数据等；预处理过程主要因采用简化模型而可能引入误差。对多波束系统的精度评价方法主要包括静态精度、相对精度和绝对精度评价3方面[15]。从总体上看，多波束图像较严格地根据水声定位原理进行校正，在位置精度方面明显优于侧扫声呐图像。

综上所述，由多波束系统的成像原理可知，其数据获取和预处理过程比较严格地遵循了主动声呐对目标定位和反向散射强度测定的过程，具有较高的位置精度和反向散射强度测定精度。多波束系统可形成具有较高测深精度的水底地形图和主要与水底反向散射强度有关的水底地貌图，适合作为水下底质分类的依据。但是，受波束脚印大小的限制，多波束图像的分辨率一般比侧扫声呐图像低且分布不均匀，呈中央波束分辨率高，边缘波束分辨率低的特征。

2.4 浅地层剖面仪的声学图像形成原理

浅地层剖面仪（Sub-bottom Profiler，SBP）是一种利用水底表层及浅地层声学反射和透射特性，获得水底浅地层声学剖面的物探调查设备。浅地层剖面仪连续记录垂直入射声波与底质作用产生的回波波形，可形成水底浅地层声学剖面图像（以下简称浅层剖面图像）。

2.4.1 浅地层剖面数据的获取

浅地层剖面系统主要由浅地层剖面仪主机、记录计算机、缆线、电源构成的甲板系统和载有换能器的水下拖鱼以及拖缆构成，并配有用于定位的GPS设备，有时还会使用回声测深仪获取高精度的水底高程信息，以进行浅地层剖面测量结果的校准[83]。浅地层剖面仪成像原理如图2-18所示。

浅地层剖面仪进行数据采集时，换能器以特定方式向其正下方水底发射一定频率的声脉冲，该声脉冲在水体和沉积层中传播，在声阻抗存在一定差异的相邻两层界面处发生反射和透射，一部分能量形成反射信号到达换能器被记录下来，另一部分能量发生透射继续向下传输，在每个界面都以同样的方式透射、反射并被记录，直到返回的声脉冲能量衰减至无法检测。水底声脉冲形成的回波信号按时间顺序依次返回，被换能器接收并转化为电

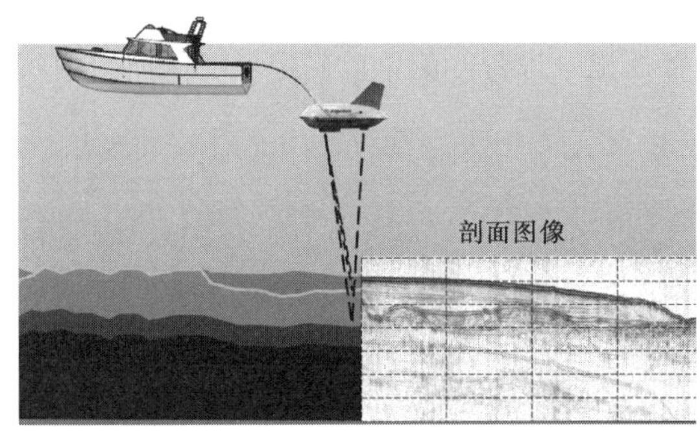

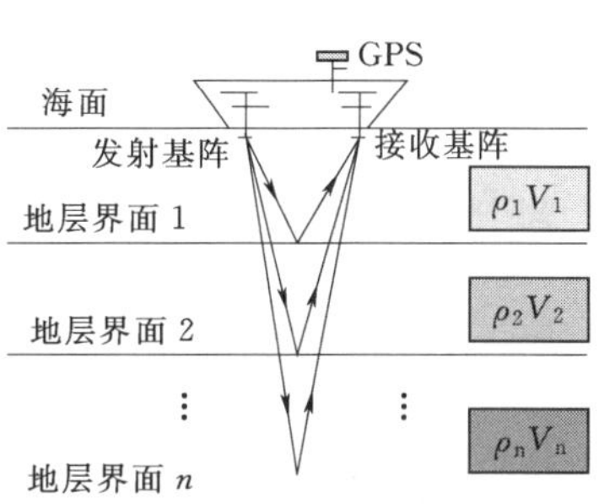

图 2-18 浅地层剖面仪成像原理示意图

信号传递给主机，经过信号的解算得到浅地层剖面的回波强度采样信息。

浅地层剖面仪进行测量时，所有数据均需要用数据采集计算机实时记录，该计算机上需安装专门的数据采集软件（如美国 Chesapeake Technology Inc 公司开发的 Sonar Wiz 软件、美国 Triton Imaging 公司开发的 Triton SB-Logger 软件、德国 Geopro 公司开发的 Geopro 软件、荷兰 QPS 公司开发的 QINSy 软件等），将数据记录为特定的文件格式（如常用的 SEG-Y、JSF、ALL 格式等）。浅地层剖面系统采集的数据主要包括每次声脉冲的回波强度采样信息、实时 GPS 坐标、潮位信息等[15]。

2.4.2 浅地层剖面数据的预处理

浅地层剖面原始数据一般以呯（Ping）为单位记录每一次声脉冲返回的声反射信号时间序列，再通过变换得到回波信号的振幅，按照一定的色彩映射规则按照 Ping 序列号依次排列可形成浅层剖面图像[138-139]。浅层剖面图像常被用于人工判读，因此其预处理过程相对简单，主要包括原始数据滤波，回波增益补偿，采样点深度计算和 Ping 数据定位等过程。

（1）原始数据滤波。进行浅地层剖面数据采集时，期望得到的信号是水底或地层信息，但是浅地层剖面仪测得的信号不仅包含有效信号，还包含了测量船自身噪声和水下环境噪声、多次波等干扰信号，因此需要进行数据滤波以消除干扰信息[140-142]。

（2）回波增益补偿。水底或地层的声反射信号强度会随传播时间或距离而衰减，通常可采用自动增益控制（AGC）或时变增益补偿（TVG）等方法对信号强度进行调制。经过滤波和增益补偿后的浅地层剖面数据直接反映了每个采样点对应的声反射强度。将声反射强度数据以不同灰度值表示即可形成初步的浅层剖面图像。但此时的图像各像素不包含显式的深度和地理坐标等位置信息，需要额外补充位置信息。

（3）采样点深度的计算。浅地层剖面原始数据的每 Ping 记录是按照时间序列采样得到的声反射信号瞬时振幅，因此需要根据采样点的时序确定对应的深度。一种方式是根据已知声速剖面数据，结合采样点对应的声信号传播时间计算深度，但是水底底质中的声传播速度通常难以得到，只能根据经验给出声速参数或结合钻孔数据进行声速测定；另一种方式是假定介质中的声速为一个常量，直接将采样点对应的声信号传播时间乘以该值得到深度，这种方法虽然不影响浅地层剖面声图像的形成，但随深度增加测深误差将增大。

(4) Ping数据定位。浅层剖面图像上的像素点只体现相对深度而不直观体现平面坐标，因此，应将实时GPS数据与Ping数据记录进行匹配，以确定浅层剖面图像每一列像素对应的地理坐标。

2.4.3 浅地层剖面图像的特点

(1) 浅层剖面图像灰度与水底反向散射强度的关系。如上所述，浅层剖面图像主要反映了水底各介质层产生的回波信号的振幅，回波信号的振幅则主要与介质层的声学反射率有关。根据声波的反射原理，产生反射波的条件是界面两边的介质具有不同的声阻抗[139]。浅地层剖面仪的发射声波近似垂直入射，故其入射角 θ_i 和反射角 θ_r 可近似为0，根据式（2-43）可定义垂直入射时界面的反射率。

$$V_R=\frac{\rho_2 v_2-\rho_1 v_1}{\rho_2 v_2+\rho_1 v_1} \tag{2-43}$$

式中 ρ_1、ρ_2——上、下两层介质的密度；

v_1、v_2——上、下两层介质中的声速；

ρv——声阻抗。

根据上式可知，相邻两层介质的声阻抗差异越大则反射越强。同种介质内部的反射率很低，主要为体散射（Volume Scattering）形成的较弱回波。事实上，在浅层剖面图像上出现的分层现象不仅由分层介质的界面回波产生，还包含其他因素产生的信号，包括初至波、特殊目标绕射波、多次反射波、干扰信号等。

浅层剖面图像的灰度能部分地反映水底表层底质的声反射能力，并且可通过水体—底质界面形成的回波信号描述表层底质的表面粗糙度，因此可作为表层底质分类的依据。但是浅层剖面图像的分层还与其他因素产生的回波有关，应在图像预处理中消除或在人工判读时加以辨别。

(2) 浅层剖面图像的分辨率。浅层剖面图像的分辨率一般被定义为图像中一个像素代表的空间区域大小，可分为垂向分辨率（Vrtical Resolution）和水平分辨率（Horizontal Resolution）。垂向分辨率 σ_v 计算与多波束图像的垂向分辨率公式类似，是声速和半脉宽的乘积，公式［式（2-44）］[15]为

$$\sigma_v=c\tau/2 \tag{2-44}$$

式中 c——声速；

τ——声脉宽，s。

上式表明浅层剖面图像的理论垂向分辨率相当于一个声脉宽时间 τ 内声波垂直向下往返传播的距离。研究表明，采用非线性调频脉冲（Chirp）技术的浅地层剖面仪，垂直地层分辨率可达厘米级[143]。

浅层剖面图像的水平分辨率 σ_h 取决于声源波束的反射波第一次被检波器记录下来的有限元域，称为第一菲涅尔带（图2-19），第一菲涅尔带的直径对应于横向分辨率 σ_h，计算公式［式（2-45）和式（2-46）］为

$$\sigma_h=2r_1 \tag{2-45}$$

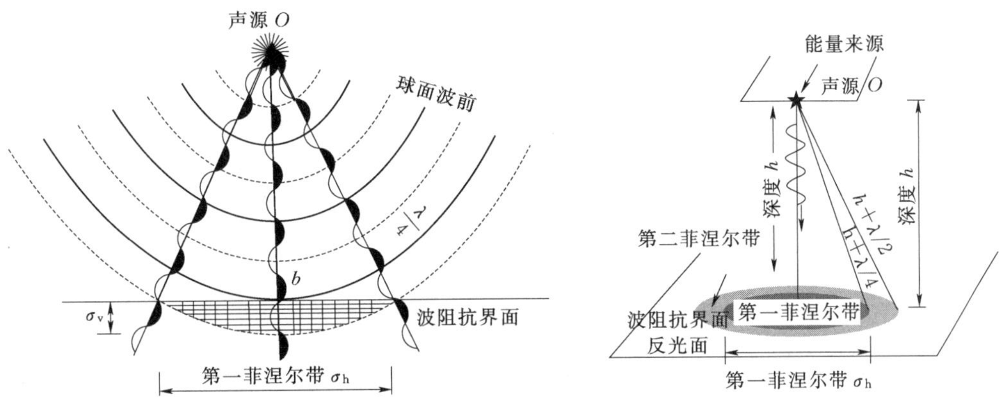

图 2-19　浅层剖面图像的分辨率示意图

$$r_1=\frac{1}{2}c\sqrt{t/f_0} \tag{2-46}$$

式中　r_1——第一菲涅尔带的半径；

c——声源与反射界面之间介质的平均声速；

t——声波到达反射体的时间；

f_0——发射声信号的频率。

式（2-45）和式（2-46）表明反射界面越深，水平分辨率 σ_h 的值越大，即水平分辨率越低。

浅地层剖仪测量的实际范围在水底二维平面上的投影是其航迹线以下的一条窄带，因此浅地层剖面仪无法获得其波束垂直投影范围以外的底质信息。此外，浅层剖面图像上相邻两列像素对应的波束垂直投影面可能是重叠的也可能是不相邻的，这与测量船的航速、航向和浅地层剖仪发射声脉冲的时间间隔有关。

（3）浅层剖面图像的位置精度。浅层剖面图像中的行通常对应深度，图像中的像素位置越低对应的深度越深，但每一列像素对应的位置信息是隐含的，需要额外的 GPS 定位信息进行匹配。所以，浅层剖面图像的位置精度可以从垂向精度和平面精度两方面分别讨论。浅层剖面图像的垂向精度主要受设备误差和外部测量环境两方面影响。设备误差包括设备自身测量误差和安装误差（如换能器吃水误差等），外部测量环境引起的误差包括声速误差、潮位测量误差、水底地形与换能器波束角的耦合误差、测量船姿态变化引起的误差等。研究表明[143]，当浅地层剖面仪半基线长（基线长度表示接收与发射换能器之间的距离）与最小水深读数之比小于 0.1 时，垂直测深相对于水深的误差仅为 1%。浅层剖面图像的平面精度主要受换能器开角、声速剖面、浅地层剖面仪姿态变化、GPS 定位精度等因素影响。

综上所述，浅地层剖面仪的成像原理表明浅层剖面图像具有较高的垂向分辨率，在水深较浅的区域具有较高的测深精度，图像的灰度值能部分地反映水底表层底质的声反射能力，并且可通过水体—底质界面形成的回波信号描述表层底质的表面粗糙度，因此可作为底质分类的依据。但是，由于浅地层剖面仪采用正入射方式成像，其有效测量覆盖的水平面积很小，无法获得其波束垂直投影范围以外的底质信息，在水下底质分类应用中，适合用作底质分类结果的验证或校准数据。

2.4.4 一种浅地层剖面图像多次波压制与层界检测方法

下面根据浅层剖面图像的特点给出一种多次波压制与层界自动检测方法。多次波在浅层剖面图像中形成的层界容易影响对剖面地层的正确划分，而对浅层剖面图像层界的准确检测是基于其图像进行自动底质分类的基础。常用的多次波压制方法包括滤波法、预测相减法、稀疏反演法等[144-145]，由于浅层剖面图像测量深度有限，多次波主要由水底地层与水面之间多次反射形成，因此采用一次函数拟合的预测相减法即可快速实现浅层剖面图像的多次波压制。

2.4.4.1 算法描述

以下以常见的采用灰度值越低表示越高反射率的浅层剖面图像为例，具体算法如下。

步骤1：通过人工在浅层剖面图像中判读，提取若干组真实地层界面与对应多次波的位置，并分别拟合真实界面与第1，2，…，m 次回波的位置形成的 m 个一元一次函数。根据多次波的形成原理可知，多次波在整幅浅层剖面图像中对应的深度与真实地层界面的深度有稳定的一次函数关系，因此仅需要人工选取3～5组数据即可完成拟合。又由于多次波能量衰减，图像中出现的多次波层数有限，因此 m 的值相对较小。

步骤2：对经过初步处理的浅层剖面图像逐Ping提取灰度值（得到图像的单列灰度值序列），对该Ping灰度值数据进行滑动平均滤波[138]，由此可得到较平滑的单Ping时序采样灰度值曲线以便于特征点的提取。

步骤3：根据滤波后的单Ping时序采样灰度值曲线，通过给定的阈值提取可能为层界的特征点，具体方法如下。

（1）计算单Ping灰度时序曲线的一阶差分序列 ΔX_i，公式［式（2-47)为

$$\Delta X_i = X_{i+1} - X_i \tag{2-47}$$

式中 X_i——该Ping对应图像列第 i 个像素的灰度值，$i=1,2,\cdots,n-1$，n 为该Ping对应的像素总数（即浅层剖面图像的像素行数）。

（2）计算该Ping各点的特征值 $F(X_i)$、$F(X_i)$ 可定义［式（2-48)］为

$$F(X_i) = \frac{\Delta X_i - \mathrm{Max}\{X_i\}}{1.5\mathrm{Max}\{X_i\} - X_i} \tag{2-48}$$

（3）通过给定的全局阈值 T，提取所有满足 $F(X_i) \leqslant T$ 的 X_i。

（4）当存在连续的若干 X_i 均满足上述条件，则筛选出其中特征值最小者作为特征点，由此得到的特征点对应的所有可能的真实层界或多次波形成的层界。

步骤4：进行多次波压制。根据步骤1得到的 m 个一元一次函数判断步骤3提取的特征点是否为其他特征点对应的多次波。若是多次波，则检测相应特征点对应的整个波形范围，将该波形通过归一化方式消除，由此完成对单Ping灰度值的多次波压制。由于一元一次函数拟合存在误差，在判断过程中应设置一定的容差。

步骤5：逐Ping重复步骤2到步骤4的过程，再将压制后的Ping时序采样灰度值还

原至图像，由此得到完成了多次波压制并进行了中值滤波的浅层剖面图像。若保留每Ping数据中未被压制处理的特征点，则这些特征点为可能的真实层界面。再采用如文献[138] 所述的方法进行层界精细提取，可得到层界精确检测结果。

2.4.4.2 实验与结果

本书选取我国渤海某实验区一段浅地层剖面数据进行测试，并提取了若干底质钻孔数据，由于实验条件限制，钻孔位置无法严格与剖面测线重合，其相对位置如图 2-20 所示。

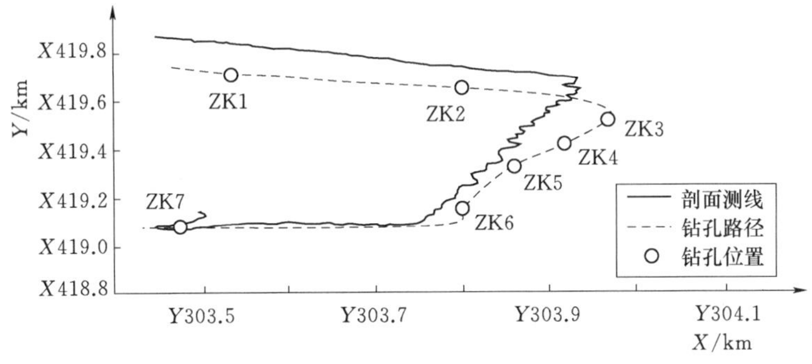

图 2-20 浅地层剖面测线与钻孔的相对位置图

根据上文步骤 2 到步骤 4 的描述，对单 Ping 数据的多次波压制与层界检测（Ping No. 821），结果如图 2-21 所示。图中实线 a 为单 Ping 数据的原始灰度值；实线 b 为根据步骤 2 对单 Ping 数据做滑动平均滤波的结果，前半部分与实线 c 重合；底部黑色实线为根据式（2-47）计算的各采样点特征值，其上的小方框标注了根据步骤 3 检测出的特征点；虚线 d 连接了 2 个被检测到的特征点，其中后者为前者的二次波，因此该部分波形被压制，实线 c 表示完成多次波压制后的单 Ping 数据灰度值曲线。

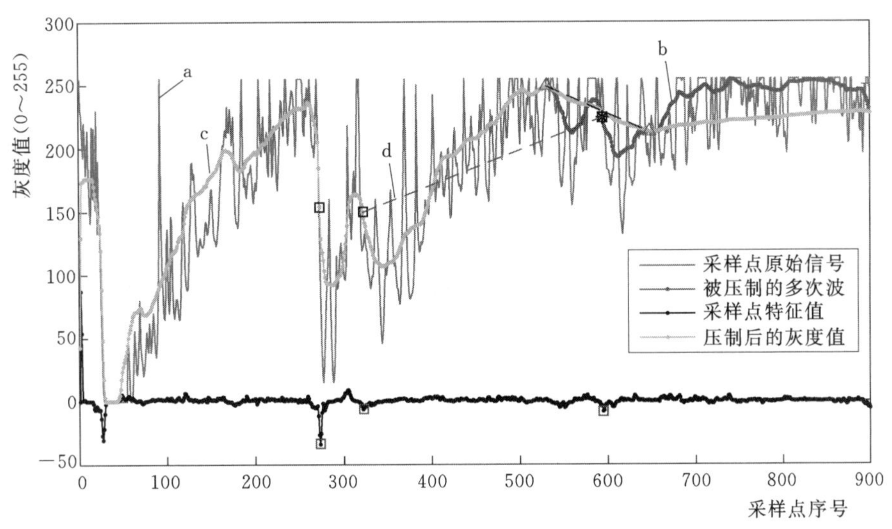

图 2-21 单 Ping 数据的多次波压制与层界检测示意图

图 2-22 (a) 为多次波压制前的浅层剖面图像，为显示方便该图对原始浅层剖面图像进行了高度拉伸和宽度压缩。可看出图中包含的二次波和一部分三次波，多次波的主要特点是轮廓与真实地层相似，且随深度增加形变增大；图 2-22 (b) 为采用本书方法进行多次波压制后的浅层剖面图像，并通过距离计算分别标记出与 7 个钻孔位置最接近的 Ping 位置；图 2-22 (c) 为原始比例的浅层剖面局部图像层界提取结果，对应图图 2-22 (a) 中标示的分类实验区 1，从图中可看出本书提出的层界检测方法能较好地提取水体—底质界面，但对于表层底质以下较复杂的层界，该方法的提取效果还有待改进。图 (c) 中还标示了图 2-21 对应的 Ping 在该局部图像中的位置。

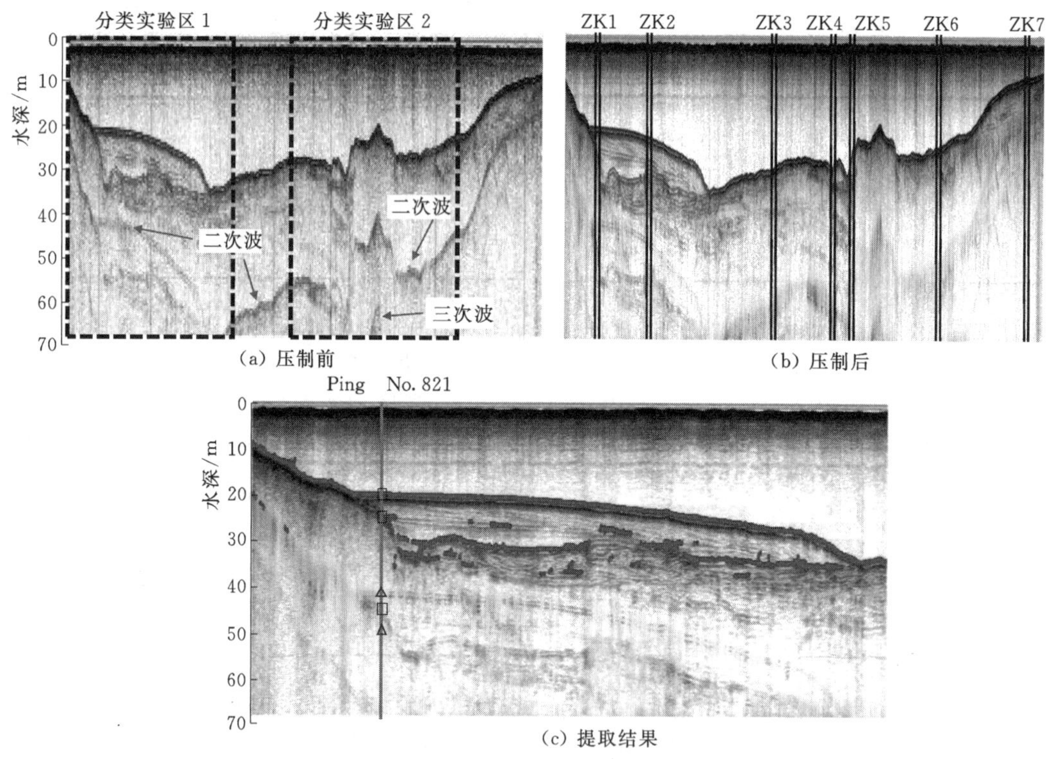

图 2-22 多次波压制和层界检测结果图

将该实验区 7 个钻孔数据与对应最近的 Ping 位置层界检测结果进行比较，如表 2-3 所示。根据该表中的数据可知，本书提出的层界检测方法与钻孔 1 和 2 的测量结果误差约为 10%，主要原因是钻孔位置与浅地层剖面测线距离较远 (约 100m)，而钻孔 1 至 2 区间内的水深变化较大。除此之外，其余 5 组钻孔测量结果与本书提出方法的检测结果误差率小于 5%，这表明本书方法提取表层底质的层界面精度较高。但是从表 2-3 也可看出该方法对表层底质以下层界的检测精度降低，对多次波压制也可能消除与多次波位置接近的真实层界。因此，本书提出的这种预处理方法可同时完成多次波压制和层界检测，适用于表层底质的信息提取，但对于较复杂的多层底质界面检测和多次波压制则有一定局限性。

表 2-3　钻孔测量结果与本书提出的层界检测方法结果比较表

钻孔号	钻孔层界深度 /m	层界检测深度 /m	第一层深度误差率 /%	第二层深度误差率 /%	平均深度误差 /m
ZK1	18.50～23.50～28.0	20.42～24.08	10.37	2.48	1.25
ZK2	22.10～24.80～26.6	22.66～27.15	2.55	9.48	1.46
ZK3	29.70～33.90	29.47～35.31	0.78	4.17	0.82
ZK4	29.00～32.50～34	29.02～32.61	0.27	4.66	0.73
ZK5	25.80～29.80	25.73～31.19	0.07	0.34	0.07
ZK6	25.40～29.90～35.40	24.83～28.92	2.24	3.28	0.77
ZK7	8.60～15.40～18.90	8.90～14.96	3.49	2.83	0.37

2.5　多源声学图像的比较

以上分别介绍了侧扫声呐、多波束系统和浅地层剖面仪的成像原理。本小节将对多源声学图像的共同点、差异性和互补性进行总结。

1. 共同点

(1) 侧扫声呐图像、多波束反向散射强度图像和浅层剖面图像的获取都遵循声波在介质中的传播规律，符合主动声呐对目标反向散射强度和目标位置的测定原理，因此都能在一定程度上反映水下底质的声学特性，从而作为水下底质分类的重要依据。

(2) 多源声学图像的获取都需要 GPS、潮位、传感器姿态等辅助数据，因此在获取多源声学图像的原始数据时辅助设备有较高的可重用性，这为多源声学设备硬件方面的结合提供了便利。

(3) 数据格式方面，侧扫声呐图像、多波束反向散射强度图像、多波束系统输出的地形图和浅层剖面图像都属于图像格式数据，这为基于图像的水下底质自动分类提供了条件，也为人工解译提供了直观的显示方式。

2. 差异性

(1) 侧扫声呐图像和多波束反向散射强度图像主要描述水底地貌特征，多波束测深数据可描述水底地形特征，浅层剖面图像可描述水底浅层剖面特征。从数据内容上看，以上3类数据表达了不同维度的水底信息，其中，水底地貌图像主要表达水底表层2维平面信息，水底地形图表达水底表面2.5维信息，结合GPS数据的浅层剖面图像则表达了水底浅层3维信息[15]，因此水底多源声学图像提供的信息存在维度差异。

(2) 数据采集方式上，多源声学图像的获取原理不同，因此具体的采集方式、数据采集平台都存在差异。

(3) 数据记录的内容方面，基于侧扫声呐和浅地层剖面仪的测量数据相对简单，多波束系统对测量精度要求更高，需要记录更多辅助数据。

(4) 数据预处理方面，多波束数据预处理过程最为复杂，但位置精度和反向散射强度的测量精度高于侧扫声呐；侧扫声呐和浅地层剖面数据预处理步骤相对较少，但仍需要根据各自数据特点分别进行数据校正以保证精度。

(5) 图像的实际分辨率方面，多源声学图像的垂直、水平或者航向分辨率和精度不同，侧扫声呐图像的平面分辨率一般高于相同工作频率的多波束图像，浅地层剖面仪的工作频率通常较低，因此其垂直分辨率一般低于多波束系统。

(6) 多源声学数据获取时采用的硬件设备和数据覆盖范围不同，这决定了多源声学图像的获取成本存在差异。

3. 互补性

(1) 水底多源声学图像对水下底质多维空间的表达方式具有互补性，因此可提供底质分类的多维描述信息。

(2) 水底多源声学图像的空间分辨率和测量精度具有互补性，虽然侧扫声呐图像的平面分辨率一般高于多波束数据，但多波束数据的空间定位精度高于侧扫声呐图像，两者具有互补性和一定程度的冗余度，可为数据之间的相互印证提供基础。

(3) 水底多源声学图像的覆盖范围具有互补性，侧扫声呐图像往往难以获得正下方的水底反向散射强度图像，浅层剖面图像或多波束数据可为其提供补充；浅地层剖面数据仅能获取测线垂直正下方的底质信息，空间覆盖范围很小，侧扫声呐图像和多波束数据为浅地层剖面探测结果的空间推广提供了依据。

(4) 多源声学图像的获取成本、数据处理难度、成果数据分辨率和结果精度等方面形成了互补，对于不同的应用需求，可通过合理选择不同探测方法使各方面达到平衡。

综上所述，多源声学图像可相互印证，互为补充，多源声学图像的融合将增加可用于底质分类的有效信息，有望提高底质分类的精度。

2.6 本章小结

本章主要介绍了水底多源声学图像的形成原理。首先介绍了声学图像的成像理论，以明确多源声学图像与水下底质的关系；然后，从数据获取、数据预处理、图像特点等方面介绍了包括侧扫声呐、多波束系统和浅层剖面仪等系统形成多源声学图像的原理，表明多源声学图像对于水下底质的描述有各自的优势和局限性；最后比较了多源声学图像的特点，总结了其共同点、差异性和互补性。本章得到以下主要结论。

(1) 侧扫声呐图像和多波束反向散射强度图像可归类为水底地貌图像，多波束测深可得到水底地形图，浅地层剖面仪可获得水底浅层剖面图像，通过分析上述几类主动声呐系统的成像原理可知，多源声学图像均能在一定程度上反映水下底质的声学特性和空间分布特征，因此基于多源声学图像的水下底质分类具有合理性。

(2) 通过比较可知，多源声学图像既有共同点和相关性，又有差异性和互补性，通过多源声学图像融合将增加可用于底质分类的有效信息，有望提高底质分类的精度。

(3) 根据侧扫声呐和浅层剖面图像的特点，分别提出了两种改进的预处理方法用于消除两类图像中常见的干扰信息，将有助于对不同底质的目视识别和信息自动提取，将用于本书后续部分基于图像的底质分类，但其适用范围有待进一步扩展。

第3章

多源声学图像的特征分析

了解不同水下底质在多源声学图像中的特征是基于声学图像分析法进行底质分类的基础。由于采样调查法所能提供的水下底质空间分布信息十分有限，基于声学图像采用目视解译方法进行底质分类仍是目前获取高精度水下底质空间分布图的主要方法之一。为了将底质分类的工作逐步转变为自动化，一些研究在充分了解多源声学图像的基础上提出了声学图像特征描述的定量方法，这为实现底质自动分类奠定了基础。但是，许多定量特征并不能保证相互之间的独立性，而过多的冗余特征量反而会降低底质自动分类的精度，这是因为过多的对底质辨识能力较低的特征量容易干扰那些有助于分类的特征量，因此，有必要根据特征量的相关性研究特征筛选方法以利于底质自动分类。

本章将对多源声学图像中的底质特征进行分析。首先，研究不同底质在多源声学图像中的定性特征描述，以此作为对多源声学图像进行目视解译分类或自动底质分类的依据；然后，介绍本书所用的数据和研究区概况作为后续定量分析的基础；接着，分别研究水底地貌、地形和浅层剖面图像的定量特征，通过相关性指标分析特征之间的冗余性；最后研究特征筛选方法用于消除高度相关的特征量，以得到精简的特征集合用于底质分类。

3.1 水底多源声学图像的底质特征描述

如本书第2章所述，水底多源声学图像可提供水下底质的多维信息。其中，侧扫声呐图像和多波束反向散射强度图像可归类为水底地貌图像，描述水底表面反向散射强度的2维信息；多波束测深可得到的水底地形图，描述水底表面起伏和真实地表粗糙度的2.5维信息；浅地层剖面仪获得的水底浅层剖面图像则描述水底浅层剖面的3维信息。不同水下底质在多个维度上具有各自的特征，这些特征可作为基于图像的底质判别依据。

3.1.1 水底地貌图像中的底质特征描述

侧扫声呐回波强度图像常常被用于底质分类。根据本书第2章2.2.3小节的论述可知，经过预处理的侧扫声呐图像中，像素的灰度变化由底质反向散射强度和水底地形共同决定。对于不同侧扫声呐系统获取的图像，换能器发射的信号频率和振幅、数据成图时的增益补偿，以及图像的色彩映射规则等均会存在差异。因此，对不同来源的侧扫声呐图像进行解译或分类时，主要依据图像的相对灰度、图像中的纹理、形状、尺度等特征。国内外研究中基于侧扫声呐图像进行底质分类的应用较多，常见水下底质在侧扫声呐图像中的特征可描述如下。

（1）泥底质的侧扫声呐图像特征。泥底质一般分布在径流、潮流、沿岸流、小环流、静水的沉积区，以及水下三角洲、水下岸坡、泥质平原、水下谷地等区域[146]。在侧扫声呐图像中通常灰度值均匀，纹理不明显，与砂、石等底质的图像相比，平均灰度较低，但比声影区的平均灰度高。

（2）砂底质的侧扫声呐图像特征。砂底质一般分布在潮流、沿岸流、海流的沉积区或侵蚀区，所处地貌通常有潮流沙脊、辐射沙脊、指状沙脊、平行沙脊、活动沙丘、沙质平原、水下谷地等[146]。在侧扫声呐图像中有时带有平行的条状纹理，并与水流方向垂直，平行条纹间隔从几厘米到几米不等，比泥底质的图像平均灰度高，比一些砾石底质的图像平均灰度低[147]。

（3）砾石底质的侧扫声呐图像特征。砾石底质的平均粒径大于砂底质，且对应区域的水底粗糙度较大。在侧扫声呐图像中通常带有高亮反射区和声影区，砾石底质区域的图像灰度变化较大，纹理无规律性，对于直径较小的砾石分布区，其图像平均灰度比泥底质高。通过高分辨率的侧扫声呐图像中可分辨出直径较小的单块砾石，而在较低分辨率的图像中往往只能分辨出直径较大的砾石。

（4）礁石的侧扫声呐图像特征。根据定义，礁石（或称岩块）的直径一般大于1m[1]，在侧扫声呐图像中带有明显的高亮反射区和声影区，图像中灰度变化大，纹理无规律性，且容易出现图像畸变。礁石的高亮反射区聚集成块状，声影区较长，且长度与礁石突出水底的高度有关。

（5）其他水底地物的侧扫声呐图像特征。常见的水底地物还包括水底拖痕（Trawl Tracks）、水底管道、水底管道沟槽、沉船、水下建筑物（如人工鱼礁等）、水下生物群落（如珊瑚群落、海草、鱼群等），以及一些特殊地质现象，如海底刺穿、海底泥火山、麻坑等。这些地物在侧扫声呐图像中主要根据形状、尺度等特征进行判别。

多波束反向散射强度图像的分辨率较低，图像中反映的底质纹理细节较少，对于泥、砂、砾石等底质的识别主要依据图像灰度差别。对于沙波、沙脊等区域也可根据纹理特征进行识别，其规律与侧扫声呐图像相同[22][63]；对于大型礁石的识别可依据图像中的纹理和阴影特征，礁石在多波束反向散射强度图像中灰度变化大，纹理无规律性，高回波强度区聚集成块状形态，存在的阴影部分可描绘礁石顶部轮廓，由于成像方式与侧扫声呐不同，在多波束反向散射强度图像中礁石等水底突出物体的阴影较短。

3.1.2 水底地形图中的底质特征描述

根据本书第2章2.3.3小节的论述可知，多波束测深数据的预处理过程较严格地遵循了目标在水中的定位原理，因此多波束测深得到的水底地形图可较准确地描述水底地形变化，对于一些高分辨率的多波束系统，其生成的水底地形图还可描述细微的水底地形起伏并可通过计算得到水底表面粗糙度。

根据多波束测深数据生成的水底数字表面模型（Digital Surface Model，DSM）可用于对底质发育的地貌类型进行判别。例如，根据水底面的高度可识别出海蚀平台、堆积陆架平原、构造台地等地貌[146]；根据水底坡度，可识别水下岸坡、沙脊、沟槽、洼地、峡谷、断裂沟、滑坡等地貌[106][148]；根据更高分辨率的多波束测深数据和纹理还可识别海底沙波、暗礁、珊瑚礁、堆积砾石、水下人工物体等地物[74]；综合水底高程、坡度和纹理信息，还可识别古河道、海底扇等地貌[149]。

受多波束水底地形图的分辨率限制，直接通过地形图可分辨的底质类型主要为礁石和沙波等具有明显地形特征的底质。其中，礁石在多波束水底地形图中与周围形成一定的高度差，通过形状可判别为礁石或人工目标物；沙波在水底地形图中呈现方向一致且间距大致相等的平行纹理，根据该特征可推测底质是否为砂。此外，当多波束回波强度图像与水底地形图相结合进行底质识别时，一些回波强度接近但地表粗糙度不同的底质类型，如砂与砾石底质可进一步区分，明显存在于水底突出物体后的阴影区也可与回波强度较低的泥底质进行区分[69][97]。

3.1.3 水底浅地层剖面图像中的底质特征描述

根据本书第 2 章 2.4.3 小节的论述可知，浅地层剖面仪的波束入射角接近于 0°，其图像中像素的灰度变化由底质各层的声反射率决定，相邻介质层中组成物质的声阻抗差异越大则声反射率越高。因此，浅层剖面图像在两种不同介质层的界面上往往出现强反射的分界线，在各介质层内的像素灰度也有所不同。本书第 2 章 2.4.3 小节已经介绍了浅层剖面图像的分界线特征，以下主要介绍不同底质层内部在浅层剖面图像中的特征[20][150]，以常见的用灰度值低表示高反射率、灰度值高表示低反射率的浅层剖面图像为描述对象。

（1）泥底质的浅层剖面图像特征。泥底质与水的声阻抗差异不大，其层内部声阻抗变化较小，通常表面平坦。因此在浅层剖面图像中，泥底质与水分界面的声反射强度较小，图像中的相应部分灰度适中且界面线呈水平状态，层内部的声反射强度较弱，呈现较高的亮度[86]。

（2）砂底质的浅层剖面图像特征。砂底质与水的声阻抗差异较大，其层内部声阻抗变化也较大，表面可呈平坦状或形成沙波或沙脊而呈起伏状。因此在浅层剖面图像中，砂底质与水分界面的声反射强度较大，灰度值较低，界面线呈平直状态或有规律发起伏状态，层内部的声反射强度也较大，呈现较低的灰度值（亮度较低）。随着声能量的散射衰减，声反射强度随深度增加而降低，因此砂底质层的灰度值随深度增加而增大（亮度逐渐增加）。

（3）砾石底质的浅层剖面图像特征。砾石底质的平均粒径大于砂底质，其与水的声阻抗差异也较大。因此，砾石底质与水分界面的声反射强度较大，且声反射强度随深度增加而降低，声能量的散射衰减比砂底质的更强。在浅层剖面图像中，砾石底质与水分界面的灰度值较低，层内的灰度值随深度增加而增大（亮度逐渐增加），层内的灰度值变化梯度比砂底质的更大。

（4）礁石的浅层剖面图像特征。不同礁石的质地与结构差异很大，因此其声反射强度特征难以给出统一描述，在浅层剖面图像中主要根据其在水底分界面形成的轮廓线形态进行判断。通常，礁石的顶部轮廓线明显高出周围的水底面，若礁石为基岩出露形成的，则在浅层剖面图像中与水底基岩形成连续的地层。剖面形态上水底礁石与沙脊具有相似性，所以应结合先验知识进行区分[87]。

（5）其他水底地物的浅层剖面图像特征。浅层剖面图像中常见的水底地物还包括珊瑚礁、水底管线、水底沟槽、浅层气富集区和沉船等。这些地物在浅层剖面图像中主要根据灰度和纹理特征进行综合判别。

珊瑚礁表面起伏不定，具有多孔结构，其与海水分界面的声反射强度可能较弱，在图像中与水体介质的分界线不明显，层内的灰度值居中[106]。

水底管线也有较高的声阻抗，具有明显的反射和绕射特征，其波形在浅层剖面图像上呈开口向下的双曲线[151]。

水底沟槽属于凹界面，其绕射波形态可分为聚焦型、收缩型和回转型3类。其主要特征是与水体的分界线下凹，凹界面两翼容易分别形成只有双曲线一翼的半绕射弧波形，有时半绕射弧可形成交叉[152]。

浅层气富集区因特殊的物质构成往往具有不规则的高反射特征，在浅层剖面图像中呈灰度值较低的一片，而且低灰度值部分的厚度往往大于泥、砂、砾石等底质层[86][104]。

沉船因材质和负载物与水底物质不同，其声阻抗往往与水底和水体介质（淡水或海水）有较大差别，在浅层剖面图像中，沉船目标上方有较明显的高反射特征，具有较低的灰度值，其下部声反射信号易被阻挡，因此目标下方具有较高的灰度值[82]。

需要指出的是，由于各种浅地层剖面仪的性能指标和图像预处理方法不同，水下底质的构成也具有多样性和复杂性，即使对于同类底质，不同种浅地层剖面仪输出的图像也会存在差别，上述对不同底质的浅层剖面图像特征描述仅是基于有限的数据和文献资料总结的一般性规律。在实际操作中，若要基于浅层剖面图像识别底质的具体类型，还需要结合钻孔资料和先验知识做综合判断。

综上所述，不同底质在多源声学图像中都有各自的特征，这为基于多源声学图像的底质分类提供了条件。总的来说，不同底质的特征主要通过地貌图像来表达，水底地形图可为一些特殊底质分类提供辅助信息，虽然水底浅层剖面图像也可用于区分多种底质，但其覆盖的水底范围有限，更适合用于对底质分类结果的检验。接下来的实验中，将分别研究水底地貌、地形和浅层剖面图像的特征提取和分类方法，但综合应用多源声学数据时将以地貌特征为主，地形特征为辅，浅层剖面特征主要用于结果验证。

3.2 实验数据及研究区概况

本书使用的一部分数据来自2015年9月14日—9月18日由英国普利茅斯大学主办的第7届高分辨率浅水调查国际会议（7th International Conference on High Resolution Surveys in Shallow Water)，与会的多家公司使用几种当时最新的浅水声学探测设备获取了水下数据并在会上发布，探测区域为英国英格兰西南部普利茅斯市（Plymouth）普利茅斯湾（Plymouth Sound）的部分海域。另一部分数据来自我国渤海某实验区，在该地区获取了浅地层剖面数据及相应的钻孔数据。

3.2.1 实验数据

获取的普利茅斯研究区的相关数据如下。

（1）普利茅斯湾海底地貌图像。分别由Teledyne RESON公司的SeaBat 7125SV2多波束系统和SeaBatT20多波束系统、EdgeTech公司的EdgeTech 6205侧扫声呐测量得到。

（2）普利茅斯湾海底地形数据。由 Kongsberg 公司的 EM2040 多波束系统测量得到。

上述数据均经过各公司专业技术人员进行了预处理，形成了带有地理坐标的水下地貌图像和地形图并交付给用户。其中，Teledyne RESON 公司的 SeaBat 7125SV2 多波束地貌图像空间分辨率为 0.1m，实际分辨率为 0.2～0.5m（图 3-1）；SeaBatT20 多波束地貌图像空间分辨率为 0.45m，实际分辨率为 0.4～0.8m；EdgeTech 6205 侧扫声呐图像分辨率为 0.1m，设备参数表明其实际分辨率可达 0.03m；EM2040 多波束地形图空间分辨率为 0.5m（图 3-2）。

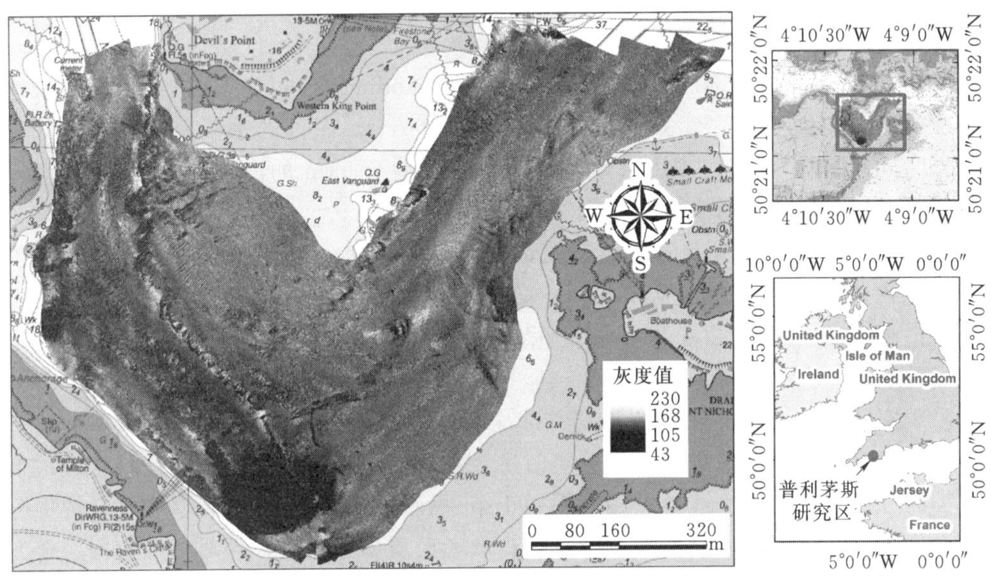

图 3-1 研究区海底地貌图（SeaBat 7125SV2 多波束反向散射强度图像）

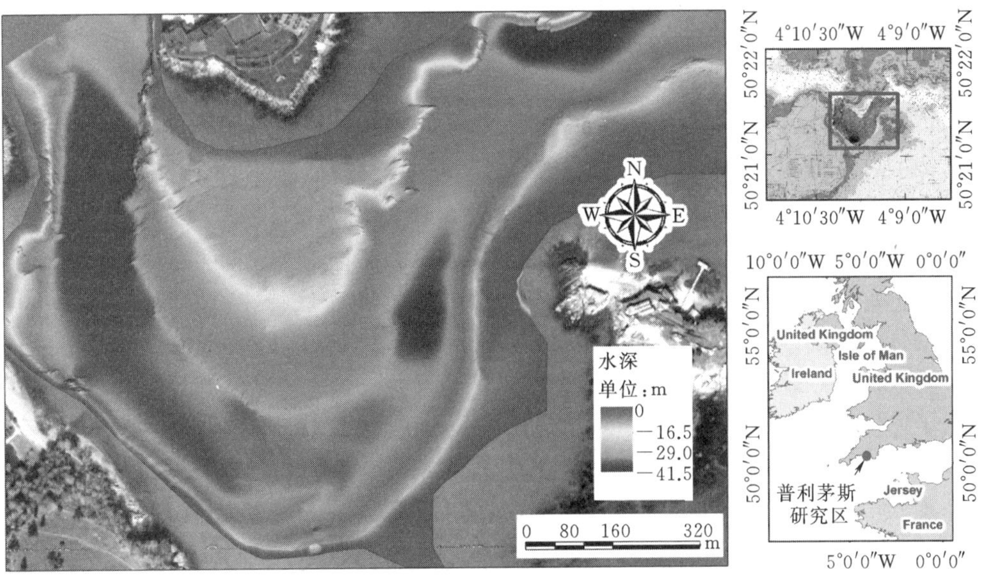

图 3-2 研究区海底地形图（EM2040 多波束测深数据）

(3) 普利茅斯湾底质调查辅助数据。本书收集了欧洲海洋观测与数据网络(European Marine Observation and Data Network，EMODnet)于2016年9月更新的大尺度海洋生境划分数据(Broad - scale habitat map，EUSeaMap)和欧盟自然信息系统(European Union Nature Information System，EUNIS)提供的欧盟自然信息系统生境调查数据(All EUNIS habitat maps from surveys，2016)作为底质划分的基本依据❶。根据底质调查辅助数据可知，该研究区底质较为丰富，主要包含泥、砂、砾石、礁石等多种底质，根据EdgeTech公司的专业技术人员解译的结果可知该研究区水底存在不同粒径的砂、碎石，以及沙波地貌，而且水下存在少量沉船、管线和人工抛置的石块。

渤海某实验区相关数据如下。

(1) C - Boom浅地层剖面数据。采用英国C - Products公司生产的C - Boom浅地层剖面仪在研究区测量了多条测线，其工作频率为1760Hz，图像的水平分辨率约为0.5m，垂直采样时间间隔0.01ms。本书选取其中一段长度约7.5km的浅层剖面图像进行实验，第2章已对该数据进行了基本介绍(图2-22)。

(2) 浅地层剖面测线附近的底质钻孔数据。本实验相关单位通过钻孔方式获取了约30m水深以内的7个钻孔的底质样本，并交付了相关报告，根据报告可知该研究区内的表层底质主要有强风化砂岩、卵石、淤泥质黏土和粉砂，表层以下底质主要为风化的泥岩。

受限于实验条件，本书使用的数据并非全部来自同一实验区，但如本章3.1小节所述，基于水底多源声学图像进行底质分类时主要依据的是水底地貌图像特征，水底地形图可提供辅助分类信息，水底浅地层剖面图用于结果验证。因此，本书将基于已有数据分别研究水底地貌、地形和浅层剖面图像的特征提取和底质分类方法，再对多源数据融合方法进行讨论。由于水底地貌和地形图来自同一研究区，可进行两类数据融合方法的实验。水底浅层剖面图像作为验证数据，本书将在第4章研究单独基于浅层剖面图像的分类方法，并在此基础上于第5章对3类数据的融合方法进行探讨。

3.2.2 数据预处理

3.2.2.1 数据配准

依据EM2040多波束海底地形图，在ArcGIS 10.2软件环境下将研究区其他海底地貌数据进行配准，其中SeaBat 7125SV2(图3-1)和SeaBatT20多波束数据与EM2040多波束数据(图3-2)已具有较高的配准精度，选取少许控制点即可完成数据精确配准。EdgeTech 6205侧扫声呐图像的几何形变较大，主要依据水底特殊物体和礁石边缘、沙波边缘等特殊地貌进行图像配准，配准后的数据几何偏差小于0.5m。

3.2.2.2 水底地形衍生数据分析

为了突出水底地形特征，便于定量特征提取，在ArcGIS 10.2软件环境下使用三维分析工具箱(3D Analysis Tools)中的栅格表面(Raster Surface)分析功能提取了EM2040多波束水底地形的坡度(Slope)、坡向(Aspect)和表面曲率(Curvature)，分别得到坡

❶ 数据下载地址：http：//www.emodnet - seabedhabitats.eu/default.aspx? page=1953.

度、坡向和表面曲率图像，形成水底地形衍生数据集（图 3－3～图 3－5）。

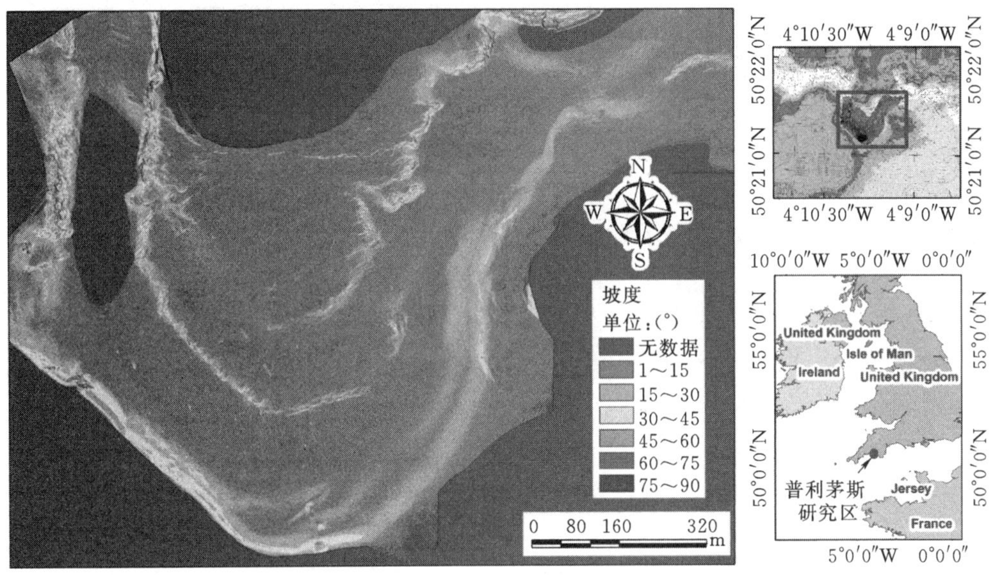

图 3－3 研究区海底坡度图（根据海底地形图得到）

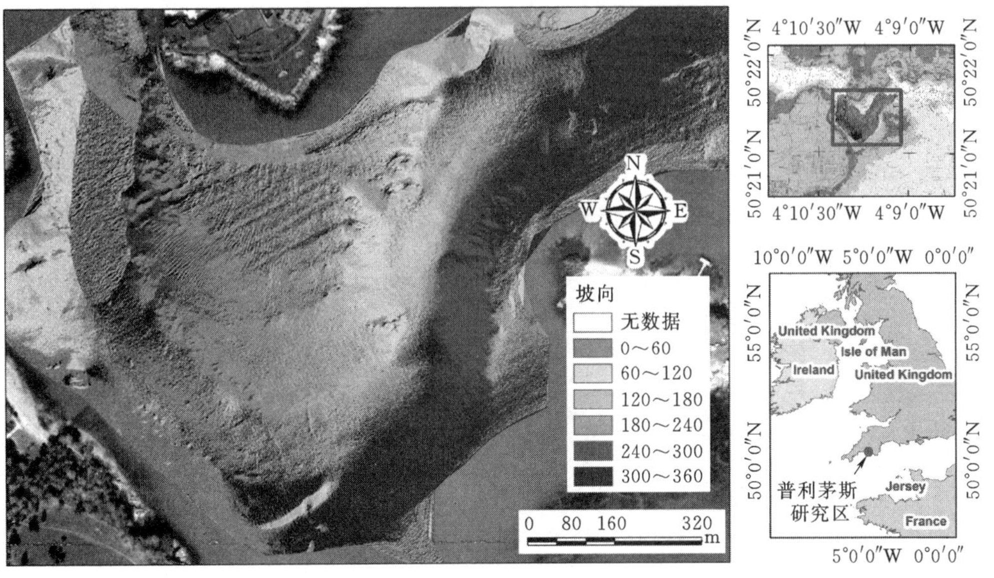

图 3－4 研究区海底坡向图（根据海底地形图得到）

3.2.2.3 不同底质的地貌、地形图像样本选取

结合 EMODnet 和 EUNIS 提供的海底调查数据，以及 EdgeTech 公司专业技术人员提供的部分区域底质解译结果，本书将该研究区底质分为 6 类，分别为礁石（Reef）、砾石（Gravel）、粗砂（Coarse Sand）、细砂（Fine Sand）、沙波（Sand Wave）和泥（Mud）。但由于 EMODnet 和 EUNIS 提供的调查数据较为粗略，本书依据 3.1 小节描述

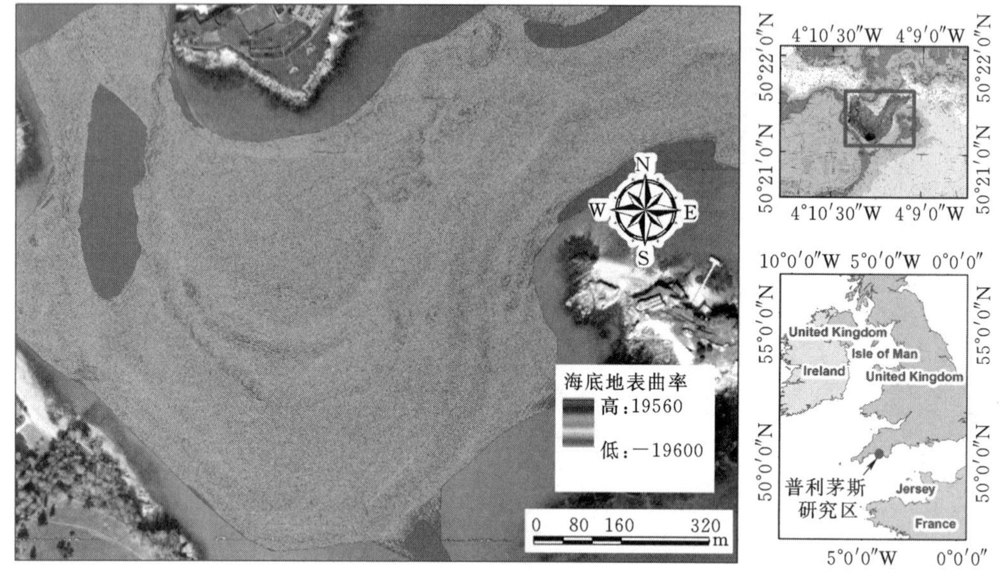

图3-5 研究区海底地表曲率图（根据海底地形图得到）

的不同底质的地貌、地形图像特征，综合分析了SeaBat 7125SV2多波束数据、SeaBatT20多波束数据、EdgeTech 6205侧扫声呐数据和EM2040多波束测深数据，选取了该研究区海底的6类底质地貌图像样本，并依据相应区域提取了海底地形图样本。选取的样本区域大小包括16m×16m和25m×25m两种规格（地貌图像中的1m相当于10像素），样本图像规格大小根据底质的分布的斑块大小决定。选取的样本分布图和局部区域内的样本分布图如图3-6所示。其中，在图中选取礁石样本32处，砾石样本49处，粗砂样本26处，细砂样本48处，沙波样本12处，泥样本11处，底质的部分地貌图像样本

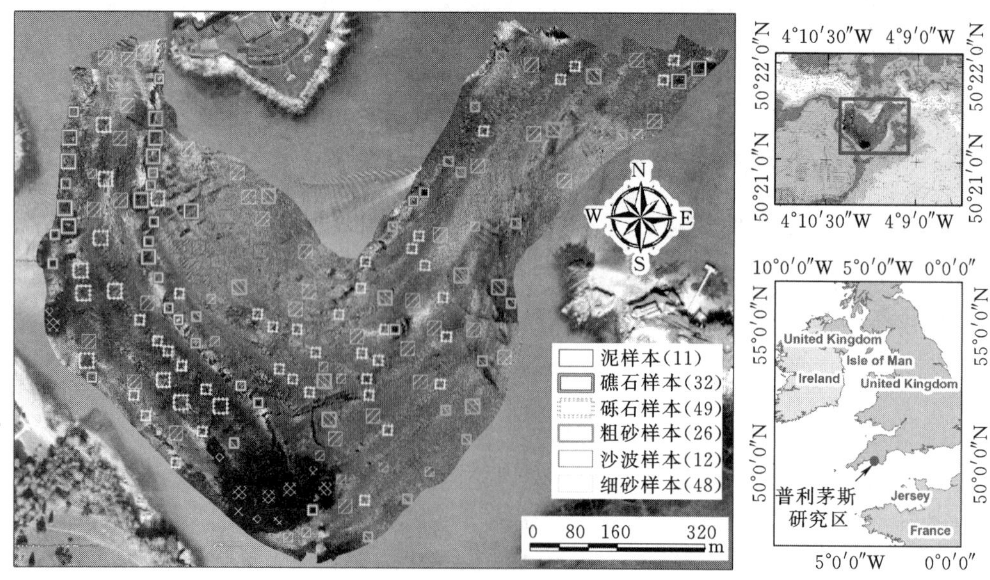

图3-6 研究区底质图像样本的分布图

见附表 1。

3.2.2.4 底质空间分布的人工解译

依据本章 3.1 小节的参考文献中提供的不同底质地貌图像，并综合对比上文介绍的研究区水底多源地貌、地形数据、辅助数据和 EdgeTech 公司人员提供的部分区域底质解译结果，本书通过多人判读的方式对研究区底质空间分布图进行了人工判读解译。当判读者出现分类结论不统一时进行对照和讨论，最终形成统一分类结论。在解译过程中较容易形成不同结论的底质主要为砾石、粗砂和细砂，上述 3 类底质的粒径依次减小，当图像显示的底质粒径处在两类之间时容易出现混淆。人工判读得到的研究区底质分布如图 3-7 所示。

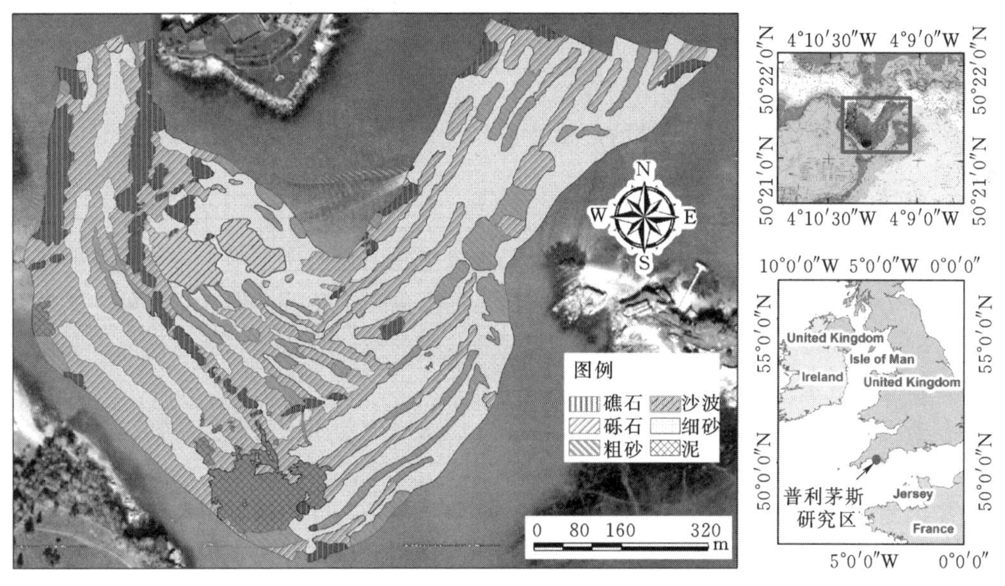

图 3-7 研究区底质分布的人工解译结果图

通过对本书获取的普利茅斯研究区多源数据进行对比发现，Teledyne RESON 公司的 SeaBat 7125SV2 多波束系统获取的反向散射强度图像（图 3-1）具有最佳的预处理效果，SeaBatT20 多波束系统获取的反向散射强度图像（附图 2）空间分辨率较低，EdgeTech 6205 侧扫声呐图像（附图 3）具有较高的图像分辨率，适用于对底质的人工判读，但图像中存在灰度不均衡问题难以消除，不利于对底质的自动分类。EMODnet 和 EUNIS 提供的数据对于该研究区底质划分比较简略，仅作为底质划分的依据（附图 5～附图 7）。

因此，本书后续部分将以 Teledyne RESON 公司的 SeaBat 7125SV2 多波束反向散射强度图像（图 3-1）作为水底地貌图像的实验对象，以 Kongsberg 公司的 EM2040 多波束测深数据及其衍生数据作为水底地形图的实验对象（图 3-2～图 3-5），以图 3-7 所示的人工解译结果为方法的验证标准。此外的普利茅斯研究区其他数据将不直接参与特征提取、分类和融合等数据处理过程。

3.2.2.5 浅地层剖面数据预处理

对于本书使用的浅地层剖面数据，首先采用如本书 2.4.3 小节提出的方法进行图像中多次波压制和层界提取，对于少数层界自动提取不精确的区域进行了人工修正。然后，结合钻孔资料和图像特征对浅层剖面图像中的底质水平方向分布进行了划分，具体见本书 4.3.5 小节。

3.3 多源声学图像的特征提取

根据 3.1 小节的描述可知，水底地貌、地形和浅层剖面图像对各类底质的表达方式存在很大差异，这一差异正是水底多源声学图像多源、多维、异构特点的体现。为了实现基于多源声学图像的底质自动分类，必须研究适用于底质分类的多源声学图像定量特征。本小节总结并提取了现有研究中常用的几类地貌、地形图像定量特征，并结合对多源声学图像的理解，提出了一些浅地层图像的定量特征。

3.3.1 水底地貌图像的特征提取

侧扫声呐和多波束系统将测量数据转化为水底地貌图像的过程中，不可避免地丢失了一部分原始信息，例如波束的到达角、回波信号的准确强度值等。但是，另外一些信息也被突显出来，例如回波强度的相对值、水底回波强度的空间分布等，由此形成水底地貌图像的灰度和纹理特征，可作为水下底质分类的重要依据。根据本书 1.2.1 小节研究的文献资料，本书将以灰度统计特征和纹理特征为主介绍水底地貌图像的定量特征提取方法。

3.3.1.1 水底地貌图像的灰度统计特征

大多数侧扫声呐和多波束系统输出的水底地貌图像是灰度图像，图像的灰度直方图可看作图像灰度一阶概率分布的离散表达形式，能够描述图像局部像素值的分布特征。对于图像的灰度直方图统计量，常用的特征量包括均值（Mean）、标准差（Standard Deviation）、偏度（Skewness）、峰度（Grey - level Kurtosis）、能量（Energy）、熵（Entropy）、变异系数（Coefficient of Variation）、灰度直方图的分位数（Quantile）、极差（Range）等。图像的灰度统计特征常与图像的成像方式和制图过程有关，一般适用于相同型号的声呐系统在相同测量状态和制图流程下形成的水底地貌图像的分类，即适用于同一幅水底地貌图像相近区域的分类，基于灰度统计特征的水底地貌图像分类方法对图像预处理后的精度和均匀性要求很高。以下列出常用的图像灰度直方图统计量（参数定义依次参考前一表达式）。

（1）图像的灰度均值 μ。μ 的计算方法见式（3-1）。

$$\mu=\sum_{i=0}^{n} r_i p(r_i) \tag{3-1}$$

式中 n——图像灰度级减 1，例如，图像灰度级为 256，则 $n=255$；

r_i——相应的灰度值；

$p(r_i)$——图像灰度值 r_i 出现的概率或频率。

均值相当于灰度值的一阶原点矩。

(2) 图像的灰度标准差 σ。σ 的计算方法见式(3-2)。

$$\sigma=\left(\sum_{i=0}^{n}(r_i-\mu)^2 p(r_i)\right)^{\frac{1}{2}} \tag{3-2}$$

图像的灰度标准差也被称为图像的对比度(Contrast)[18][153]。σ^2 为图像的灰度方差(Variance),相当于图像灰度值的二阶中心距。

(3) 图像灰度直方图的偏度 S。S 的计算方法见式(3-3)。

$$S=\frac{1}{\sigma^3}\left[\sum_{i=0}^{n}(r_i-\mu)^3 p(r_i)\right] \tag{3-3}$$

偏度可表示图像灰度直方图的对称性,其绝对值越小表示对称性越好,大于0表示灰度直方图与正态分布相比正偏(或右偏),即直方图右侧有较多的灰度值分布,反之则表示负偏(或左偏)。上式的中括号内为灰度值的三阶中心距。

(4) 图像灰度直方图的峰度 K。K 的计算方法见式(3-4)。

$$K=\frac{1}{\sigma^4}\left[\sum_{i=0}^{n}(r_i-\mu)^4 p(r_i)\right] \tag{3-4}$$

峰度可表示图像灰度直方图的陡峭性,其绝对值越小表示越接近正态分布的陡峭性。正态分布的峰度为3,峰度 K 大于3表示灰度直方图比正态分布更陡峭,即直方图的灰度值分布更集中,反之则表示直方图更平坦,灰度值分布更分散。上式的中括号内为灰度值的四阶中心距。

(5) 图像灰度直方图的能量 G。G 的计算方法见式(3-5)。

$$G=\sum_{i=0}^{n}[p(r_i)]^2 \tag{3-5}$$

图像的能量也称为"一致性",对于相同大小的图像,灰度分布越均衡则能量越小。

(6) 图像灰度直方图的熵 H。H 的计算方式见式(3-6)。

$$H=-\sum_{i=0}^{n}p(r_i)\log_2 p(r_i) \tag{3-6}$$

对于相同大小的图像,灰度分布越均衡则熵越大。

(7) 图像灰度值的变异系数 CV。CV 的计算方法见式(3-7)。

$$CV=\frac{\sigma}{|\mu|} \tag{3-7}$$

图像的灰度变化相对于平均灰度值的比率越大则变异系数越大。变异系数消除了不同图像平均灰度值的差异造成的影响,可描述图像灰度值的相对差异性。

(8) 图像灰度直方图的分位数。常用的灰度直方图的分位点包括中位数(Median)、四分位数(Quartile)等。将图像中所有灰度值排序并四等分后,用3个点进行四等分,其中第二个等分点处为中位数,第一等分点处和第三个等分点处为四分位数,两个四分位数之差的绝对值也称为四分位距(Interquartile Range,IQR)。图像灰度直方图的分位数对于图像中的噪声不敏感,适用于对含噪声图像进行特征描述。

综合以上介绍,本书对水底地貌图像共提取9个灰度统计特征量,分别为均值、标准差、偏度、峰度、能量、熵、变异系数、中位数、四分位距。对于侧扫声呐和多波束声呐数据处理得到的回波强度图像,通过统计图像局部所有像素的灰度值,根据式(3-1)~

式（3-7）及相应描述即可计算得到。

3.3.1.2 水底地貌图像的纹理特征

灰度图像的纹理特征常被作为判别水下底质类型的重要特征描述量。以下主要介绍基于纹理特征统计分析法的3类常用特征量，包括基于灰度共生矩阵的统计特征、基于高阶统计量的不变矩特征和基于盒计数法的分形维数特征。

1. 基于灰度共生矩阵的统计特征

图像的灰度共生矩阵（GLCM）定义为：灰度分别为 i 和 j，连线与水平正方向夹角为 θ，距离为 d 的两个像素在整个图像中出现的频率 $p_{ij}(d, \theta)$ 构成的矩阵。其表达式［式（3-8）］[26]为

$$p_{ij}(d,\theta)=\#\{(k,l),(m,n)\in(L_y\times L_x)\mid\rho[(k,l),(m,n)]=d,\\ A[(k,l),(m,n)]=\theta,f(k,l)=i,f(m,n)=j\} \tag{3-8}$$

式中 $\#$——计数符号；

L_x、L_y——图像的水平和垂直宽度范围；

(k, l)、(m, n)——两个像素在图像中的坐标；

$\rho[(k,l),(m,n)]$——两个像素之间的距离；

$A[(k,l),(m,n)]$——两个像素连线与水平正方向（通常为水平向右方向）的夹角；

$f(k,l)$、$f(m,n)$——对应的灰度值；

$p_{ij}(d, \theta)$——整个图像中满足等式右侧条件的像素个数。

若图像的灰度级为 N，则其生成的GLCM大小即为 $N\times N$。

当给定距离 d 和夹角 θ 时，相应的GLCM元素以下用 $p(i, j)$ 表示（$i, j\in[1, N]$），定义GLCM的行元素与列元素之和构成的数组分别为 p_x 和 p_y，即［式（3-9）］

$$p_x(i)=\sum_{j=1}^{N}p(i,j),\quad p_y(j)=\sum_{i=1}^{N}p(i,j) \tag{3-9}$$

对 $p(i, j)$ 进行统计，则得到整个图像的特征，常用的特征表达式如下。

（1）角二阶矩（Angular Second Moment，ASM）/能量（Energy）。计算方法见式（3-10）。

$$f_1=\sum_i\sum_j\{p(i,j)\}^2 \tag{3-10}$$

角二阶矩也被称作能量，GLCM中元素的取值越集中，即图像某方向上的灰度值一致性越大，则角二阶矩的值越大。

（2）对比度（Contrast，CONT）。计算方法见式（3-11）。

$$f_2=\sum_{n=0}^{N-1}n^2\left\{\sum_{\substack{i=1\\|i-j|}}^{N}\sum_{\substack{j=1\\=n}}^{N}p(i,j)\right\} \tag{3-11}$$

对比度也称反差度。GLCM的对比度可衡量图像中某方向上灰度值的差异，灰度差异性越大则对比度越大。

（3）相关系数（Correlation，CORR）。计算方法见式（3-12）。

$$f_3=\frac{\sum_i\sum_j(ij)p(i,j)-\mu_x\mu_y}{\sigma_x\sigma_y} \tag{3-12}$$

式中 μ_x、μ_y——数组 p_x 和 p_y 的均值；

σ_x、σ_y——数组 p_x 和 p_y 的标准差。

GLCM 的相关系数可衡量图像中像素灰度的线性相关性，在图像中的某方向上，像素灰度值的线性变化规律越明显则相关系数越大。

(4) 逆差矩（Inverse Difference Moment，IDM）。计算方法见式（3-13）。

$$f_4=\sum_i\sum_j\frac{1}{1+(i-j)^2}p(i,j) \tag{3-13}$$

逆差矩也称惯性矩，可衡量图像的局部均一性。图像中具有相同或相近灰度值的区域越多，则逆差矩越大。

(5) 同质性（Homogeneity，HOM）。计算方法见式（3-14）。

$$f_5=\sum_i\sum_j\frac{1}{1+|i-j|}p(i,j) \tag{3-14}$$

图像中具有相同或相近灰度值的区域越多，则表示同质性越好。

(6) 熵（Entropy，ENT）。计算方法见式（3-15）。

$$f_6=-\sum_i\sum_j p(i,j)\log_2[p(i,j)] \tag{3-15}$$

GLCM 的熵可衡量图像纹理的随机性，图像中的纹理分布越无规律或者同质性越差则 GLCM 的熵越大。

(7) 方差（Variance，VAR）。计算方法见式（3-16）。

$$f_7=\sum_i\sum_j(i-\mu)^2p(i,j) \tag{3-16}$$

GLCM 的方差可衡量图像的异质性（Heterogeneity），这种特征与同质性（Homogeneity）相反，图像某方向上的像素灰度值偏离其平均值越大则方差越大。GLCM 的方差不具有空间频率属性，因此其方差与对比度不同，即方差越大对比度越大，反之则不一定成立。

(8) 簇阴影（Cluster Shade，CSHA）。计算方法见式（3-17）。

$$f_8=\sum_i\sum_j(i+j-\mu_x-\mu_y)^3p(i,j) \tag{3-17}$$

GLCM 的簇阴影可衡量 GLCM 的偏度（Skewness），图像灰度分布的不对称性越强，则簇阴影的值越大[154]。

(9) 簇显著性（Cluster Prominence，CPRO）。计算方法见式（3-18）。

$$f_9=\sum_i\sum_j(i+j-\mu_x-\mu_y)^4p(i,j) \tag{3-18}$$

GLCM 的簇显著性可衡量 GLCM 元素的集中度，图像的灰度值变化越大，则簇显著性的值越大[155]。

GLCM 特征的提取需要规定统计共生的两个像元之间的距离 d 和其连线与水平方向的夹角 θ，基于水下底质空间分布的尺度考虑，本书采用的像元间距离 $d=0.5\text{m}$，即若图像分辨率为 0.1m，则计算距离为 5 个像素的灰度共生关系，θ 分别取 4 个角度，分别是

0°、45°、90°、135°进行计算，即每幅图像（或局部图像）计算4个灰度共生矩阵。然后，分别计算上述9个特征量，它们分别是角二阶矩、对比度、相关系数、逆差矩、同质性、熵、方差、簇阴影、簇显著性，即总共得到36个GLCM特征量。为消除纹理统计结果的方向性差异，再对9特征量的4个方向分别取最大和最小值，最终取18个GLCM特征量。

2. 基于高阶统计量的不变矩特征

用不同设备获取的水底地貌图像常存在平移、旋转和放缩，例如，水底沙波纹理的方向的自然变化是对特定方向纹理的旋转变换，对同一局部区域的水底获取不同分辨率的地貌图像则形成了尺度变换。若将灰度图像看作二维密度分布函数，则可用不变矩特征进行描述。Hu[156]最早基于代数不变量引入矩不变量，并导出了7种不变矩统计量（Hu，1962）。不变矩具有平移、旋转和尺度不变性，因此被广泛应用于图像的特征提取和模式识别等领域。在此基础上，很多研究对Hu不变矩进行了推广[157]，构造了Zernike矩[158]、复数矩[159]、小波矩[160]、离散Radon矩[45]等具有更多特性的不变量。

对于二维连续函数 $f(x, y)$ 的 $p+q$ 阶几何矩（也被称Raw Moment）定义［式（3-19)］为

$$m_{pq}=\int_{-\infty}^{\infty}\int_{-\infty}^{\infty} x^{p} y^{q} f(x,y)\mathrm{d}x\mathrm{d}y \tag{3-19}$$

对于二维数字化图像 $I(x, y)$，其 $i+j$ 阶几何矩可根据上式的离散形式定义［式（3-20)］为

$$M_{ij}=\sum_{x}\sum_{y} x^{i} y^{j} I(x,y) \tag{3-20}$$

式中 x、y——图像 $I(x, y)$ 中像素的位置；

$I(x, y)$ ——像素的灰度值。

对于二维连续函数 $f(x, y)$ 的 $p+q$ 阶中心矩（Central moment）定义［式（3-21)］为

$$\mu_{pq}=\int_{-\infty}^{\infty}\int_{-\infty}^{\infty}(x-\overline{x})^{p}(y-\overline{y})^{q} f(x,y)\mathrm{d}x\mathrm{d}y \tag{3-21}$$

类似地，对于二维数字化图像 $I(x, y)$，其 $i+j$ 阶中心矩可定义［式（3-22)］为

$$\mu_{ij}=\sum_{x}\sum_{y}(x-\overline{x})^{i}(y-\overline{y})^{j} I(x,y),(i,j=0,1,2,\cdots) \tag{3-22}$$

$$\overline{x}=\frac{M_{10}}{M_{00}},\overline{y}=\frac{M_{01}}{M_{00}}$$

图像中心矩 μ_{ij} 具有平移不变性，以下根据中心矩定义尺度不变量［式（3-23)］为

$$\eta_{ij}=\frac{\mu_{ij}}{\mu_{00}^{r}},r=1+(i+j)/2 \tag{3-23}$$

其中，$i,j=0,1,2,\cdots$，且 $i+j\geqslant 2$，η_{ij} 具有平移和尺度不变性。

Hu于1961年给出了以下7个基于中心矩的不变矩统计量，即Hu不变矩［式（3-24)～式（3-30)］。

$$I_{1}=\eta_{20}+\eta_{02} \tag{3-24}$$

$$I_2=(\eta_{20}+\eta_{02})^2+4\eta_{11}^2 \tag{3-25}$$

$$I_3=(\eta_{30}-3\eta_{12})^2+(3\eta_{21}-\eta_{03})^2 \tag{3-26}$$

$$I_4=(\eta_{30}+\eta_{12})^2+(\eta_{21}+\eta_{03})^2 \tag{3-27}$$

$$\begin{aligned}I_5=&(\eta_{30}-3\eta_{12})(\eta_{30}+\eta_{12})[(\eta_{30}+\eta_{12})^2-3(\eta_{21}+\eta_{03})^2]\\&+(3\eta_{21}-\eta_{03})(\eta_{21}+\eta_{03})[3(\eta_{30}+\eta_{12})^2-(\eta_{21}+\eta_{03})^2]\end{aligned} \tag{3-28}$$

$$\begin{aligned}I_6=&(\eta_{20}-\eta_{02})[(\eta_{30}+\eta_{12})^2-(\eta_{21}+\eta_{03})^2]\\&+4\eta_{11}(\eta_{30}+\eta_{12})(\eta_{21}+\eta_{03})\end{aligned} \tag{3-29}$$

$$\begin{aligned}I_7=&(3\eta_{21}-\eta_{03})(\eta_{30}+\eta_{12})[(\eta_{30}+\eta_{12})^2-3(\eta_{21}+\eta_{03})^2]\\&-(\eta_{30}-3\eta_{12})(\eta_{21}+\eta_{03})[3(\eta_{30}+\eta_{12})^2-(\eta_{21}+\eta_{03})^2]\end{aligned} \tag{3-30}$$

若以图像灰度值为密度值，I_1 相当于围绕图像重心的惯性矩（Inertia Moment）。I_7 是倾斜不变量（Skew Invariant），可用于分辨镜像翻转的图像。J. Flusser 证明 Hu 不变矩并不完全独立，例如 I_3 则与其他不变量不是相互独立的，并提出了一个新的 3 阶不变矩［式（3-31）］[161]。

$$I_8=\eta_{11}[(\eta_{30}+\eta_{12})^2-(\eta_{21}+\eta_{03})^2]-(\eta_{20}-\eta_{02})(\eta_{30}+\eta_{12})(\eta_{21}+\eta_{03}) \tag{3-31}$$

实际计算过程中，若 Hu 不变矩的计算结果数量级很小，可进行对数变换以便于比较［式（3-32）］。

$$h_k=-\ln|I_k| \tag{3-32}$$

对于本书列举的 8 个不变矩，以上 $k=1,2,\cdots,8$。已有研究表明当尺度变化率小于 2 时，Hu 不变矩的取值基本保持不变，当尺度变化率较大时，则不再具有尺度不变性[162]。

由于 Hu 不变矩具有平移、旋转和尺度不变特性，本书根据式（3-24）～式（3-31）直接计算图像的 8 个不变矩特征量，然后根据式（3-32）对不变矩特征量进行对数变换。

3. 基于盒计数法的分形维数特征

分形概念源于地理学，最初用于描述自然地物的复杂性和自相似性[163]，后逐步被各学科广泛应用。分形维数是度量空间和实体形态复杂度的重要参量，其定义方式是在 n 维欧氏空间中假定有界集合 A，以单位尺度为 ε 的完全相似的单元去覆盖集合 A，假定最少需要的覆盖单元数量为 $N(\varepsilon)$，那么 $N(\varepsilon)$ 与 ε 的大小有关。由于 A 是有界的，随着 ε 取值的不断减小，用一个与 ε 无关的量，即分形维 D 来描述为［式（3-33）］

$$N(\varepsilon)\times\varepsilon^D=p,(p\text{ 为常数}) \tag{3-33}$$

因此，分形维 D 可按照定义为［式（3-34）］

$$D=\lim_{\varepsilon\to0}\left(\frac{\ln N(\varepsilon)}{\ln(1/\varepsilon)}\right) \tag{3-34}$$

常见的计算分形维 D 的方法有很多，例如盒计数法（Box Counting）、Peleg 毯覆盖法、Haudsorff 维数法、分数布朗运动维数法等[21]。杨词银提出可使用微分盒计数法（Differential Box Counting，DBC）、移位微分盒计数法（SDBC）或标准差盒计数法（σ-BC）进行水下底质图像的分类。

基于盒计数法的分形维计算方法具有相似的思路，即以图像灰度值为地形表面高度，用尺度为 ε 的相同“盒子”覆盖该表面，计算盒子的大小和所需的盒子数量，并基于公式的定义，采用最小二乘法拟合得到分形维数 D。为便于算法实现，具体描述如下。

假定图像的灰度级为 G，对于大小为 $M\times M$ 的图像，将其均匀分割成每个大小为 $s\times s$ 的平面网格（$1<s\leqslant M/2$），其比例系数 $\varepsilon=s/M$，在每个网格上堆叠一组高度为 h 的盒子，其中 $h/G=\varepsilon$。在第（i，j）个网格中（包含 $s\times s$ 个像素），若其最小、最大灰度值对应的灰度级分别处于该组盒子中的第 k 和第 l 个（盒子由下向上编号），则［式（3-35)］

$$n_{\varepsilon}(i,j)=l-k+1 \tag{3-35}$$

$n_{\varepsilon}(i$，$j)$ 表示该网格对应的一组盒子覆盖整个网格灰阶形成的表面所需的盒子数，依次统计覆盖整个图像所需的盒子数为［式（3-36)］

$$N(\varepsilon)=\sum_{i,j}n_{\varepsilon}(i,j) \tag{3-36}$$

由此得到该图像的一组比例系数 ε 对应的 $N(\varepsilon)$ 值。不断改变 ε 的值，则得到不同 ε 与 $N(\varepsilon)$ 的对应数量关系。根据式（3-34）可知，若以 $\ln(1/\varepsilon)$ 为自变量，$\ln N(\varepsilon)$ 为因变量做最小二乘线性拟合，该曲线的斜率则为分形维数 D 的估计值，称该值为 D 的估计值是因为像素大小是有限的，为保证统计的平面网格边长 s 为大于 1 的正整数，ε 不能无限接近于 0。

微分盒计数法（DBC)、移位微分盒计数法（SDBC）与标准差盒计数法（σ-BC）的区别在于，用于覆盖网格中像元灰度级的盒子的位置起算点，其中，DBC 法以灰度级为 0 的高度位置开始排列盒子，以覆盖最小、最大灰度级的盒子编号 k 和 l 为起算点；SDBC 法从网格中最小灰度级的高度位置开始排列盒子；而为消除图像中灰度异常值的影响，σ-BC 法以网格中灰度均值上下 2 倍标准差 σ 的高度区间为覆盖对象计算盒子数量。理论上，对于相同分割比例系数 ε 对应的 $N(\varepsilon)$ 值，有 $N_{\mathrm{DBC}}(\varepsilon)\geqslant N_{\mathrm{SDBC}}(\varepsilon)\geqslant N_{\sigma\text{-BC}}(\varepsilon)$，对应计算得到的分形维数 D 由大到小排序则为 $D_{\mathrm{DBC}}\geqslant D_{\mathrm{SDBC}}\geqslant D_{\sigma\text{-BC}}$。由于水底声学图像往往存在大量噪声，而标准差盒计数法（σ-BC）在一定程度上削弱了噪声对图像的影响，因此本书采用 σ-BC 法估算水底地貌图像的分形维数。

3.3.2 水底地形图像的特征提取

水底地形图像主要来自多波束声呐系统测量得到的水深数据（Bathymetry)，通过水深数据可构建水底数字表面模型（Digital Surface Model，DSM)。水深数据具有相对简单和直观的地理含义，因此常用的数字地形分析方法也适用于水底地形图像的分析。

根据水底 DSM 可衍生计算坡度、坡向和曲率等数据以突出某些地形特征，这些数据一般是根据水底地形格网或图像的像素及其较小邻域计算得到的。但是对于水下底质分类来说，单一格网或像素点上的坡度、坡向和曲率往往不能描述底质分布的地形特征，例如，具有相同水深、坡度、坡向或水底表面曲率的区域可能存在不同的底质类型。若对水底地形的 DSM 衍生数据进行区域统计，则更容易分辨水下底质的分布情况，例如，在坡度较小、坡向一致性差的区域，水底较为平坦，则更容易存在砂或泥底质的分布；坡度较缓、坡向有规律地变化的区域，可能是水底沙丘或沙波；坡度较大、表面曲率很高的区域，地表粗糙度高，极有可能存在礁石或砾石分布。基于以上分析，本书将提取坡度、坡向和曲率等的 DSM 衍生数据的区域统计量以描述某些水下底质分布的地形特征。

(1) 坡度(Slope)相关统计特征。坡度可用每个像素到与其相邻像素方向上高程值的最大变化率进行描述。例如,取一个像素周围的 8 像素邻域对应的高程值进行统计,该像素与邻域像元的高程差 h 与两像素距离 d 的比值 h/d 即为这两像素间的高程值变化率,在 8 像素邻域内找到最大的高程值变化率即为坡度,坡度角 θ 则可定义[式(3-37)]为

$$\theta=\max\{\arctan(h/d)\} \tag{3-37}$$

坡度的绝对值越小表示地势越接近水平。坡度可较好地描述水底地形的起伏程度,对于礁石等造成水底起伏变化较大的底质具有较好的辨识能力,也可用于辨别平坦地形以推测砾石、泥等底质的分布。本书基于多波束测深数据计算水底坡度(图 3-3),并提取坡度数据的均值和标准差两类统计特征,其计算方法分别见式(3-1)和式(3-2)。

(2) 坡向(Aspect)相关统计特征。坡向可被视为坡度的方向,即每个像素到其相邻像素方向上高程值变化率最大的下坡方向。坡向可用 0°~360°的平面角度(与正北方向的夹角)表示。水底坡面的具体方向性并不易用于区分底质类型,但是从水底坡向图像中可以很清晰地识别礁石、沙波以及地质构造形成的地形褶皱,这表明坡向的纹理统计信息对礁石、沙波等与底质有关地形有较好的识别能力。本书基于多波束测深数据计算水底坡向(图 3-4),并提取坡向数据的标准差、偏度以及灰度共生矩阵的角二阶矩、对比度、相关系数和方差的各向最大值共 6 个特征量,其计算方法分别见式(3-2)~式(3-3)、式(3-10)~式(3-12)和式(3-16)。

(3) 曲率(Curvature)相关统计特征。对一个像素及其周围 3×3 窗口内的高程值进行多项式拟合,再对得到的表面多项式方程求二阶导数即得到地形的曲率。沿坡度方向的曲率称为剖面曲率(Profile Curvature),垂直于坡度方向的曲率称为平面曲率(Planform Curvature)。曲率可用于描述水底凸起或凹陷的形状特征,曲率大于 0 表示表面上凸,小于 0 表示表面下凹;曲率的绝对值越大表示表面变化越剧烈,曲率为 0 则表示表面平坦。从曲率图像中可以很清晰地识别礁石等底质类型。本研究基于多波束测深数据计算水底表面曲率(图 3-5),并提取曲率数据的均值和标准差两个统计特征,其计算方法分别见式(3-1)和式(3-2)。

(4) 水底地表的分形维数。分形维数原本用于描述地理实体的形态复杂度,因此也适用于对水底地形 DSM 图像的区域性描述,其计算方法在本章 3.3.1 小节已详细描述,见式(3-33)~式(3-36)。由于多波束声呐系统得到的水深数据往往经过了滤波消噪处理,本书对地表分形维数的计算采用移位微分盒计数法(SDBC)。

3.3.3 水底浅地层剖面图像的特征提取

浅地层剖面仪获取的水底浅层剖面图像主要通过点状、线状或面状元素体现底质的垂直分布特点[15]。目前,基于浅层剖面图像的底质分类主要采用人工经验判读方法,少数利用计算机辅助分层或通过灰度转假彩色方法显示地层结构。通过对地层剖面图像的观察,本书提出以下浅层剖面图像的特征用于底质分类。

(1) 水体—底质界面线的复杂度。浅层剖面图像中的水体—底质界面线可描绘水底地形剖面特征,这是基于单 Ping 数据进行信号分析无法获取的信息。如本章 3.1.3 小节所

述，界面线平滑且横向连接性好，则表明水底平坦或起伏较小，更有可能存在泥、砂等沉积物；若界面线小幅波动，且局部斜率变化强烈则表明水底存在起伏，有可能存在砾石等底质覆盖；若界面线起伏较大，且局部斜率变化强烈则表明水底存在礁石、特殊的水底突出物或基岩出露。

本书2.4.3小节提出的浅层剖面图像层界检测方法可用于提取水体—底质界面线。设该界面线上各点坐标用（x_i，y_i）表示，其中 x_i 表示分界点的水平坐标（Ping序列号），y_i 表示分界点的水深值（$i=1,2,\cdots,n$，n 为浅层剖面图像的列数），经过点（x_i，y_i）到与之相距为 d 列的分界点（x_{i+d}，y_{i+d}）的直线斜率［式（3-38）］为

$$k_{id}=\frac{y_{i+d}-y_i}{x_{i+d}-x_i} \tag{3-38}$$

实验表明，受到水体—底质界面线提取误差的影响，相邻两点（即 $d=1$）的连线斜率变化规律性差，无法衡量某点（x_i，y_i）所处水底表面的复杂度。因此，本书提出新的界面线复杂度的度量指标：在给定的邻域 w 内，距离分界点（x_i，y_i）距离不大于 w 的所有分界点与该分界点连线斜率 k_{id}的标准差 s_i。以 s_i 作为该点的复杂度指标，计算方法［式（3-39）和式（3-40）］为

$$\mu_i=\frac{1}{2w}\sum_{0<|d|\leqslant w}k_{id} \tag{3-39}$$

$$s_i=\sqrt{\frac{1}{2w}\sum_{0<|d|\leqslant w}(k_{id}-\mu_i)^2} \tag{3-40}$$

其中，μ_i 为分界点（x_i，y_i）与邻域 w 内所有分界点连线的斜率均值。标准差 s_i 越大表明分界点（x_i，y_i）附近的界面线起伏越大，复杂度越高；反之，s_i 越小表明起伏越小，复杂度越低。图3-8展示了两类底质的水体—底质界面线的复杂度曲线，图3-8（b）中左侧方框内的表层底质为强风化砂岩，其水体—底质界面线及其复杂度曲线如图3-8（a）的上图；图3-8（b）中右侧方框内的表层底质为淤泥质黏土，其水体—底质界面线及其复杂度曲线如图3-8（c）的上图。

（2）水体—底质界面层的灰度均值。在浅层剖面图像中，水体—底质界面处往往存在一层较薄的强反射层，本书称之为界面层［图3-8（b）］。界面层上方的入射介质均为水体，该层内回波信号的强度不同则意味着水底表层的声阻抗不同，因此界面层的灰度值可作为分辨不同底质类型的指标之一。本书取该层灰度的均值作为界面层的特征量，计算方法同式（3-1）。

（3）表层剖面内的灰度均值。浅层剖面图像中，在水体—底质界面层以下一般为表层底质的剖面图像，本书称之为表层剖面，该剖面的厚度反映了表层介质的厚度，其灰度值则反映了表层介质内部的声阻抗特性。对于不同的表层底质，其对应的剖面层图像灰度值、灰度值相近区域的聚集、分散或平行分布特征也会有所不同。其中，最为显著的特征之一是表层剖面内的灰度均值，其计算方法同式（3-1）。

（4）表层剖面内的垂直方向纹理信息。表层剖面的另一显著特征是其灰度的垂直方向

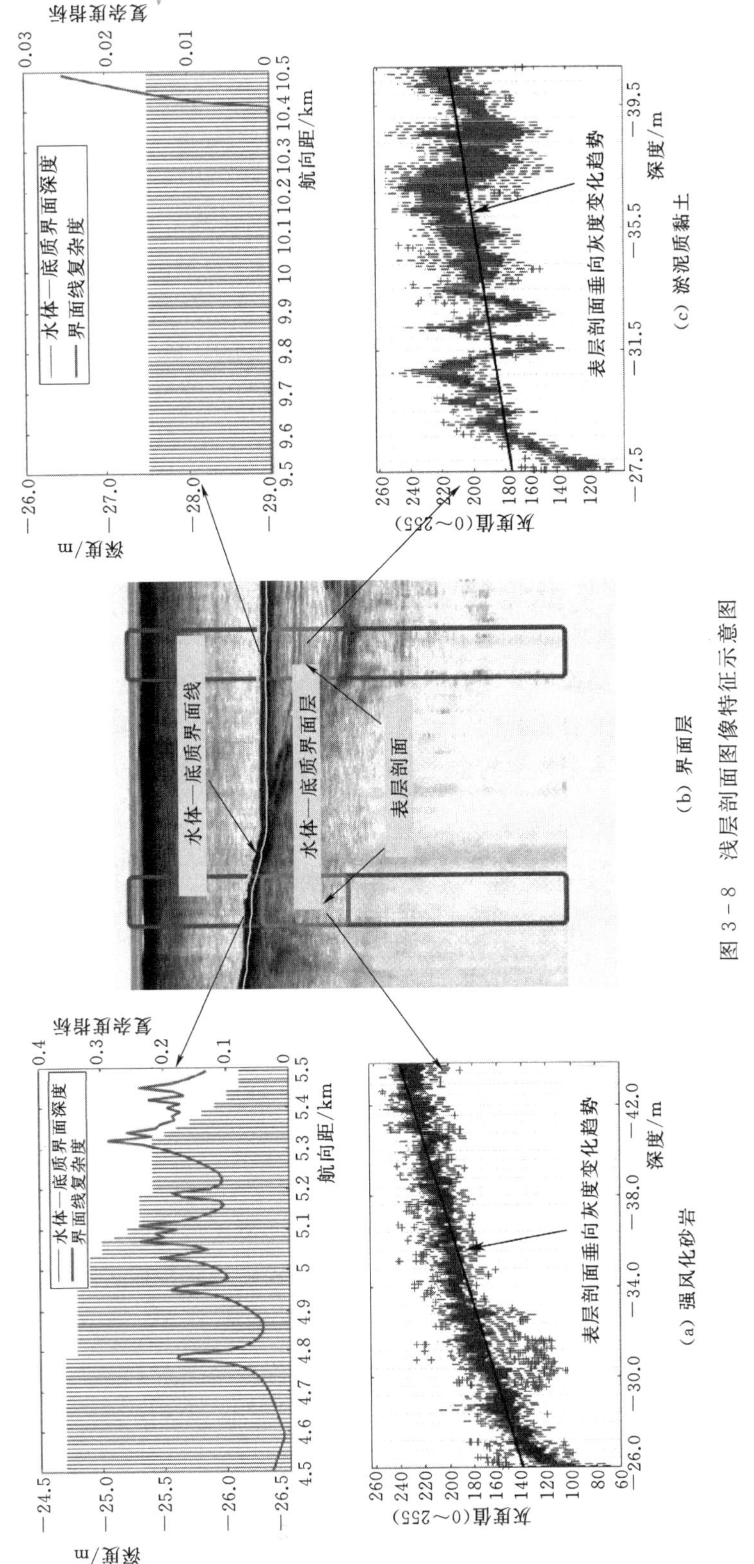

图 3-8 浅层剖面图像特征示意图

纹理。根据浅地层剖面仪的工作原理可知，声信号在地层内传播过程中受到介质层体散射影响会出现强度的衰减，在浅层剖面图像中则反映为层内灰度值的垂直梯度变化。声信号强度随深度衰减越快则图像灰度值的垂直梯度越大，反之，衰减越慢则灰度值的垂直梯度越小。声信号衰减的程度与介质类型有关，因此灰度垂直梯度不同的区域表明剖面介质类型不同。一般来说，泥底质具有较高的孔隙度和含水量，对声信号的反射和衰减作用较小，透射能力较强；砂底质则有较大的反射和衰减作用，透射能力较弱[15]。利用图像的灰度共生矩阵（GLCM）可以考察图像特定方向的纹理分布情况，因此本书对表层剖面内的纹理信息采用3.3.1小节介绍的GLCM的9个特征量，分别是角二阶矩、对比度、相关系数、逆差矩、同质性、熵、方差、簇阴影、簇显著性。对于GLCM的方向角θ，取$\theta=-90°$，即以水平向下方向统计不同灰度像元之间的共生关系，共生的两个像元之间的距离d应根据浅层剖面图像的垂直分辨率确定。各特征量的计算方法同式（3-8）～式（3-18）。图3-8（a）和图3-8（c）的下半部分分别展示了强风化砂岩和淤泥质黏土两类底质的表层剖面内灰度值的垂向变化规律。

3.4 基于相关性聚类的多源声学图像特征筛选方法

可用于描述多源声学图像的灰度和纹理的统计特征量十分丰富，但在实际应用中对声学图像特征量的选取往往带有主观性，实践表明，很多图像灰度和纹理统计特征量具有较强的相关性，也就是说，本书列举的众多特征量中有一部分是冗余的，并可在某种程度上相互代替。

3.4.1 基于相关性聚类的特征筛选算法

对于底质分类等应用，用于分类的特征量应尽量避免相关，以降低一些分类算法过度训练的可能性。此外，采用过多的特征量将带来信息冗余和巨大的计算量成本，这对于分类算法的应用是不利的，而过少的特征量又无法提供足够多的信息用于分类，影响分类结果的精度。因此，本书给出了一种基于相关性聚类的特征筛选方法，以达到消除高度相关的特征量、减少分类计算成本的目的，其主要过程包括数据归一化、特征量相关性评价、基于相关性指标的特征聚类和基于聚类结果的特征筛选。

3.4.1.1 数据归一化

本章3.2小节给出的各类特征量是基于不同的统计方法得到的，因此，各特征量的值域和量纲存在差异。为了消除这种差异性便于数据比较，应对数据进行归一化。

数据统计中常用的归一化方法包括最值归一化方法（Min-Max Normalization，MMN）、标准分数归一化方法（z-Score Normalization，ZSN）、中值归一化方法（Median Normalization，MDN）等[164]，本书采用最值归一化方法，即最大最小值归一化，计算方法［式（3-41）］为

$$X^{*}=\frac{X-X_{\min}}{X_{\max}-X_{\min}} \tag{3-41}$$

式中　X——原始特征量值；

X_{max}、X_{min}——原始特征量中的最大、最小值；

X^*——特征量归一化后的结果。

MMN 方法将各特征量线性变换至［0，1］区间，且仅需记录每个原始特征量的最大、最小值即可随时将归一化后的数据还原。

3.4.1.2 特征量相关性评价

研究两个变量之间的相关性，可以在一定程度上反映变量之间的可替代性，即一个变量的值可以通过另一个变量的某种数学变换近似得到。统计学中，常用的相关性评价方法包括 Pearson 积矩相关系数（Pearson Product - moment Correlation Coefficient）、Spearman 秩相关系数（Spearman's Rank Correlation Coefficient）和 Kendall 等级相关系数（Kendall's Rank Correlation Coefficient）等。其中，Pearson 相关系数主要衡量变量之间的线性相关性，受样本量和样本异常值影响较大；Speraman 相关系数可被理解为对变量进行排序后的 Pearson 相关系数，即使不知道变量之间的联合概率密度函数，只要两个变量存在单调的函数关系即认为两者是完全 Speraman 相关的；Kendall 相关系数是一种评价多列等级变量相关程度的方法，适用于采用等级评定方法获取的数据资料。对于以上 3 种相关系数，其取值 r 具有相同特点，即当 $|r|$ 越接近于 1，则表示变量之间的相关程度越强，反之则越弱；当 $r>0$ 时表示两个变量正相关，即同时增加或减少；反之，当 $r<0$ 时表示两个变量负相关，即当一个变量的值增加时另一个变量倾向于减少；当 $r=0$ 表示两个变量不相关。

本章 3.3 小节介绍了多源声学图像的多种特征量，根据这些特征量归一化后的数据特点，本书采用 Speraman 相关系数进行评价，其计算公式［式（3-42)］为

$$r_s=\frac{\sum_{i=1}^{n}(x_i-\overline{x})(y_i-\overline{y})}{\sqrt{\sum_{i=1}^{n}(x_i-\overline{x})^2\sum_{i=1}^{n}(y_i-\overline{y})^2}} \tag{3-42}$$

式中 n——变量的样本个数；

x_i、y_i——两组变量排序后原始数据的位置序号，或称之为秩；

$\overline{x}$、$\overline{y}$——x_i、y_i 的均值。

3.4.1.3 基于相关性指标的特征聚类

特征聚类的目的是将相关性较高的特征量聚集在一起，并认为其在某种程度上可以相互替代。凝聚层次聚类是一种典型的聚类方法，其策略是以每一个对象作为一个簇（Cluster)，根据一定的规则将这些簇逐步合并为更大的簇，直到所有对象全部合并或满足某个终止条件为止。凝聚层次聚类的核心问题是确定簇合并的规则，即定义簇之间的距离，并以距离越近的簇越优先合并。以上给出特征量之间的相关系数 $r_s(x, y)$ 的计算方法，因此可直接以式（3-43）作为特征量之间的距离定义为

$$d(x,y)=1-r_s(x,y) \tag{3-43}$$

其中，x、$y(x\neq y)$ 表示任意两个被度量的特征量，$r_s(x, y)$ 为其相关系数。因为有 $-1\leqslant r_s(x, y)\leqslant 1$，所以根据 $d(x, y)$ 的定义可知，两个特征量之间的正相关性越强则其距离越近，负相关性越强则其距离越远。基于相关系数的凝聚层次聚类算法可描述

如下。

步骤 1：以每一个特征量作为初始簇，根据相关系数 $r_s(x, y)$ 计算两特征量之间的距离 $d(x, y)$。

步骤 2：在 $d(x, y)$ 中找到距离最小的值 $d_{\min}(x, y)$ 及其对应的两个特征量簇 x、y；将其合并为一个新的簇 z。

步骤 3：若合并的特征量簇 z 不包含所有的初始簇，则重新计算 z 与其他未被包含的簇之间的相关系数，更新距离矩阵中的 $d(x, y)$。

步骤 4：重复步骤 2 至步骤 3，直到合并的簇 z 包含所有的初始簇，或者距离矩阵 $d(x, y)$ 的所有元素都小于给定的阈值 T_d。

3.4.1.4 基于聚类结果的特征筛选

设定阈值 T_d，并列举该阈值水平下完成合并的各簇所包含的所有初始特征量，并认为在该阈值水平下合并为同一簇的每个初始特征量均可代表整个簇。从各簇中筛选一个初始特征量作为代表，淘汰其他特征量，由此筛选出的特征量集合即为筛选后的特征集合。特征筛选可带有一定的经验性，通常以便于计算为准则，有时也应考虑所选特征量对异常数据的敏感性。根据式（3-43）可知，通常情况下阈值 T_d 越低保留的特征量越多。

3.4.2 地貌图像特征的筛选

如本章 3.3.1 小节所述，本书主要总结了水底地貌图像的灰度统计特征、灰度共生矩阵纹理特征、不变矩特征和分形维数特征 4 类特征量，并给出了各特征量的计算方法。本书提取上述 4 类共 36 个地貌图像特征量进行相关性分析，并通过 3.4.1 小节介绍的算法进行特征筛选，初始地貌特征集合如表 3-1 所示。

表 3-1　　本书提取的地貌图像特征表

类别	序号	特征量名称	表示符号
灰度统计特征	1	灰度均值（Mean）	Mean
	2	灰度标准差（Standard Deviation）	Std
	3	灰度直方图的偏度（Skewness）	Skewness
	4	灰度直方图的峰度（Kurtosis）	Kurtosis
	5	灰度直方图的能量（Energy）	Energy
	6	灰度直方图的熵（Entropy）	Entropy
	7	灰度值的变异系数（Coefficient of Variation）	Coef _ Var
	8	直方图的中位数（Median）	Median
	9	四分位距（Interquartile Range）	IQR
灰度共生矩阵纹理特征	10	角二阶矩（Angular Second Moment）各向最大值	GLCM _ max _ ASM
	11	角二阶矩（Angular Second Moment）各向最小值	GLCM _ min _ ASM
	12	对比度（Contrast）各向最大值	GLCM _ max _ CONT
	13	对比度（Contrast）各向最小值	GLCM _ min _ CONT
	14	相关系数（Correlation）各向最大值	GLCM _ max _ CORR

续表

类别	序号	特征量名称	表示符号
灰度共生矩阵纹理特征	15	相关系数（Correlation）各向最小值	GLCM _ min _ CORR
	16	逆差矩（Inverse Difference Moment）各向最大值	GLCM _ max _ IDM
	17	逆差矩（Inverse Difference Moment）各向最小值	GLCM _ min _ IDM
	18	同质性（Homogeneity）各向最大值	GLCM _ max _ HOM
	19	同质性（Homogeneity）各向最小值	GLCM _ min _ HOM
	20	熵（Entropy）各向最大值	GLCM _ max _ ENT
	21	熵（Entropy）各向最小值	GLCM _ min _ ENT
	22	方差（Variance）各向最大值	GLCM _ max _ VAR
	23	方差（Variance）各向最小值	GLCM _ min _ VAR
	24	簇阴影（Cluster Shade）各向最大值	GLCM _ max _ CSHA
	25	簇阴影（Cluster Shade）各向最小值	GLCM _ min _ CSHA
	26	簇显著性（Cluster Prominence）各向最大值	GLCM _ max _ CPRO
	27	簇显著性（Cluster Prominence）各向最小值	GLCM _ min _ CPRO
不变矩特征	28	Hu 不变矩统计量 I_1	Inv _ m1
	29	Hu 不变矩统计量 I_2	Inv _ m2
	30	Hu 不变矩统计量 I_3	Inv _ m3
	31	Hu 不变矩统计量 I_4	Inv _ m4
	32	Hu 不变矩统计量 I_5	Inv _ m5
	33	Hu 不变矩统计量 I_6	Inv _ m6
	34	Hu 不变矩统计量 I_7	Inv _ m7
	35	J. Flusser 不变矩统计量 I_8	Inv _ m8
分形维数特征	36	灰度值的分形维数 D	Fractal _ dim

根据本章 3.2.2 小节选取的不同底质的地貌图像样本，在两种不同规格的 6 种底质样本图像中（分别有 16m×16m 和 25m×25m 两种规格）分别随机提取 100 幅 10m×10m 的局部图像，使得 6 种底质的局部图像数量相等，再对每幅局部图像提取上述特征量。计算任意两个特征量的 Spearman 相关系数后，得到行列数为 36×36 的相关系数矩阵（相关系数矩阵为对称矩阵）。根据该矩阵可知 36 个特征量之间有多个存在高相关性，也表明为了消除冗余特征量进行特征筛选的必要性。

根据本章 3.4.1 小节描述的算法逐步将 36 个特征量中相关系数较高的进行合并。本书取阈值 $T_d=0.2$，即要求特征量之间的相关系数高于 0.8 则进行聚类，结果如图 3-9 所示。

图 3-9 中，虚线表示给定的相关系数阈值 0.8（对应距离阈值 $T_d=0.2$），用粗实线段连接的是在此阈值条件下可被合并的特征，用细实线连接的是在此阈值条件下应被保留的特征。细实线与虚线的交点个数即为应被保留的特征量个数。图 3-9 表明，取相关系数阈值为 0.8 时，可筛选出仅包含 12 个特征量的特征集合即可代表初始的 36 个特征量，

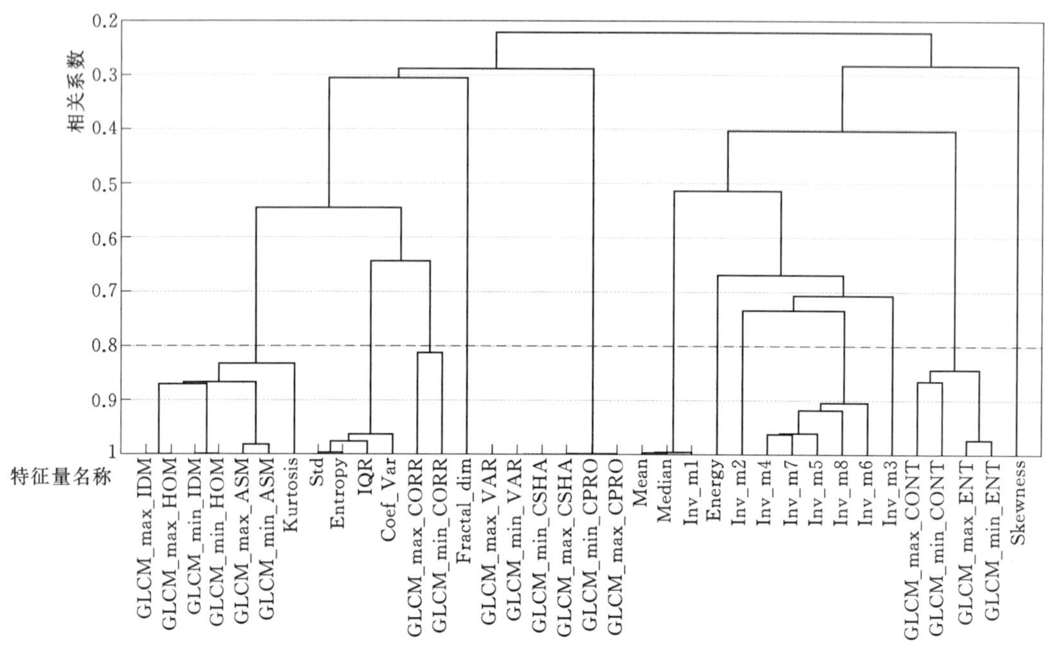

图 3-9　地貌图像 36 个特征量的特征聚类结果图

筛选后的特征集合规模因此降低为初始特征量数目的 1/3，达到了消除冗余特征量，同时降低特征量相关性的目的。

根据实验数据，本书筛选出的 12 个特征量如下（不分先后顺序）：图像灰度值的均值（Mean）、标准差（Std）、偏度（Skewness）、能量（Energy）；灰度共生矩阵特征中的角二阶矩（GLCM _ max _ ASM）、对比度（GLCM _ max _ CONT）、相关系数（GLCM _ max _ CORR）和方差（GLCM _ max _ VAR）的各向最大值；Hu 不变矩统计量中的 I_2（Inv _ m2）、I_3（Inv _ m3）和 I_4（Inv _ m4）；分形维数（Fractal _ dim）。各个聚类包含的初始特征量以及经过特征筛选保留的特征量（表 3-2）（表 3-2 中的特征量名称与表 3-1 中的表示一致，不再一一标注）。

3.4.3　地形图像特征的筛选

如本章 3.3.2 小节所述，本书主要总结了水底地形图像衍生的坡度、坡向和曲率的统计特征、坡向的灰度共生矩阵特征、地形分形维数特征 5 类特征量。本书提取上述 5 类共 11 个地形特征并进行特征筛选，形成地形图像特征表（表 3-3）。

用于地形图像特征分析的样本数据与 3.4.2 小节提取的地貌图像样本空间位置和尺度一致，分别选取 6 种底质对应的 100 幅 10m×10m 的局部水底地形数据用于上述 11 个特征量的提取与分析。其中，坡度、坡向和曲率数据采用本书 3.2.2 小节介绍的方法通过 ArcGIS 10.2 软件的栅格表面分析功能计算得到（图 3-3～图 3-5）。计算任意两个地形特征量的 Spearman 相关系数后，得到行列数为 11×11 的相关系数矩阵。根据本章 3.4.1 小节描述的算法，同样取阈值 $T_d=0.2$ 对 11 个地形特征量进行聚类，结果如图 3-10 所示。

表 3-2　　地貌图像 36 个特征量的特征筛选结果表

序号	保留的特征量	聚类的特征量	序号	保留的特征量	聚类的特征量
1	Mean	Mean Median Inv _ m1	7	Std	Std Entropy IQR Coef _ Var
2	GLCM _ max _ ASM	GLCM _ max _ IDM GLCM _ max _ HOM GLCM _ min _ IDM GLCM _ min _ HOM GLCM _ max _ ASM GLCM _ min _ ASM Kurtosis	8	GLCM _ max _ VAR	GLCM _ max _ VAR GLCM _ min _ VAR GLCM _ max _ CSHA GLCM _ min _ CSHA GLCM _ max _ CPRO GLCM _ min _ CPRO
3	GLCM _ max _ CONT	GLCM _ max _ CONT GLCM _ min _ CONT GLCM _ max _ ENT GLCM _ min _ ENT	9	GLCM _ max _ CORR	GLCM _ max _ CORR GLCM _ min _ CORR
4	Inv _ m2	Inv _ m2	10	Skewness	Skewness
5	Inv _ m3	Inv _ m3	11	Energy	Energy
6	Inv _ m4	Inv _ m4 Inv _ m7 Inv _ m5 Inv _ m8 Inv _ m6	12	Fractal _ dim	Fractal _ dim

表 3-3　　本书提取的地形图像特征表

类　别	序号	特 征 量 名 称	表示符号
坡度统计特征	1	坡度均值（Mean）	Mean _ Slope
	2	坡度标准差（Standard Deviation）	Std _ Slope
坡向统计特征	3	坡向标准差（Standard Deviation）	Std _ Aspect
	4	坡向统计直方图的偏度（Skewness）	Skewness _ Aspect
坡向的灰度共生矩阵特征	5	角二阶矩（Angular Second Moment）各向最大值	GLCM _ max _ ASM
	6	对比度（Contrast）各向最大值	GLCM _ max _ CONT
	7	相关系数（Correlation）各向最大值	GLCM _ max _ CORR
	8	方差（Variance）各向最大值	GLCM _ max _ VAR
曲率统计特征	9	曲率均值（Mean）	Mean _ Curvature
	10	曲率标准差（Standard Deviation）	Std _ Curvature
地形分形维数	11	地形的分形维数 D	Fractal _ dim _ DSM

以上结果表明，表 3-3 给出的 11 个特征量中，除坡度均值（Mean _ Slope）与地形 DSM 分形维数特征（Fractal _ dim _ DSM）具有较高的相关性（相关系数为 0.91），其他特征量两两之间的相关系数均不高于 0.8。考虑到计算的便利性，保留坡度均值特征。由

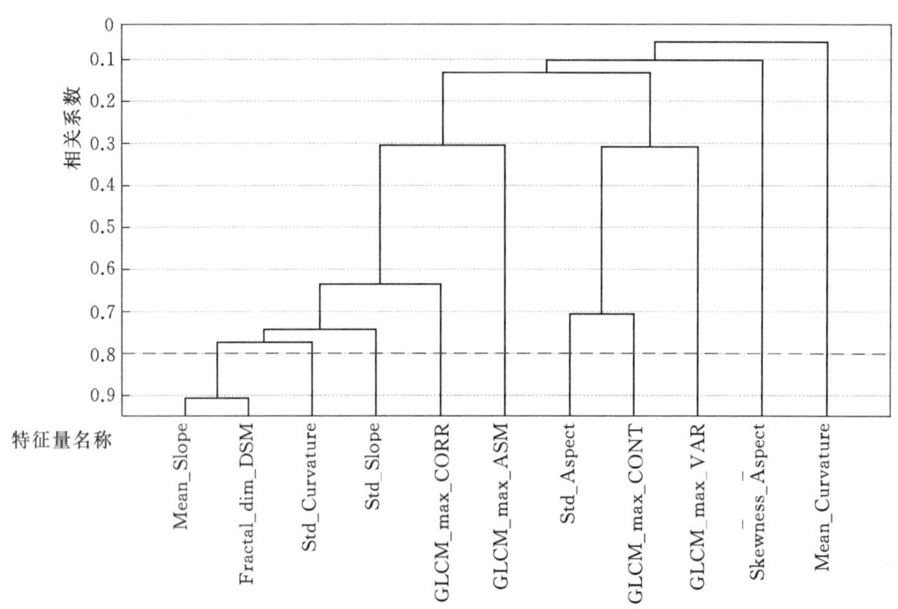

图 3-10 地形图像 11 个特征量的特征聚类结果图

此，本书经过特征筛选保留的地形特征量共 10 个，包括坡度特征的均值（Mean _ Slope)、标准差（Std _ Slope)、坡向特征的标准差（Std _ Aspect)、坡向统计直方图的偏度（Skewness _ Aspect)、坡向共生矩阵的角二阶矩（GLCM _ max _ ASM)、对比度(GLCM _ max _ CONT)、相关系数（GLCM _ max _ CORR)、方差（GLCM _ max _ VAR)的各向最大值以及地形曲率的均值（Mean _ Curvature）和标准差（Std _ Curvature)。

3.4.4 浅地层剖面图像特征的筛选

如本章 3.3.3 小节所述，本书主要提出了水底浅地层剖面图像的界面线特征、水体—底质界面层特征、表层剖面灰度统计特征和表层剖面垂向纹理特征等 4 类特征量。本研究提取上述 4 类共 12 个特征量并进行特征筛选，初始地形特征集合如表 3-4 所示。

表 3-4 中，水体—底质界面线代表水底表面，采用“ _ LS”作为符号尾部标记；水体—底质界面层是在浅层剖面图像中水体—底质界面以下存在的一层较薄的强反射层，采用“ _ L0”作为符号尾部标记；水体—底质界面层以下为水下表层底质体散射形成的表层剖面层，采用“ _ L1”作为符号尾部标记。

用于浅层剖面图像特征分析的样本数据来自 3.2 小节所述的渤海某实验区浅层剖面图像。根据预处理结果随机提取了强风化砂岩、卵石、淤泥质黏土、粉砂共 4 类底质各 30 段剖面图像，每段图像包含 50Ping 数据用于上述 12 个特征量的提取。计算任意两个特征量的 Spearman 相关系数可得到行列数为 12×12 的相关系数矩阵。再根据本章 3.4.1 小节描述的算法，同样取阈值 $T_d=0.2$ 对 12 个浅层剖面图像特征量进行聚类，结果如图 3-11 所示。

表 3-4　　本书提取的浅层剖面图像特征表

类　别	序号	特 征 量 名 称	表示符号
界面线特征	1	界面线的复杂度（Surface Complexity）	Complexity _ LS
水体—底质界面层特征	2	水体—底质界面层的灰度均值（Mean）	Mean _ L0
表层剖面灰度统计特征	3	表层剖面内的灰度均值（Mean）	Mean _ L1
表层剖面垂向纹理特征	4	角二阶矩（Angular Second Moment）	GLCM _ ASM _ L1
	5	对比度（Contrast）	GLCM _ CONT _ L1
	6	相关系数（Correlation）	GLCM _ CORR _ L1
	7	逆差矩（Inverse Difference Moment）	GLCM _ IDM _ L1
	8	同质性（Homogeneity）	GLCM _ HOM _ L1
	9	熵（Entropy）	GLCM _ ENT _ L1
	10	方差（Variance）	GLCM _ VAR _ L1
	11	簇阴影（Cluster Shade）	GLCM _ CSHA _ L1
	12	簇显著性（Cluster Prominence）	GLCM _ CPRO _ L1

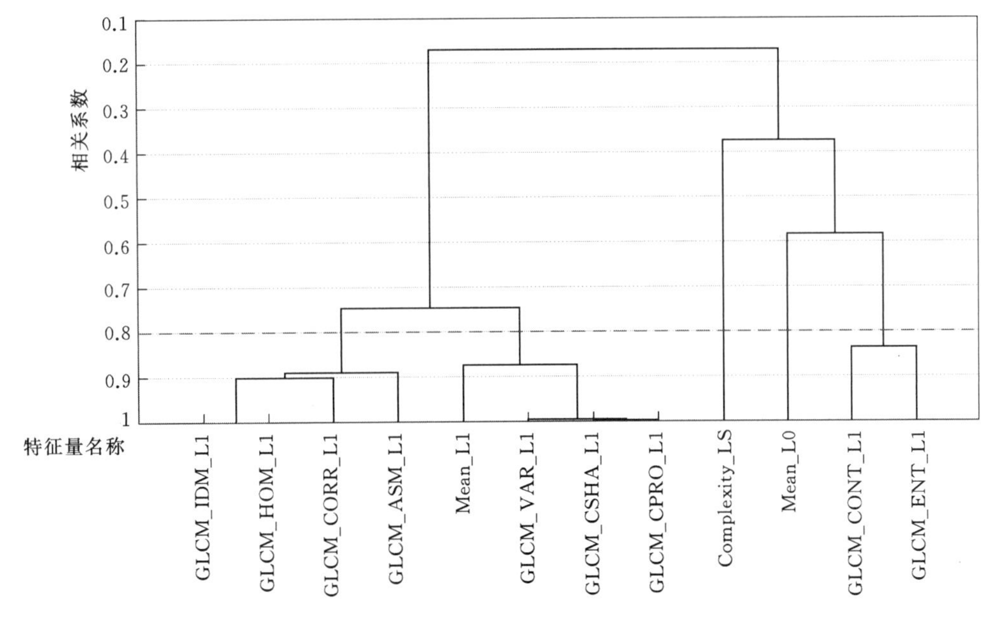

图 3-11　浅层剖面图像 12 个特征量的特征聚类结果图

以上结果表明，表 3-4 给出的 12 个特征量可合并为 5 项，其中，表层剖面（L1）的垂向 GLCM 纹理特征量之间具有较强的相关性，这与本章 3.4.2 小节的结论一致。基于计算的便利性，本书筛选出的 5 个特征量如下（不分先后顺序）：界面线的复杂度（Complexity _ LS）、水体—底质界面层的灰度均值（Mean _ L0）、表层剖面内的灰度均值（Mean _ L1），以及表层剖面垂向方向的 GLCM 同质性（GLCM _ HOM _ L1）和对比度（GLCM _ CONT _ L1）。各个聚类包含的初始特征量以及经过特征筛选保留的特征量见表 3-5（表中的特征量名称与表 3-4 中的表示符号一致）。

表 3-5 浅层剖面图像 12 个特征量的特征筛选结果

<table>
<tr><th>序号</th><th>保留的特征量</th><th>聚类的特征量</th><th>序号</th><th>保留的特征量</th><th>聚类的特征量</th></tr>
<tr><td>1</td><td>Complexity _ LS</td><td>Complexity _ LS</td><td rowspan="2">4</td><td rowspan="2">GLCM _ CONT _ L1</td><td>GLCM _ CONT _ L1</td></tr>
<tr><td rowspan="2">2</td><td rowspan="2">Mean _ L0</td><td>Mean _ L0</td><td>GLCM _ ENT _ L1</td></tr>
<tr><td>GLCM _ IDM _ L1</td><td rowspan="4">5</td><td rowspan="4">Mean _ L1</td><td>Mean _ L1</td></tr>
<tr><td rowspan="3">3</td><td rowspan="3">GLCM _ HOM _ L1</td><td>GLCM _ HOM _ L1</td><td>GLCM _ VAR _ L1</td></tr>
<tr><td>GLCM _ CORR _ L1</td><td>GLCM _ CSHA _ L1</td></tr>
<tr><td>GLCM _ ASM _ L1</td><td>GLCM _ CPRO _ L1</td></tr>
</table>

本小节主要研究了多源声学图像特征的相关性和特征筛选问题。结果表明，一些通过经验选择的图像灰度、纹理特征在定量描述水底地貌、地形或浅层剖面图像时存在高相关的特征量，这是基于声学图像特征进行底质分类研究中值得注意的问题，因为并非使用越多的特征量越有利于底质分类（这一结论将通过下一章 4.2 小节的实验结果证明）。为了降低所选特征集合的冗余度，本小节提出了一种基于相关性聚类的特征筛选方法，需要指出的是，该特征筛选方法主要消除了可相互替代的正相关特征量，降低了初始特征集合的规模，但如何进一步确定最有利于底质分类的特征子集属于特征选择问题，将在下一章结合分类算法进行研究。

3.5 本章小结

本章作为水下底质分类的基础部分，主要研究了多源声学图像中不同底质的定性特征描述方、定量特征提取和特征筛选问题，并结合研究区数据进行了分析，主要内容可归纳如下。

（1）总结并描述了不同类型的底质在多源声学图像中的特点。对于泥、砂、砾石、礁石以及其他水底地物在侧扫声呐图像、多波束回波强度图像、多波束测深图像和浅层剖面图像中的特征进行了定性描述，由此构成基于图像识别水下底质的经验基础。

（2）为了使基于多源声学图像的水下底质分类得以定量化，本章总结并提出了一些水底地貌、地形和浅层剖面图像的定量特征提取方法。对于侧扫声呐或多波束回波强度图像形成的水底地貌图像，本章总结了 4 类共 36 种特征量，介绍了灰度统计量、灰度共生矩阵统计量、不变矩统计量和分形维数等特征量的提取方法；对于由多波束测深结果形成的水底地形图像，本章总结了 5 类共 12 种特征量，介绍了水底地形图像衍生的坡度、坡向和曲率的统计特征、坡向的灰度共生矩阵特征、地形分形维数特征等特征量的提取方法；对于浅层剖面图像，本章提出了 4 类共 11 种特征量，介绍了界面线特征、水体—底质界面层特征、表层剖面灰度统计特征和表层剖面垂向纹理特征等特征量的提取方法。

（3）鉴于现有研究往往根据经验选择特征量进行底质分类，本章基于研究区数据分析发现上述的一些特征量存在较高的相关性，这将为基于特征的底质分类算法带来冗余信息。因此，本章提出了一种基于相关性聚类的特征筛选方法，该方法可减小初始特征集合的规模，降低所选特征量之间的冗余度。

第 4 章

面向对象的多源声学图像底质分类方法

面向对象的图像分析方法（Object Based Image Analysis，OBIA）是“一种致力于将影像分割为有意义的影像对象并通过光谱、形状和纹理等特征对其进行评价的方法”[165-166]。不同于传统的基于像元的图像分析，OBIA 通过图像分割将图像中的同质像元以组合成对象（Object），再根据对象提取各自属性，这些属性可以包括光谱、纹理、形状、尺寸、拓扑关系、层次关系等[167]。面向对象的图像分类（Object Oriented Image Classification）最初称为基于地块分析的分类方法（Per－field classification），是 OBIA 的重要研究方向之一[168-169]，其过程主要包括图像分割、特征提取和基于特征的分类[170]。该技术已被广泛应用于遥感图像分类，对于噪声较多、光谱数量有限，而空间细节信息丰富的高分辨率遥感影像来说，面向对象的图像分类方法往往能得到比基于像元的图像分类更好的结果[171]。

水底多源声学图像与高空间分辨率遥感影像具有很多相似处。首先，两者都是包含地理空间信息的栅格数据；其次，多源声学图像往往是通过单一或较少的声波频率探测得到的，图像提供的波段信息有限，类似于全色或波段数较少的高空间分辨率遥感影像；此外，多源声学图像能够提供一定精度的水底地物空间细节信息，所以对其中地物的分类和解译主要依赖于图像的灰度、纹理、目标形状、尺度、空间关系等信息，这与高分辨率遥感影像呈现的特点是一致的。因此，面向对象的图像分类将为基于水底多源声学图像的底质分类提供一种可行的技术框架，有利于特征提取和分类。

本章将基于面向对象的分类思想，分别研究利用水底地貌、地形和浅层剖面图像进行底质分类的方法。首先，研究基于水底地貌图像的多尺度分割方法以实现水下底质的空间划分；其次，基于上述空间划分结果分别提取水底地貌、地形图像的特征，并研究特征选择方法以确定适用于底质分类的最优特征子集；再次，分别研究基于水底地貌、地形图像特征的底质分类方法，并基于相同思想提出一种利用浅层剖面图像进行底质分类的方法；最后，对本章内容进行总结。

4.1 水底多源声学图像分割

图像分割（Image Segmentation）的目的是将具有相同或者相似特征的像元合并成一个对象，并以对象为影像处理的基本单元[168]。图像分割是 OBIA 的基础，因此受到国内外研究者的高度关注，目前已有大量图像分割方法被提出并应用，较著名的几类方法有[172]阈值法（例如大津法或称 Ostu 法[173]、基于熵的方法[174]等）、边缘检测法（例如

Sobel算子、Laplace算子法等[175-176])、区域法（例如分水岭法[177]、种子区域生长法[178]等)、聚类法（例如Mean-shift算法[179]、Turbo pixels算法[180]等)、水平集方法（例如活动轮廓模型法或称Snake模型法等[181])、基于图论的方法（例如Normalized Cuts算法[182]、Graph Cuts算法[183]、马尔科夫随机场法等[184-185])、基于分类的方法（例如QEM法[186]、FCN方法[187]等)，以及基于分形网络演化的分割方法[170]等。

侧扫声呐和多波束声呐得到的水底地貌图像中不同底质的分布区往往均质性差，边缘不清晰，这使得原本用于自然图片和遥感多光谱影像分割的很多分割算法应用效果不佳，但仍有一些方法成功运用于声学图像的局部分割。Wang X等[188]提出了一种基于自适应滑动窗口和分形维数的图像分割方法以提取侧扫声呐图像中目标的高亮区和声影区（Wang X等，2008)；胡玉薇[30]提出了一种基于改进的分形特征的侧扫声呐目标图像分割的方法（胡玉薇，2009)；罗明愿[189]研究了基于边界检测、区域分割和聚类分析方法的侧扫声呐图像分割技术，并用于侧扫声呐图像中目标的分割（罗明愿，2011)；卞红雨等[190]研究了一种基于区域增长的图像分割方法用于侧扫声呐图像感兴趣区提取（卞红雨等，2011)；王雷[24][191]等基于二维经验模态分解（BEMD）和高斯—马尔可夫纹理（GMRF）改进了模糊C均值聚类算法，提出了一种抗噪性和准确性较好的侧扫声呐图像目标分割方法（王雷等，2012；王雷，2013)；李庆武等[192]结合非下采样Contourlet变换（NSCT）的边缘检测和区域生长算法，提出了一种新的抗噪性较好的分割算法用于侧扫声呐图像中的目标提取（李庆武等，2013)；刘辰龙[193]改进了遗传算法和Otsu算法，并结合两种方法提出了一种侧扫声呐目标图像分割方法（刘辰龙，2013)。上述研究中提出的算法对侧扫声呐或多波束反向散射强度图像的局部分割具有较好的效果，但未对大范围声学图像的分割进行验证。

目前，一些国外研究将图像分割方法应用在了较大范围的地貌图像分析中。Nait-chabane等[37]提出了一种基于自组织特征映射算法（Self-organizing Feature Map，SOFM）的侧扫声呐图像非监督分割方法，并用于水下底质的分类（Nait-Chab ane等，2013)；Lucieer等[22][98]、Zhi等[68]、Diesing等[71]、Ismail等[97]的研究均使用eCognition Developer软件对侧扫声呐或多波束反向散射强度图像进行多尺度分割和底质分类，并取得了较好的效果（Luciee等，2011、2013；Zhi等，2014；Diesing等，2014；Ismail等，2015)。基于eCognition软件的多尺度分割是目前用于大范围水底声学图像分割最为广泛和成功的方法之一。得益于实验条件，本书也将基于eCognition影像分析软件（版本v8.7）的多尺度分割结果进行面向对象的多源声学图像底质分类研究。

eCognition的多尺度分割也称为多分辨率分割（Multiresolution Segmentation)，是基于分形网络演化方法（Fraetal Net Evolution Approach，FNEA)[170]开发的，该方法以图像中的像素为初始单位自下而上地合并为图像分割体（或对象)，直到各波段在给定的尺度阈值、形状和光谱异质性加权阈值下，相邻的图像对象不能再合并为新的对象为止。因此，基于FNEA的多尺度分割需要确定分割尺度（Scale)、形状（Shape）权重、光谱异质性（Compactness）权重以及波段权重（Image Layer Weights）4个基本参数。而对于仅有单一波段的声学图像则不必考虑波段权重[194]。

4.1.1 形状与光谱异质性权重的确定

在多尺度分割中，形状与光谱异质性权重的选择往往是根据经验确定的。FNEA 对图像分割体的异质性测度 $H(O_i)$ 的定义［式（4-1）］为

$$H(O_i)=w_{shape}h_{shape}(O_i)+(1-w_{shape})h_{spectral}(O_i) \tag{4-1}$$

式中 O_i——图像中任意一个对象；

w_{shape}、$(1-w_{shape})$——形状和光谱异质性权重（$0\leqslant w_{shape}\leqslant 1$）；

$h_{shape}(O_i)$、$h_{spectral}(O_i)$——对象 O_i 的形状和光谱异质性改变量。

$h_{shape}(O_i)$ 和 $h_{spectral}(O_i)$ 定义［式（4-2）和式（4-3）］为

$$h_{spectral}(O_i)=\sum_{b=1}^{N}w_b[n_{O_i}\sigma_{O_i}^{b}-(n_1\sigma_1^b+n_2\sigma_2^b)],\sum_{b=1}^{N}w_b=1 \tag{4-2}$$

$$h_{shape}(O_i)=w_{compact}h_{compact}(O_i)+(1-w_{compact})h_{smooth}(O_i) \tag{4-3}$$

式中 w_b——多光谱图像中第 b 个波段的权重；

N——影像的波段数；

n_{O_i}——对象 O_i 中像元的数量；

$\sigma_{O_i}^{b}$——第 b 个波段上所有值的标准差；

n_1、n_2——合并成对象 O_i 的两个子对象中像元的数量；

σ_1^b、σ_2^b——两个对象第 b 个波段上所有值的标准差；

$w_{compact}$、$(1-w_{compact})$——对象 O_i 的紧凑度（Compactness）和平滑度（Smoothness）的权重；

$h_{compact}(O_i)$、$h_{smooth}(O_i)$——对象 O_i 的紧凑度和平滑度改变量。

$h_{compact}(O_i)$ 和 $h_{smooth}(O_i)$ 定义［式（4-4）和式（4-5）］为

$$h_{compact}(O_i)=n_{O_i}\frac{l_{O_i}}{\sqrt{n_{O_i}}}-\left(n_1\frac{l_1}{\sqrt{n_1}}+n_2\frac{l_2}{\sqrt{n_2}}\right) \tag{4-4}$$

$$h_{smooth}(O_i)=n_{O_i}\frac{l_{O_i}}{c_{O_i}}-\left(n_1\frac{l_1}{c_1}+n_2\frac{l_2}{c_2}\right) \tag{4-5}$$

式中 n_{O_i}——对象 O_i 中像元的数量；

n_1、n_2——合并成对象 O_i 的两个子对象中像元的数量；

l_{O_i}、l_1、l_2——对象 O_i 以及合并成 O_i 的两个子对象的周长；

c_{O_i}、c_1、c_2——以上 3 个对象各自的外接矩形周长。

根据以上定义可知，形状异质性权重 w_{shape} 和光谱异质性权重 $w_{compact}$ 以及波段权重 w_b 是相互独立的参数，在应用中常需要主观确定，对于仅有单一频率的水底地貌图像，取波段权重 $w_b=1$。本书使用 eCognition Developer 8.7 软件在相同分割尺度下（$Scale=200$）对 SeaBat 7125SV2 多波束系统获取的反向散射强度图像（分辨率 0.1m）测试了不同的形状和光谱异质性权重组合的地貌图像分割效果，如图 4-1 所示。

通过对比可发现以下规律。

（1）形状异质性权重 w_{shape} 的大小将影响分割体边界的规则程度和分割体内部的灰度均质性。w_{shape} 取值越大，则边界的规则程度越好，但内部的灰度均质性越差；反之，

w_{shape}取值越小，则边界的规则程度越差，但内部的灰度均质性越好。所谓边界的规则程度越好是指分割体的形状越接近凸多边形且轮廓线越简单。

（2）光谱异质性权重$w_{compact}$的大小将影响分割体尺度的均匀性和分割体形状的规则程度。$w_{compact}$取值越大，则整个分割结果中分割体的尺度越接近相等，分割体的形状越规则；反之，$w_{compact}$取值越小，则整个分割结果中分割体的尺度差异越大，分割体的形状越不规则。所谓形状越规则是指分割体的长宽比越接近，形状越近似于正方形或圆形。

考虑到本书的具体应用，若分割体边界不规则，则GLCM纹理特征和分形维数特征的计算将受到影响，而若灰度均质性变差，则基于灰度值的统计量和不变矩统计量的分类效果将受到影响。为了在分割体边界的规则程度和分割体内部的灰度均质性方面做出平衡，本书取$w_{shape}=0.5$。又为了使分割体形状尽量规则，但对分布形状不同的地物（如块状的礁石和成片的细砂）有一定的区分性，本书取$w_{compact}=0.7$。

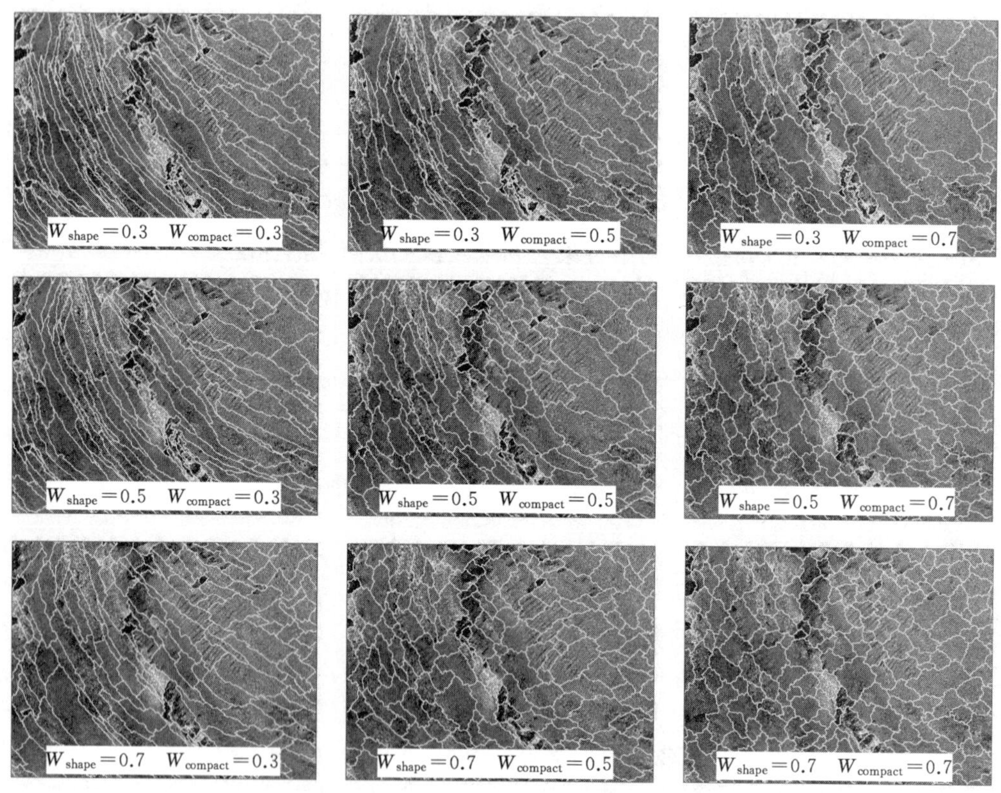

图4-1 不同形状异质性权重和光谱异质性权重组合的分割效果图

4.1.2 分割尺度参数的选择

确定形状和光谱异质性权重（w_{shape}和$w_{compact}$）之后再通过多次尝试选择分割尺度参数*Scale*是比较合理的做法，这是因为基于FNEA的多尺度分割具有较好的拓扑保持性，即在形状和光谱异质性权重参数相同时，较低*Scale*值生成的分割体几乎一定是较高

Scale 值生成的分割体的子集，而不存在边缘不匹配的情况。对于不同分辨率的图像，分割尺度取决于图像的尺寸、图像中感兴趣区所占的面积，以及感兴趣区的形状和光谱异质性。但是，FNEA 的不足之处也在于无法找到分割尺度参数 *Scale* 的自动确定方法，而且自然影像中的地物往往具有不同的尺度，因此难以确定单一的分割尺度实现划分[194]。本书在确定形状和光谱异质性权重（$w_{shape}=0.5$，$w_{compact}=0.7$）之后测试了不同尺度下的地貌图像分割结果，如图 4-2 所示。为了在分割对象的平均面积（不应太大）和对象灰度值的平均标准差（不应太小）之间做出权衡，本书通过多次测试取分割尺度 $Scale=180$。

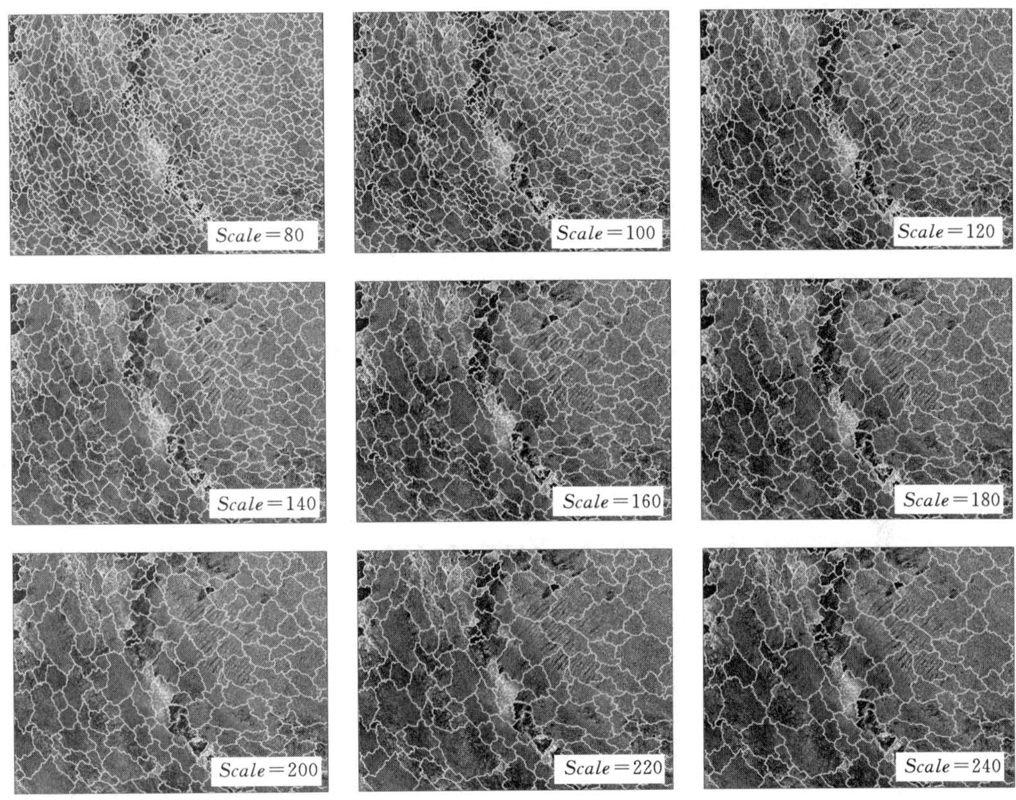

图 4-2　不同分割尺度参数的分割效果图

4.1.3　水底多源声学图像的多尺度分割

根据上述分割参数（$w_{shape}=0.5$，$w_{compact}=0.7$，$Scale=180$），本书使用 eCognition 软件对水底地貌图像进行了分割，以下研究均以该分割结果为依据进行底质分类。由于 eCognition 软件无法提取本书 3.4 小节确定的全部特征量，本书仅使用了该分割结果输出的矢量文件用于划分水底地貌、地形图的对象（以下称为分割体），特征提取过程则通过编程实现。浅层剖面图像具有空间维度的特殊性，因此不进行多尺度分割，基于浅层剖面图像的面向对象方法将在本章 4.3 小节给出。

4.2 水底多源声学图像的特征选择

特征选择是从一组特征中挑选出一些最有效的特征以降低特征空间维数的过程[195]。在基于多特征的图像分类过程中，特征选择是关键问题之一，不论是采用监督分类（Supervised Classification）还是非监督分类（Unsupervised Classification）策略，所选特征子集是否包含与类别无关或冗余的特征量将直接影响分类效果。Dash 等[196]将特征选择过程总结为特征子集生成、子集评价、停止准则判断和结果验证几个主要步骤并给出了特征选择的基本框架（Dash 等，1997），如图 4-3 所示[197]。

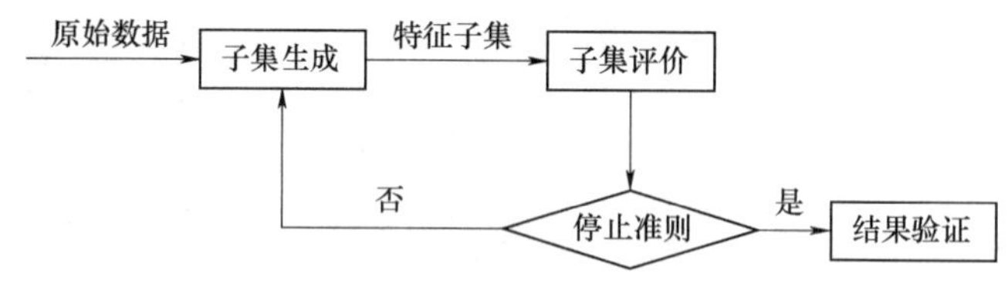

图 4-3 特征选择的基本框架图

从本质上讲，特征选择是一类 0—1 组合优化问题（0—1 Combinatorial Optimization）或称为 0—1 背包问题（0—1 Knapsack Problem）[198]，即根据每个特征是否入选特征子集只有 0（不入选）和 1（入选）两类状态。由于原始特征集通常是一个有限集合，其子集的数量也是有限的，因此总能在给定的、合理的评价准则下找到最优特征子集。根据对特征子集的评价准则不同，特征选择方法可分为过滤式（Filter）和封装式（Wrapper）两大类[199]。其中，Filter 式特征选择与后续的分类算法无关，直接利用特征量之间或特征量与类别之间的相关性度量作为评价准则，通常计算量较低。但 Kohavi 等[200]指出 Filter 方法得到的特征子集不一定可得到最优分类精度（Kohavi 等，1997）。Wrapper 式特征选择与后续的分类算法联系起来，直接使用分类性能作为评价准则，往往能够获得规模较小、分类准确率较高的特征子集，有利于关键特征的辨识[197]，但其计算量通常高于 Filter 式。

本书 3.4 小节提出了一种基于相关性指标的特征筛选方法，将原有的 36 个地貌图像特征合并为 12 个，将原有 12 个地形图像特征合并为 11 个，将原有 12 个浅层剖面图像特征合并为 5 个，实际上是一种简单的 Filter 式特征选择方法。该过程虽然缩小了特征集合规模，但是无法保证所选特征量适合用于分类，因此，本小节将在筛选后的特征集合基础上进一步进行特征选择以得到最有利于分类的特征子集。

4.2.1 基于全局搜索的特征选择方法

Wrapper 式特征选择生成特征子集的方法主要有全局搜索、随机搜索和启发式搜索 3 类。一般认为全局搜索方法能找到全局最优的特征子集，但计算量较大；随机搜索和启发式搜索方法能在一定程度上减少计算量，但无法保证在有限的计算时间内找到全局最优的特征子集。对于本书来说，经过 3.4 小节特征筛选后得到的地貌、地形和浅层剖面图像特征集合最多仅包含 12 个特征量，若使用基于全局搜索的 Wrapper 式特征选择最多需要进

行 $2^{12}=4096$ 次分类精度测试（包括特征子集为空的情况），在实验条件下其计算规模是可接受的，而且从实现的简便性和效用来说，在这种情况下 Wrapper 式全局搜索反而是时间成本最低的方式（搜索算法简单、易实现）。

因此，本书首先采用穷举搜索的方法计算多源声学图像特征的最优特征子集，并以穷举结果为标准评价其他特征选择方法的效果。基于穷举搜索的特征选择算法可描述如下。

步骤 1：根据原始特征量的个数，生成所有特征量的组合，形成全部特征组合的查找表。

步骤 2：依据上述查找表逐一确定当前特征子集，再基于给定的分类算法采用交叉验证（Cross - validation）方法计算当前特征子集的平均分类精度。

步骤 3：完成查找表遍历和分类精度计算后，从中选择满足要求的特征子集。

4.2.2 基于最大相关最小冗余算法（mRMR）的特征选择方法

最大相关最小冗余算法（Minimum Redundancy Maximum Relevance，mRMR）是一种基于信息度量的 Filter 式特征选择方法[197]，该方法是由彭汉川博士[201]基于互信息量的最大统计依赖性准则提出的，他在个人主页中公布了 mRMR 的在线计算工具和源代码❶。其论文中还指出，mRMR 作为一阶增量特征选择（First - order Incremental Feature Selection）方法，还可结合其他 Wrapper 式特征选择方法作为二级选择器得到更紧凑的特征子集[202]。

在 mRMR 算法中，最大相关是指最大化特征子集 S 中的特征量 x_i 与类别 c 的互信息（Mutual Information Values），见式（4 - 6）。

$$\max D(S,c),D=\frac{1}{|S|}\sum_{x_i\in S}I(x_i;c) \tag{4-6}$$

式中 $D(S,c)$ ——特征子集 S 中所有特征量 x_i 与类别 c 的平均互信息；

$I(x_i;c)$ ——特征量 x_i 与类别 c 的互信息。

最小冗余则是指最小化入选特征子集的特征量之间的互信息，见式（4 - 7）。

$$\min R(S),R=\frac{1}{|S|^2}\sum_{x_i,x_j\in S}I(x_i;x_j) \tag{4-7}$$

式中 $R(S)$ ——特征子集 S 中所有特征量之间的平均互信息；

$I(x_i;x_j)$ ——特征子集 S 中两个特征量 x_i 与 x_j 之间的互信息。

上式中，若将两个特征量或特征量与类别视为离散随机变量，用（X，Y）表示，则其互信息 $I(X;Y)$ 是通过变量的联合概率分布 $p(x,y)$ 和边际分布 $p(x)$、$p(y)$ 计算得到的，即［式（4 - 8）］

$$I(X;Y)=\sum_{x\in X,y\in Y}p(x,y)\log\frac{p(x,y)}{p(x)p(y)} \tag{4-8}$$

mRMR 算法通过优化以下目标函数（即 mRMR 准则）得到［式（4 - 9）］

$$\max\Phi(D,R),\Phi=D-R \tag{4-9}$$

❶ mRMR 算法的在线计算工具地址：http：//home.penglab.com/proj/mRMR/

在实际计算中，假定已得到了特征子集 S_{m-1}，其中有 m—1 个特征量，需要选择的是第 m 个特征量，则等价于逐步在剩余的特征集合 $\{X-S_{m-1}\}$ 中优化以下目标函数［式（4-10）］。

$$\max_{x_j \in X-S_{m-1}} \left[I(x_j;c) - \frac{1}{m-1} \sum_{x_i \in S_{m-1}} I(x_j;x_i) \right] \tag{4-10}$$

应当说明的是，mRMR 准则已被证明与最大依赖性准则（Max-Dependency criterion）是等价的[201]，但需要事先给定输出的特征子集规模。也就是说，基于 mRMR 准则可对特征量进行排序，依次得到最适合在下一步加入特征子集的特征量，但应当在哪一步停止是 mRMR 算法无法确定的，往往需要结合 Wrapper 式特征选择得到最优特征子集。

4.2.3 结合 mRMR 与 PSO 算法的特征选择方法

在更为一般的情况下，当初始特征集合的规模较大时，基于穷举搜索的 Wrapper 式特征选择方法需要很大的计算量，而 Filter 式特征选择又无法确保得到的特征子集最有利于分类，将 Filter 式特征选择方法与 Wrapper 式启发搜索特征子集的方法结合则是一种可行的方案。因此，本书提出一种结合 mRMR 算法与粒子群优化算法（Particle Swarm Optimization，PSO）的特征选择方法。

粒子群优化算法（PSO）通过模拟生物群体与个体运动规律，及其信息传递和共享机制达到寻找全局最优解的目标，是一种典型的启发式搜索算法[203]。PSO 算法的要素包括如下几部分。

（1）粒子的当前位置。PSO 算法中，若解空间为 D 维，向量 x_i 对应的粒子 i 代表最优化问题的一组可行解 $x_i=(x_{i1},\ x_{i2},\ \cdots,\ x_{iD})$，若粒子群规模为 n 则 $i=1,\ 2,\ \cdots,\ n$。

（2）粒子的当前速度 v_i。v_i 对应于最优化问题搜索新的可行解的方向，v_i 是维数与 x_i 相同的向量，表示粒子 i 所代表的一组可行解下一步的搜索方向。

（3）适应度函数 $F(x)$。$F(x)$ 通常对应于最优化问题的目标函数。每个粒子当前位置 x_i 对应一个适应度值 $F(x_i)$，根据 $F(x_i)$ 的大小可判断粒子是否更接近于 $F(x)$ 的最优值。

（4）每个粒子的历史最优位置 $pBest_i$。$pBest_i$ 是每个粒子曾经达到的最优适应度值所对应的位置，相当于个体的记忆信息，是一个不断更新的变量。假设 t 时刻粒子 i 的位置和适应度值分别为 $x_i(t)$ 和 $F(x_i(t))$，粒子 i 的历史最优位置记忆为 $pBest_i(t-1)$，对于最大化适应度函数（目标函数）问题，此时 $pBest_i(t)$ 的更新规则［式（4-11）］为

$$pBest_i(t)=\begin{cases} x_i(t), & if F(x_i(t))>F(pBest_i(t-1)) \\ pBest_i(t-1), & if F(x_i(t))\leqslant F(pBest_i(t-1)) \end{cases} \tag{4-11}$$

（5）群体的历史最优位置 $gBest$。$gBest$ 是整个粒子群曾经达到的最优适应度值所对应的位置，相当于群体的记忆信息，也是一个不断更新的变量。假设 t 时刻粒子 $i(i=1,\ 2,\ \cdots,\ n)$ 记录的历史最优位置为 $pBest_i(t)$，则 $gBest(t)$ 取所有 $pBest_i(t)$ 和 $gBest(t-1)$ 中适应度值最大者对应的位置。

（6）粒子下一刻的位置和速度的更新机制。该机制是粒子群算法在解空间搜索最优解的核

心规则，标准粒子群算法中粒子 i 的位置与速度更新机制［式（4-12）和式（4-13）］[204]为

$$v_i(t+1)=\omega v_i(t)+c_1 r_1(pBest_i(t)-x_i(t))+c_2 r_2(gBest(t)-x_i(t)) \tag{4-12}$$

$$x_i(t+1)=x_i(t)+v_i(t+1) \tag{4-13}$$

式中　x_i、v_i、$pBest_i$、$gBest$——D 维向量；

ω——惯性权重（Inertia Weight），表示粒子更新时继承原有搜索方向的程度；

c_1 和 c_2——学习因子（Learning Factor），表示当前粒子向个体历史最优位置和群体历史最优位置两项经验信息的学习程度；

r_1、r_2——（0，1）之间的随机数，用于模拟粒子搜索的随机性。

综上所述，PSO 算法需要设置的参数包括粒子群的规模 n（即粒子数量）、粒子群初始位置 $x_i(0)$、粒子群初始速度 $v_i(0)$、粒子的最大速度 v_{max}、适应度函数 $F(x)$、惯性权重 ω、学习因子 c_1 和 c_2，以及算法终止条件。

PSO 算法具有随机搜索特性，易导致搜索结果不稳定，但若以 mRMR 算法得到的特征子集作为 PSO 算法的部分初始粒子，则可在 mRMR 算法的基础上进一步探索全局最优，且保证了搜索结果不差于单独使用 mRMR 算法。为此，本书利用 PSO 算法的信息传递和共享机制，基于 mRMR 算法得到的特征子集构建 PSO 算法的初始参数，方法如下。

（1）粒子群的规模 n。假设初始特征集合中有 N 个特征量，若采用 mRMR 算法，可得到特征子集规模从 1 到 N 的最优特征组合（用 0－1 变量组合表示），分别计算使用这 N 种特征组合得到的分类精度，取其中分类精度较高的 $N/2$ 个特征组合加入初始粒子群。因此，粒子群的规模应满足 $n\geqslant N/2$。

（2）粒子群初始位置 $x_i(0)$。通常 PSO 算法的粒子群初始位置采用随机方式生成，本书则采用部分随机生成的方式，即 $N/2$ 个粒子的初始位置用 mRMR 算法得到的最优的前 $N/2$ 个特征子集代替，剩余的 $n-N/2$ 个粒子的初始位置采用随机生成方式。粒子群初始位置是一组 0－1 变量，即 $x_{id}(0)\in\{0,1\}(d=1,2,\cdots,D)$。

（3）粒子群初始速度 $v_i(0)$。粒子群初始速度采用随机生成方式设置。为了将 PSO 算法转换为离散二进制形式，Kennedy 等给出的改进方式是采用逻辑变换函数（例如 *sigmoid* 函数）将粒子速度转换为 0－1 变换概率，采用 *sigmoid* 函数的公式［式（4-14）］[205]为

$$s(v_{id})=\frac{1}{1+\exp(-v_{id})} \tag{4-14}$$

则以上公式描述的粒子的更新机制变为［式（4-15）］

$$x_{id}=\begin{cases}1, & if\ \mathrm{rand}()<s(v_{id})\\ 0, & otherwise\end{cases},(d=1,2,\cdots,D) \tag{4-15}$$

其中 rand（）是一个随机生成数，$\mathrm{rand}()\in[0,1]$。

（4）粒子的最大速度 v_{max}。根据式（4-15）可知粒子的速度 v_i 与粒子位置转换的概率有关，本研究取 $v_{max}=0.5$。

（5）适应度函数 $F(x)$。本书中的适应度函数与目标函数相同，即用样本数据训练分类器并用交叉验证（Cross-validation）方法计算得到的相应特征组合平均分类精度。本

书采用K-近邻分类器（K-Nearest Neighbors，K-NN）作为精度评价分类器。

（6）惯性权重ω。ω将影响粒子群的局部和全局搜索能力，根据文献[204]给出的经验，本书取ω初始值为0.9，随迭代次数增加线性降至0.4，即使得粒子搜索特性从全局搜索逐渐转变为局部搜索。

（7）学习因子c_1和c_2。学习因子将影响粒子群的收敛速度[206]，因此对其的改进是PSO算法改进的一个方向[207]，本书仅为展示启发式算法的引入对特征选择结果的影响，因此采用基本设定方式，取$c_1=c_2=2$。

（8）算法终止条件。PSO算法终止条件一般为不超过最大迭代次数$Iter_{max}$或粒子群群体的历史最优位置$gBest$变化量低于某一阈值。本书采用设定最大迭代次数的方式。需要指出的是，当粒子群的规模为n，初始特征集合中有N个特征量时，应当有$Iter_{max}<2^N/n$，因为PSO每一次迭代对适应度函数的计算次数为n，若$Iter_{max}$值太大则失去了使用PSO算法的意义（计算量不低于穷举搜索方法）。

4.2.4 多源声学图像的特征选择结果

根据上文介绍的方法，本小节分别采用全局搜索算法、mRMR算法，以及结合mRMR与PSO的方法分别对水底地貌、地形和浅层剖面图像的样本数据特征量进行特征选择。以全局搜索得到的最优特征子集作为标准结果，并以此评价其他算法的优劣。对于全局搜索结果将列出子集规模从1到N的相应最优子集，对于mRMR算法将设定输出子集规模从1到N分别计算，给出每一次计算的结果，再给出相应结果在全局搜索结果中的分类精度排名；对于结合mRMR与PSO算法的特征选择结果，本研究给出随机10次实验中每一次得到的一组最优（分类精度最高的）特征组合及其分类精度和排名。

4.2.4.1 水底地貌图像的特征选择结果

以3.4.2小节特征筛选后的特征集合作为初始集合，其中包含的地貌图像特征量名称及编号如下（表3-2）。

1. 均值（Mean），2. 标准差（Std），3. 偏度（Skewness），4. 能量（Energy）；灰度共生矩阵特征的各向最大值：5. 角二阶矩（GLCM_max_ASM），6. 对比度（GLCM_max_CONT），7. 相关系数（GLCM_max_CORR），8. 方差（GLCM_max_VAR）；Hu不变矩统计量：9. I_2（Inv_m2），10. I_3（Inv_m3），11. I_4（Inv_m4）；12. 分形维数（Fractal_dim）。

（1）基于全局搜索方法的特征选择。结果如表4-1所示。

表4-1 基于全局搜索方法的水底地貌图像特征选择结果表

子集规模	特征子集的组成	分类精度	全局排名
1	2	0.5125	3706
2	1，2	0.6500	1683
3	1，2，7	0.6958	1318
4	1，2，3，10	0.7250	549

续表

子集规模	特征子集的组成	分类精度	全局排名
5	1，2，5，7，12	0.7500	76
6	1，2，4，5，10，11	0.7625	12
7	1，2，3，4，6，10，11	0.7667	4
8	1，2，3，4，7，9，11，12	0.7792	2
9	1，2，3，4，5，6，7，11，12	0.7667	7
10	1，2，3，4，5，7，9，10，11，12	0.7833	1
11	1，2，3，4，5，6，7，8，10，11，12	0.7667	10
12	1，2，3，4，5，6，7，8，9，10，11，12	0.7625	23

（2）基于 mRMR 方法的特征选择结果。如表 4－2 所示。

表 4－2　基于 mRMR 方法的水底地貌图像特征选择结果表

子集规模	特征子集的组成	分类精度	全局排名
1	4	0.5000	3750
2	1，4	0.6375	1845
3	1，4，7	0.6708	1537
4	1，4，5，7	0.7083	1050
5	1，4，5，7，11	0.7000	1269
6	1，4，5，7，11，12	0.7208	708
7	1，2，4，5，7，11，12	0.7458	128
8	1，2，4，5，7，10，11，12	0.7667	6
9	1，2，4，5，7，8，10，11，12	0.7583	36
10	1，2，4，5，7，8，9，10，11，12	0.7458	163
11	1，2，4，5，6，7，8，9，10，11，12	0.7542	75
12	1，2，3，4，5，6，7，8，9，10，11，12	0.7625	23

（3）结合 mRMR 与 PSO 算法的特征选择。结果（运行 10 次）如表 4－3 所示。

粒子群规模设定为 12，其中 6 个粒子的初始位置由 mRMR 算法得到结果分类精度前 6 的特征组合代替，最大迭代次数 $Iter_{max}=50$，实际计算适应度函数 612 次（包括初始化时对 12 个初始粒子的适应度计算），其余参数设定见 4.2.3 小节。得到结果如下。

表 4－3　结合 mRMR 与 PSO 算法的水底地貌图像特征选择结果表

子集规模	特征子集的组成	分类精度	全局排名
10	1，2，3，4，5，7，9，10，11，12	0.7833	1
10	1，2，3，4，5，7，9，10，11，12	0.7833	1
10	1，2，3，4，5，7，9，10，11，12	0.7833	1
10	1，2，4，5，6，7，8，10，11，12	0.7708	3

续表

子集规模	特征子集的组成	分类精度	全局排名
10	1，2，3，4，5，7，9，10，11，12	0.7833	1
10	1，2，3，4，5，7，9，10，11，12	0.7833	1
10	1，2，4，5，6，7，8，10，11，12	0.7708	3
10	1，2，3，4，5，7，9，10，11，12	0.7833	1
10	1，2，4，5，6，7，8，10，11，12	0.7708	3
10	1，2，3，4，5，7，9，10，11，12	0.7833	1

上述结果表明，在初始的由 12 个特征量构成的地貌特征集合中，使用以下 10 个特征量构成的特征子集有全局最优的分类精度（78.33%）。

1. 均值（Mean），2. 标准差（Std），3. 偏度（Skewness），4. 能量（Energy）；灰度共生矩阵特征的各向最大值：5. 角二阶矩（GLCM _ max _ ASM），7. 相关系数（GLCM _ max _ CORR）；Hu 不变矩统计量：9. I_2（Inv _ m2），10. I_3（Inv _ m3），11. I_4（Inv _ m4）；12. 分形维数（Fractal _ dim）。

单独使用 mRMR 算法得到的最优特征子集对应特征编号为{1，2，4，5，7，10，11，12}，此时特征子集规模为 8 个特征量，分类精度为 76.67%，在全局搜索结果中，该精度排名第 6。

基于 mRMR 与 PSO 算法运算 10 次，其中 7 次达到全局最优，其余 3 次得到的分类精度（77.08%）也高于单独使用 mRMR 算法，相应分类精度全局排名第 3。

4.2.4.2 水底地形图像特征的选择结果

以 3.4.3 小节特征筛选后的特征集合作为初始集合，其中包含的地形图像特征量名称及编号如下。

坡度特征：1. 均值（Mean _ Slope），2. 标准差（Std _ Slope）；坡向特征：3. 标准差（Std _ Aspect），4. 偏度（Skewness _ Aspect）；坡向共生矩阵的各向最大值：5. 角二阶矩（GLCM _ max _ ASM），6. 对比度（GLCM _ max _ CONT），7. 相关系数（GLCM _ max _ CORR），8. 方差（GLCM _ max _ VAR）；地形曲率：9. 均值（Mean _ Curvature），10. 标准差（Std _ Curvature）。

（1）基于全局搜索的特征选择。结果见表 4-4。

表 4-4　　基于全局搜索方法的水底地形图像特征选择结果表

子集规模	特征子集的组成	分类精度	全局排名
1	2	0.4500	811
2	2，3	0.5083	380
3	1，3，7	0.5208	191
4	1，3，7，8	0.5417	82
5	1，3，7，8，10	0.5583	22
6	2，3，5，6，7，8	0.5625	17

续表

子集规模	特征子集的组成	分类精度	全局排名
7	2，3，5，6，7，8，10	0.5875	1
8	1，3，5，6，7，8，9，10	0.5750	3
9	1，2，3，5，6，7，8，9，10	0.5708	8
10	1，2，3，4，5，6，7，8，9，10	0.5792	2

（2）基于 mRMR 方法的特征选择。结果见表 4-5。

表 4-5　　基于 mRMR 方法的水底地形图像特征选择结果表

子集规模	特征子集的组成	分类精度	全局排名
1	2	0.4500	811
2	2，6	0.5000	522
3	2，6，7	0.4958	575
4	1，2，6，7	0.5042	469
5	1，2，5，6，7	0.5125	309
6	1，2，3，5，6，7	0.5542	36
7	1，2，3，5，6，7，9	0.5417	94
8	1，2，3，5，6，7，8，9	0.5708	5
9	1，2，3，5，6，7，8，9，10	0.5708	8
10	1，2，3，4，5，6，7，8，9，10	0.5792	2

（3）基于 mRMR 与 PSO 算法的特征选择。结果（运行 10 次）见表 4-6。

粒子群规模设定为 10，其中 5 个粒子的初始位置由 mRMR 算法得到结果分类精度前 5 的特征组合代替，最大迭代次数 $Iter_{\max}=50$，实际计算适应度函数 510 次（包括初始化时对 10 个初始粒子的适应度计算），其余参数设定见 4.2.3 小节。得到结果如下。

表 4-6　　结合 mRMR 与 PSO 算法的水底地形图像特征选择结果表

子集规模	特征子集的组成	分类精度	全局排名
10	1，2，3，4，5，6，7，8，9，10	0.5792	2
7	2，3，5，6，7，8，10	0.5875	1
10	1，2，3，4，5，6，7，8，9，10	0.5792	2
10	1，2，3，4，5，6，7，8，9，10	0.5792	2
10	1，2，3，4，5，6，7，8，9，10	0.5792	2
10	1，2，3，4，5，6，7，8，9，10	0.5792	2
10	1，2，3，4，5，6，7，8，9，10	0.5792	2
10	1，2，3，4，5，6，7，8，9，10	0.5792	2
10	1，2，3，4，5，6，7，8，9，10	0.5792	2
10	1，2，3，4，5，6，7，8，9，10	0.5792	2

上述结果表明，在初始的由 10 个特征量构成的地形特征集合中，使用以下 7 个特征量构成的特征子集有全局最优的分类精度（58.75%）。

2. 坡度标准差（Std _ Slope），3. 坡向标准差（Std _ Aspect）；坡向共生矩阵的各向最大值：5. 角二阶矩（GLCM _ max _ ASM），6. 对比度（GLCM _ max _ CONT），7. 相关系数（GLCM _ max _ CORR），8. 方差（GLCM _ max _ VAR）；10. 地形曲率标准差（Std _ Curvature）。

单独使用 mRMR 算法得到的最优特征子集对应特征编号为 {1，2，3，4，5，6，7，8，9，10}，此时特征子集规模为 10 个特征量，分类精度为 57.92%，该精度在全局搜索结果中排名第 2。

基于 mRMR 与 PSO 算法运算 10 次，其中 1 次达到全局最优，其余 9 次得到的分类精度（57.92%）等于单独使用 mRMR 算法得到的最优结果，相应分类精度全局排名第 2。

4.2.4.3 水底浅层剖面图像特征的选择结果

以 3.4.4 小节特征筛选后的特征集合作为初始集合，其中包含的浅层剖面图像特征量名称及编号如下。

1. 界面线的复杂度（Complexity _ LS）；2. 水体一底质界面层的灰度均值（Mean _ L0）；3. 表层剖面内的灰度均值（Mean _ L1）；表层剖面垂向方向的 GLCM 特征：4. 同质性（GLCM _ HOM _ L1），5. 对比度（GLCM _ CONT _ L1）。

筛选后的浅层剖面图像特征量较少，因此本书直接采用穷举搜索方法计算最优特征组合，结果见表 4－7。

表 4－7　基于全局搜索方法的水底浅层剖面图像特征选择结果表

子集规模	特征子集的组成	分类精度	全局排名
1	3	0.6583	16
2	1，3	0.7208	7
3	1，3，4	0.7542	3
4	1，3，4，5	0.7708	2
5	1，2，3，4，5	0.7833	1

由上表可知，采用浅层剖面图像的上述全部 5 个特征量所得分类精度最高。

4.2.5 结果讨论

1. 上述算法的特征选择结果比较

上述结果表明，全局搜索可保证得到全局最优的特征子集；表 4－2 和表 4－5 表明单独使用 mRMR 算法无法在本书研究的特征集合中找到全局最优特征子集；表 4－3 和表 4－6 则表明结合 mRMR 与 PSO 算法的特征选择方法有一定概率找到全局最优，即使无法找到全局最优，其特征选择结果在全局的排名也比较靠前。

2. 上述算法的计算效率比较

对于包含 12 个特征量的特征集合，全局搜索算法需要计算 $2^{12}=4096$ 次适应度值；

对于包含10个和5个特征量的特征集合，全局搜索算法分别需要计算1024次和32次适应度值；由于mRMR算法是Filter式方法，其计算速度很快，评价特征子集规模从1到12的特征组合效果也仅需计算12次适应度值；结合mRMR与PSO算法的特征选择在本书中对地貌、地形特征子集的选择过程分别需要计算612次和510次适应度值，分别为全局搜索算法计算量的14.9%和49.8%，这表明结合mRMR与PSO算法的特征选择在初始特征集合规模越大的情况下相对于全局搜索的计算效率优势越明显，而且能得到较好的特征子集。

以下进行进一步实验，讨论结合mRMR与PSO算法的结果稳定性。使用该算法以及单独使用离散二进制形式的PSO算法分别搜索水底地貌和地形图像特征的最优特征子集，并运行100次，每次运行的粒子群最大迭代次数$Iter_{max}=50$，统计找到全局最优特征子集的次数，其余参数设置同4.2.3小节的相应部分，结果如图4-4所示。

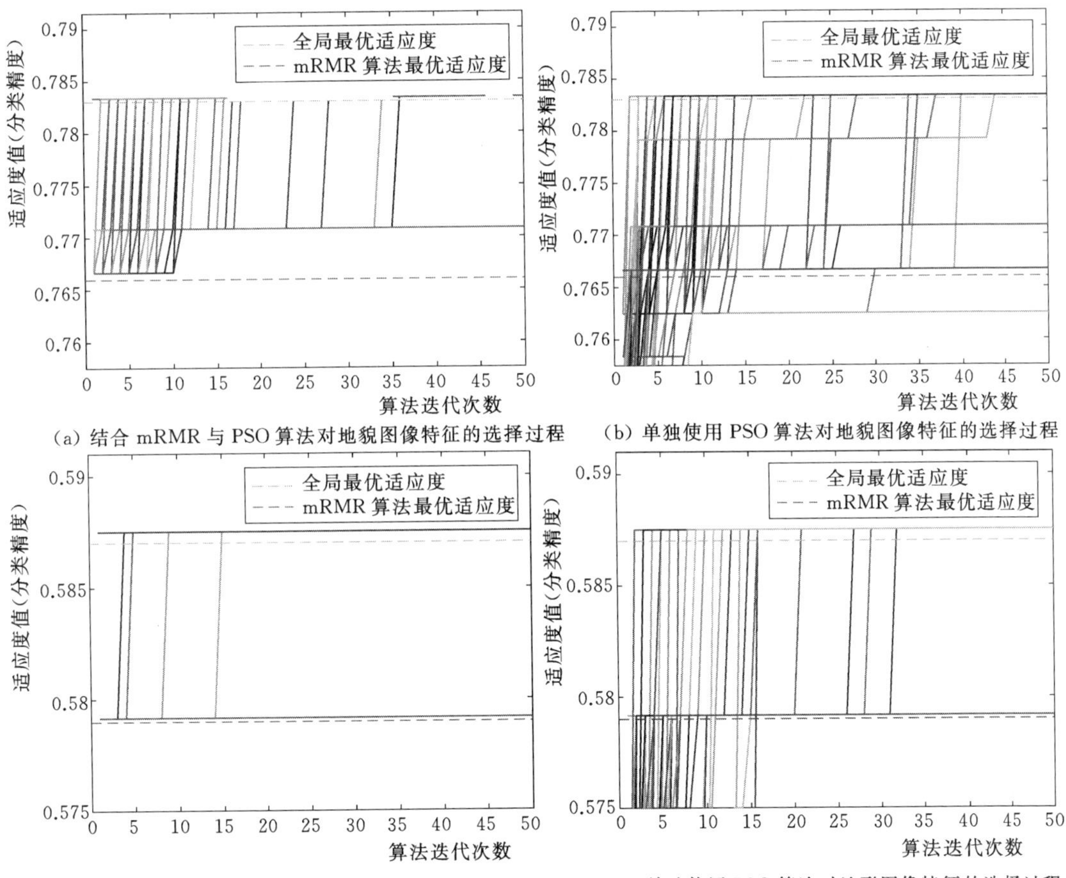

(a) 结合mRMR与PSO算法对地貌图像特征的选择过程　(b) 单独使用PSO算法对地貌图像特征的选择过程

(c) 结合mRMR与PSO算法对地形图像特征的选择过程　(d) 单独使用PSO算法对地形图像特征的选择过程

图4-4　mRMR算法与PSO算法结合前后的特征选择适应度值变化过程比较图

图4-4（a）和图4-4（b）分别表示结合mRMR与PSO算法和单独使用PSO算法对地貌图像特征的选择过程；图4-4（c）和图4-4（d）分别表示基于两种算法对地形图像特征的选择过程；图中横坐标表示50次迭代过程，纵坐标表示相应的适应度值，即

K-NN分类器的平均分类精度，每种方式测试了100次。图中的曲线为各次测试中适应度值的变化过程，因此曲线越少（一些曲线重合）则表明算法稳定性越好。

对水底地貌图像进行特征选择，结合mRMR与PSO算法找到全局最优的频率为80%，结果优于单独使用mRMR算法的频率（100%）；单独使用PSO算法找到全局最优的频率为46%，结果优于单独使用mRMR算法的频率（82%），由此可知，结合mRMR与PSO算法的特征选择方法，结果有很大概率优于单独使用mRMR算法或PSO算法，也证明了该算法的结果稳定性。但需要指出的是，在对地形图像进行特征选择时，由于mRMR算法提供的初始值适应度值已经达到全局第2，结合mRMR与PSO算法找到全局最优的概率低于单独使用PSO算法，这表明PSO算法在初始化过程中若直接输入几组较好的初始解则容易陷入局部最优。

3. 特征选择过程对提高分类精度的有效性分析

根据表4-1和表4-4的全局搜索结果可知，当未进行特征选择而使用全部特征量进行分类时，所得的分类精度并不是全局最优的。这表明用于分类的特征量并非越多越好，通过特征筛选和特征选择不仅有效降低了用于分类的特征量数目，还有可能进一步找到最有利于分类的特征量，从而有效提高分类精度。

综上所述，特征选择是提高分类精度的有效方法之一，本小节提出的结合mRMR与PSO算法的特征选择方法能找到较好的特征子集以提高分类精度，而且结果通常不差于单独使用mRMR方法，稳定性则高于单独使用PSO算法。但标准PSO算法容易陷入全局最优，未来对该特征选择方法的改进可通过调整PSO算法的参数提高其全局搜索能力，或者结合其他具有更好全局搜索性能的启发式算法来实现。

4.3 面向对象的水底多源声学图像分类

分类算法的应用是面向对象图像分类的关键。回顾第3章和本章前2节的内容可知，经过图像分割、特征提取和特征选择，面向对象的图像分类问题被转化为基于图像中分割体的特征值进行分类的问题。对于分类算法的选择目前没有统一的标准，因为通常不存在最好的算法或可以给出最好结果的分类算法，一种选择算法的简单方式就是尝试不同算法的执行效果[208]。出于实用性考虑，本书采用几种常见的分类算法分别对水底地貌、地形和浅层剖面图像进行底质分类。其中，水底地貌和地形图像的分割如本章4.1节所用的方法，由于浅层剖面图像具有不同的空间含义，本小节提出了一种基于滑动窗口的浅层剖面图像底质分类方法，常见的分类算法在该方法中仍然适用。

4.3.1 本书使用的分类算法简介

根据是否采用样本数据参与分类，现有的分类算法可分为监督分类和非监督分类。本书采用5种监督分类方法，以下对这些算法做简单介绍。

（1）K-近邻分类（K-Nearest Neighbors Classification，KNN）。KNN算法通过测量不同特征值之间的距离进行分类，简单地描述。KNN算法是从训练样本中找出K个与被分类样本距离最近的样本，判断这K个样本中多数所属的类别，将该类别判定为被分类样本的类别。KNN 算法需要设置样本距离函数和 K 的值，本书采用欧氏距离，最近邻数 $K=5$，遇到近邻样本所属类别不同而数量相等时，采用最近邻原则判断类别。

(2) 朴素贝叶斯分类（Naive Bayesian Classification，NBC）。朴素贝叶斯分类算法根据被分类样本的特征在各类别中出现的后验概率最大者判断样本所属类别。

朴素贝叶斯分类首先根据训练样本的特征量及其类别标识计算条件概率。假设类别集合为 $C=\{y_1, y_2, \cdots, y_n\}$，其中 y_i（$i=1, 2, \cdots, n$）为类别标识；被分类样本 X 的多个特征值为 $X=(x_1, x_2, \cdots, x_m)$，其中 x_j（$j=1, 2, \cdots, m$）为特征值；类别 y_i 的先验概率 $P(y_i)$ 以及各特征值 x_j 在不同类别 y_i 中的条件概率 $P(x_j \mid y_i)$ 可根据训练样本统计得到。

然后基于样本的特征量是条件独立的假设，根据贝叶斯定理估算类别 y_i 对于样本特征值 $X=(x_1, x_2, \cdots, x_m)$ 的后验概率 $P(y_i \mid X)$［式（4-16）］为

$$\hat{P}(y_i \mid X)=\frac{P(y_i)\prod_{j=1}^{m}P(x_j \mid y_i)}{\sum_{i=1}^{n}P(y_i)\prod_{j=1}^{m}P(x_j \mid y_i)} \tag{4-16}$$

最后，根据所有后验概率 $P(y_i \mid X)$（$j=1, 2, \cdots, m$）中最大值对应的类别 y_i 判定被分类样本 X 的类别。

朴素贝叶斯分类算法需要设置的参数较少，而且经过特征筛选和特征选择，可认为样本的特征量条件独立的假设成立。

(3) 决策树分类（Decision Tree Classification，DTC）。决策树分类算法通过自上而下构造多个弱分类器形成的树状结构达到根据特征进行分类的目的。决策树构建的常用算法包括 ID3、C4.5 和 CART（Classification And Regression Tree），本书采用 CART 算法。CART 算法使用基尼指数（Gini Index）$I(A)$ 评价特征量 A 是否最适合作为分支节点[209]［式（4-17）］。

$$I(A)=1-\sum_{i=1}^{n}p^2(i) \tag{4-17}$$

式（4-17）中，$p(i)$ 表示以特征 A 为节点时其包含的类别为 i 的样本比例。$I(A)$ 的值越小表明特征 A 的分类能力越强，通过迭代可初步构建决策树。但为了避免过度拟合（Overfitting）导致决策树预测精度降低，CART 算法采用代价复杂度剪枝（Cost-Complexity Pruning，CCP）方法，以剪枝后的子树与原来相比误差率的增量最小为原则对决策树进行剪枝。完成决策树的构建和剪枝后，根据被分类样本的特征值从根节点依次标记直到叶节点，即可实现分类。

(4) 支持向量机分类（Support Vector Machine，SVM）。SVM 分类算法是目前较为成功的分类算法之一，具有泛化错误率低和计算开销小的特点。为了解决低维空间线性不可分数据的分类问题，SVM 算法引入核函数（Kernel Function），将高维属性空间（也称为特征空间）中的内积运算用低维空间的核函数代替，从而避免了维数提升造成的计算困难。非线性 SVM 将求解训练样本集的最优分类超平面问题转化为求解下列最优化问题［式（4-18）］。

$$\text{Maximize}W(\alpha)=\sum_{i=1}^{l}\alpha_i-\frac{1}{2}\sum_{i,j}\alpha_i\alpha_j y_i y_j\cdot K(X_i,X_j) \tag{4-18}$$

$$\text{s.t.}\ \sum_{i=1}^{l}\alpha_i y_i=0, C\geqslant\alpha_i\geqslant 0, i=1,2,\cdots,l$$

式中　X——训练样本的特征值构成的向量；

y——类别标识，对于二类分类问题有 $y_i\in\{-1, 1\}$；

α_i——拉格朗日（Lagrange）乘子，满足 Kuhn - Tucker 条件；

l——训练样本的数量；

C——常数；

$K(X_i, X_j)$——核函数，根据不同的核函数可生成不同的支持向量机。

本书采用高斯核函数（Gaussian Kernel，也称 RBF 核），表达式见式（4 - 19）。

$$K(X_i,X_j)=\exp\left(-\frac{\|X_i-X_j\|^2}{2\sigma^2}\right) \tag{4-19}$$

式中，$\sigma>0$ 表示核函数的半径。

SVM 算法目前已有大量的应用，并已有学者提出了很多改进方法以提升其分类性能[210]、计算效率[211]以及解决多类别分类问题[212-214]。本书直接使用 Matlab R2015b（V8.6）软件中集成的 templateSVM 函数和 fitcecoc 函数进行 SVM 训练以及构建多类别分类模型。

（5）随机森林分类（Random Forest，RF）。RF 分类器是由多个决策树构成的集成学习（Ensemble Learning）分类算法，根据其中的决策树分类结果进行多数投票得到最终的分类结果。RF 分类器的基本单元是相互独立的决策树，构建方法同决策树分类。RF 分类器在训练过程中采用有放回地随机抽样的方式生成训练样本子集，再用训练样本子集对不同决策树进行训练。通过对各决策树分类结果进行集成，减少了由单个决策树分类对训练样本过度拟合（Overfitting）的可能性。RF 构建过程中，每一棵决策树的节点都是随机选择的一个特征量（而不是如 CART 方法那样根据特定规则确定最佳特征量作为节点），而且构建的决策树不需要剪枝过程，因此计算成本很小，却能达到较好的分类效果[215-216]。

4.3.2 分类结果的精度评价方法

本书基于分类结果与真实分类的混淆矩阵（Confusion Matrix）导出结果的精度评价指标，这些精度评价指标包括各类别的制图精度（Producer's Accuracy）和用户精度（User's Accuracy），全局的总体精度（Overall Accuracy）和 Kappa 系数（Kappa Coefficient）。

本书中混淆矩阵是将分类结果与真实分类图像的像素匹配后统计得到的。混淆矩阵 ω 的表示方法见式（4 - 20）。

$$\omega=\begin{pmatrix} N_{11} & N_{12} & \cdots & N_{1n} \\ N_{21} & N_{22} & \cdots & N_{2n} \\ \vdots & \vdots & & \vdots \\ N_{n1} & N_{n2} & \cdots & N_{nn} \end{pmatrix} \tag{4-20}$$

式中，n 为图像中总类别数；ω 中的元素 N_{kl} 表示分类结果中类别为 k，对应分类图像中真实类别为 l 的像素个数（k，$l \in \{1, 2, \cdots, n\}$），即行表示分类结果，列表示真实类别。

类别 k 的制图精度（Producer's Accuracy，PA）表示正确地分为类别 k 的像素数与真实类别为 k 的总像素数之比，用来衡量结果中类别 k 被漏分的程度，该值越大表明越不易被漏分，计算方法见式（4－21）。

$$PA_k = \frac{N_{kk}}{\sum_{i=1}^{n} N_{ik}} \times 100\% \tag{4-21}$$

类别 k 的用户精度（User's Accuracy，UA）表示正确地分为类别 k 的像素数与分类结果为 k 的总像素数之比，用来衡量结果中类别 k 被错分为其他类别的程度，该值越大表明越不易被错分，计算方法见式（4－22）。

$$UA_k = \frac{N_{kk}}{\sum_{j=1}^{n} N_{kj}} \times 100\% \tag{4-22}$$

总体精度（Overall Accuracy，OA）表示分类结果中被正确分类的像素数占总像素数的比率，计算方法见式（4－23）。

$$OA = \frac{\sum_{i=j} N_{ij}}{\sum_{i,j} N_{ij}} \times 100\%, i,j \in \{1,2,\cdots,n\} \tag{4-23}$$

Kappa 系数（Kappa Coefficient）可用来衡量分类结果与真实结果的一致性，其值越接近于 1 表明结果的一致性越好，计算方法见式（4－24）。

$$Kappa = \frac{OA - P_e}{1 - P_e} \tag{4-24}$$

$$P_e = \frac{\sum_{k=1}^{n} (\sum_{i=1}^{n} N_{ik} \cdot \sum_{j=1}^{n} N_{kj})}{(\sum_{i,j} N_{ij})^2}, i,j \in \{1,2,\cdots,n\} \tag{4-25}$$

4.3.3 面向对象的水底地貌图像分类

4.3.3.1 基于水底地貌图像的底质分类流程

根据本章 4.1 小节得到的地貌图像分割结果和本章 4.2 小节确定的地貌图像特征，再使用 4.3.1 小节介绍的分类算法，可实现对水底地貌图像的分类。以本书 3.2 小节通过人工解译确定的水下底质分布情况作为标准，可对不同分类算法的结果做精度评价。本书采用的面向对象的水底地貌图像分类流程如图 4－5 所示。

4.3.3.2 分类结果

分别采用 4.3.1 小节所述的 5 种分类算法，将研究区的底质类型分为礁石、砾石、粗砂、沙波、细砂和泥共 6 种类别。所用的训练样本与本书 3.4 小节用于地貌图像特征筛选的样本数据集相同。不同分类器的分类结果如图 4－6 所示。

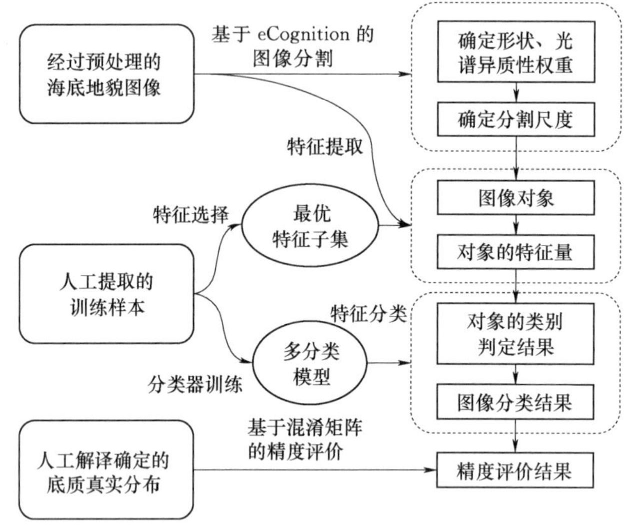

图 4-5 水底地貌图像分类流程示意图

图 4-6（a）～图 4-6（e）分别表示采用 K-近邻（K-NN）、朴素贝叶斯（N-Bayes）、决策树（Tree）、支持向量机（SVM）和随机森林（RF）5 种算法的分类结果，图 4-6（f）为人工解译确定的水下底质分布图。根据 4.3.2 小节介绍的精度评价方法，以上结果的精度如表 4-8。

表 4-8 基于水底地貌图像的底质分类结果精度评价表

评价指标	底质类别	K-近邻分类 (K-NN)	朴素贝叶斯分类 (N-Bayes)	决策树分类 (Tree)	支持向量机分类 (SVM)	随机森林分类 (RF)
制图精度/%	礁石	39.54	57.71	50.70	44.41	50.90
	砾石	61.62	42.81	43.01	58.32	42.32
	粗砂	35.48	44.67	40.40	55.38	56.60
	沙波	7.20	23.65	37.13	11.34	45.81
	细砂	62.38	61.45	64.22	58.59	59.09
	泥	60.30	80.44	75.97	80.22	66.58
用户精度/%	礁石	55.13	50.11	40.14	53.12	55.54
	砾石	57.32	69.40	60.84	60.96	68.44
	粗砂	21.66	19.61	22.36	23.48	20.68
	沙波	3.80	7.62	11.43	7.71	14.24
	细砂	77.23	76.88	76.70	82.06	79.81
	泥	87.51	70.86	86.41	87.97	70.43
总体精度/%		55.93	53.04	53.55	56.56	52.68
Kappa 系数		0.3839	0.3774	0.3742	0.4104	0.3787

4.3.3.3 结果分析

对于本书采用的分类算法，从分类的总体精度方面比较，SVM 分类具有最高的精度，为 56.56%，K-NN 分类精度次之，为 55.93%。所有分类算法的分类精度均低于 60%，

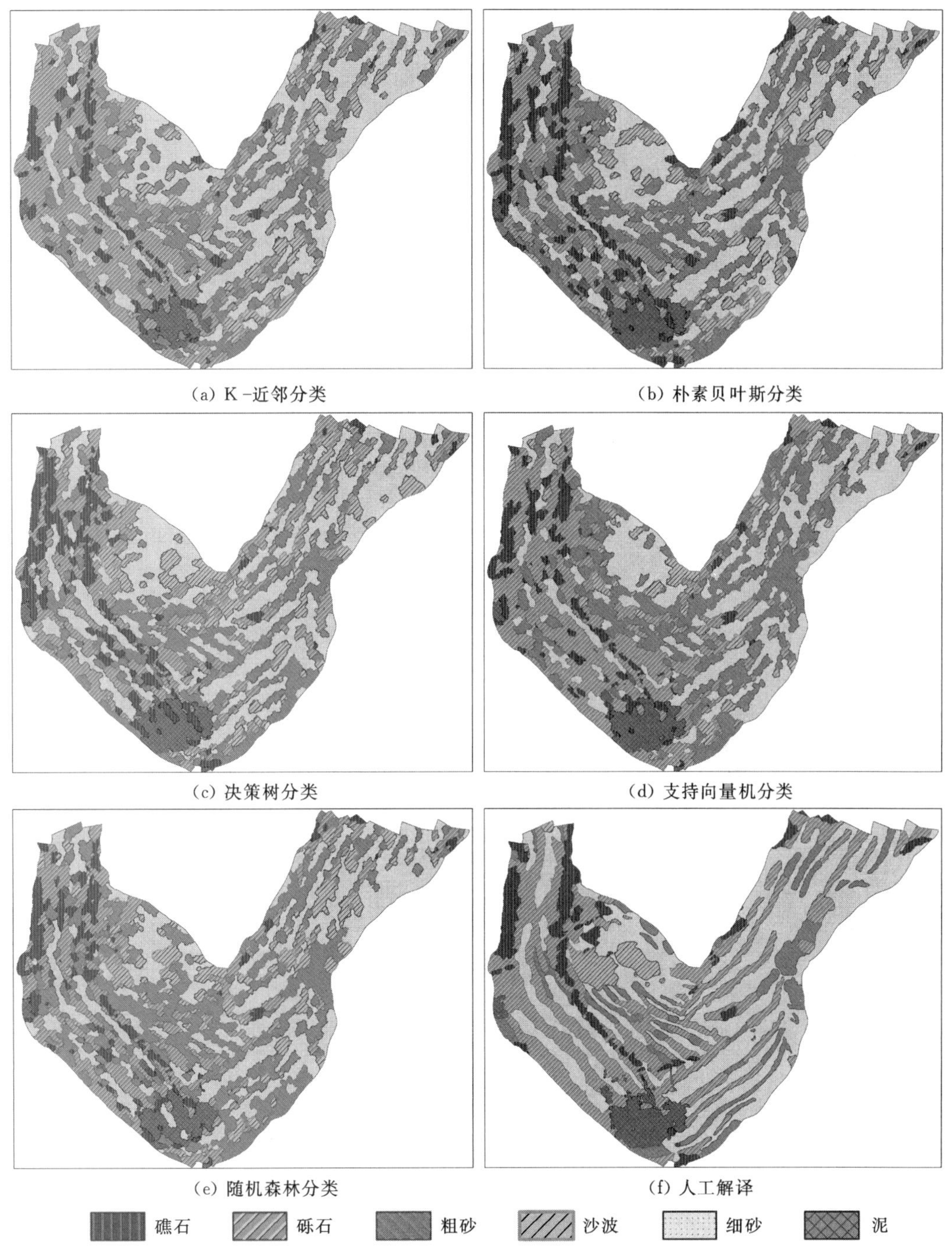

图 4-6 基于水底地貌图像的底质分类结果

总体精度为 52%～57%。这一结果表明，采用不同的分类算法对于底质分类正确率的影响是有限的，通过对不同类别的底质的制图精度和用户精度比较，将发现不同分类算法对单一类型的底质分类精度差异更为显著。为了更加直观地比较，如图 4-7 所示的柱状图展示了不同分类算法的制图精度和用户精度。

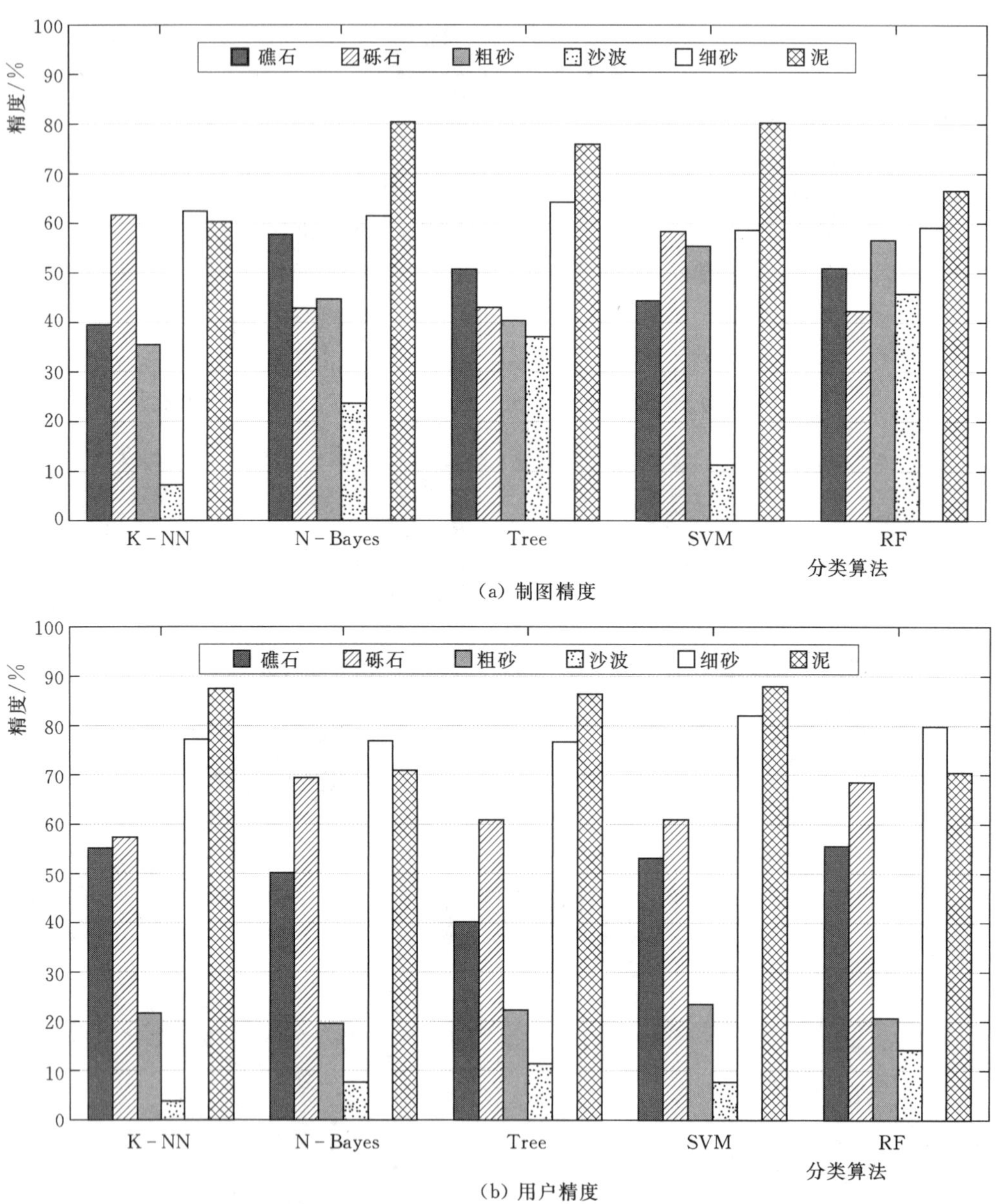

(a) 制图精度

(b) 用户精度

图4-7 基于水底地貌图像底质分类结果的制图精度和用户精度图

图4-7(a)为不同算法对不同底质的分类制图精度，图4-7(b)为相应的用户精度。由图可知，根据本书采用的水底地貌图像、训练样本、特征量和分类算法，对泥底质的分类精度最高，制图精度和用户精度分别可达80.44%和87.97%；对细砂的分类制图精度和用户精度分别可达64.22%和82.06%；对砾石的分类制图精度和用户精度分别可达61.62%和68.44%；但对礁石、粗砂和沙波的分类精度低于60%。

综合图4-7(a)和图4-7(b)可知，RF分类和N-Bayes分类对礁石底质具有较高的分类精度；SVM 分类和 K－NN 分类对砾石底质具有较高的分类精度；RF 分类对粗砂和沙波两类底质具有较低的漏分率；SVM 分类和 Tree 分类则对细砂和泥两类底质具有较高的分类精度。

上述结果还表明，目前没有某种单一的分类算法有突出的分类精度。基于水底地貌图像对礁石、粗砂和沙波的分类精度偏低，这主要与地貌图像本身提供的分类信息有限、训练样本的采集量有限或提取的特征量不适合某些特定底质识别等因素有关，想要改进这一结果，可以尝试的方法是选取或构造更有利于分辨这特定底质的纹理特征，或者采用特定算法对这些底质进行专门识别。

4.3.4 面向对象的水底地形图像分类

4.3.4.1 基于水底地形图像的底质分类流程

本书基于水底地形图像的底质分类流程与地貌图像分类流程相同，但数据源不同。其中，图像对象是依据地貌图像的分割结果划分得到的，特征选择和分类器训练则是基于本书 3.4 小节用于地形图像特征筛选的样本数据集，所用的分类算法和底质划分类别与 4.3.2 小节相同。

4.3.4.2 分类结果

与水底地貌图像分类的技术路线相同，将底质分为礁石、砾石、粗砂、沙波、细砂和泥共 6 种类别。不同分类器的分类结果如图 4－8 所示。

图 4－8（a）～图 4－8（e）分别表示采用 K－近邻（K－NN）、朴素贝叶斯（N－Bayes）、决策树（Tree）、支持向量机（SVM）和随机森林（RF）5 种算法的分类结果，图 4－8（f）为人工解译确定的水下底质分布图。根据 4.3.2 小节介绍的精度评价方法，以上结果的精度见表 4－9。

表 4－9　基于水底地形图的底质分类结果精度评价表

评价指标	底质类别	K－近邻分类（K－NN）	朴素贝叶斯分类（N－Bayes）	决策树分类（Tree）	支持向量机分类（SVM）	随机森林分类（RF）
制图精度/%	礁石	67.77	78.77	75.90	73.34	77.88
	砾石	56.51	45.14	46.99	66.60	56.51
	粗砂	4.66	7.25	16.79	0.00	11.88
	沙波	79.73	76.37	43.51	50.89	68.03
	细砂	37.53	37.71	43.93	35.16	44.75
	泥	39.60	40.07	30.01	0.00	32.49
用户精度/%	礁石	62.97	51.75	58.06	72.40	58.15
	砾石	38.60	38.22	40.11	38.00	41.70
	粗砂	16.78	11.46	14.03	0.00	20.57
	沙波	35.68	33.32	57.13	39.31	57.64
	细砂	53.57	51.18	55.15	47.73	57.63
	泥	33.05	30.34	34.03	0.00	40.07
总体精度/%		43.98	41.37	43.99	43.71	47.92
Kappa 系数		0.2049	0.1872	0.2099	0.1643	0.2551

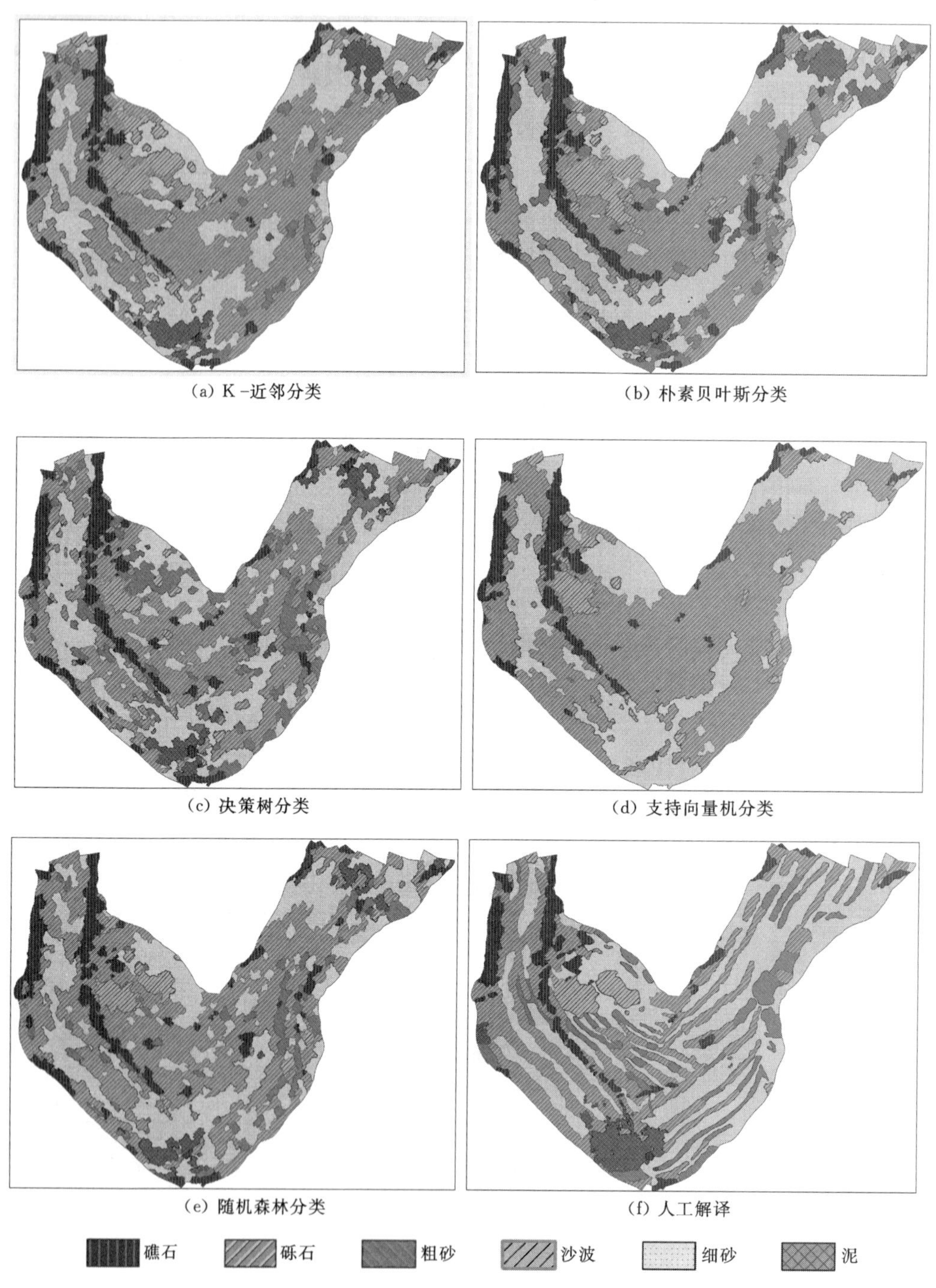

图4-8 基于水底地形图的底质分类结果图

4.3.4.3 结果分析

仅基于水底地形图像及其衍生数据进行底质分类的总体精度为41%～48%，低于采用水底地貌图像的分类精度。实际上这一结论是可以预见的，因为除了礁石和沙波等类别，其他底质类别与地形的相关性较低。根据与上一小节相同的方法制作制图精度和用户精度柱状图，如图 4－9 所示，其中图 4－9（a）为制图精度，图 4－9（b）为相应的分类用户精度。

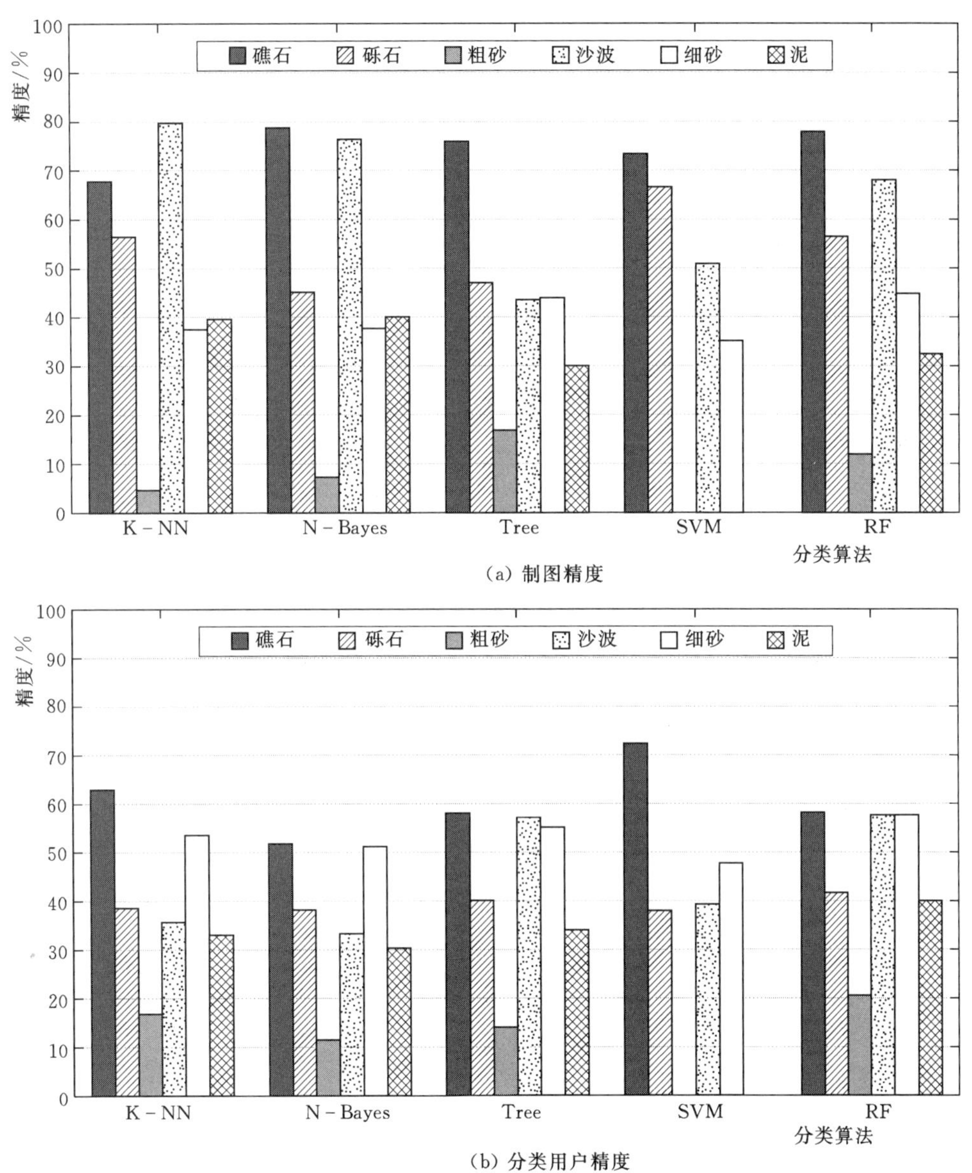

（a）制图精度

（b）分类用户精度

图 4－9　基于水底地形图底质分类结果的制图精度和分类用户精度图

通过比较可以知，根据本书采用的水底地形特征、训练样本和分类算法，对礁石的分类精度较高，制图精度和用户精度分别可达 78.77％和 72.40％；K－NN 算法对沙波的分类制图精度可达 79.73％；RF 算法可达到相对最高的总体精度 47.92％和最高的 Kappa 系数 0.2551，对沙波和细砂的分类用户精度也相对最高，分别达 57.64％和 57.63％；SVM 算法对礁石的分类效果最高，制图精度和用户精度分别可达 73.34％和 72.40％，对砾石的分类制图精度可达66.60%，但对其他类别的分类精度较差。上述结果还表明，基于地形数据对粗砂、细砂和泥底质的分类容易混淆，主要是因为这些底质的地形特征并不突出。

综合上述基于水底地貌和地形图像的底质分类结果可知，水底地貌和地形图像数据对底质分类具有较强的互补性，地貌图像信息有利于分辨泥、细砂和砾石等对反向散射强度影响较大的底质类别，地形图像则有利于分辨礁石和沙波等对地形产生影响的底质类别。遗憾的是，两类数据对粗砂的分辨能力均较差，这与粗砂的反向散射性质和地形性质容易与砾石或细砂混淆有关。

4.3.5 一种基于滑动窗口的水底浅地层剖面图像底质分类方法

4.3.5.1 浅地层剖面图像“窗口”的划分

回顾本书第2章2.4小节论述的水底浅地层剖面仪的成像原理可知，水底浅层剖面图像不同于水底地貌和地形图像所表达的空间维度。因此，基于水底地貌和地形图像的分类技术路线无法适用于浅层剖面图像分类。再回顾3.2.3小节总结的几种水底浅层剖面图像特征可以发现，这些特征的提取依赖于连续的若干Ping数据描绘的地层界面和剖面信息。基于面向对象的思想，本书以浅层剖面图像的“窗口”为单位进行特征提取和底质分类。

本书所谓的“窗口”意为浅层剖面图像中连续的若干Ping记录，Ping的数量即为窗口的宽度，窗口的高度等于浅层剖面图像的高度（图像中像素的行数）。直观地理解，浅层剖面图像的“窗口”即为图像中给定宽度的若干列像素构成的剖面图像片段。

浅层剖面图像窗口的宽度设定需要根据经验和数据的实际情况确定——既不能太窄使提取的特征量失去代表性，也不能太宽以免包含不同的底质类型。一种估计窗口的宽度大致范围的方法是根据被分类的底质在空间上连续分布的区域直径d和浅层剖面图像的水平分辨率σ_h（定义见2.4.3小节），计算两者的比值即$r_h=d/\sigma_h$，该值代表了一片连续分布的底质在浅层剖面图像中的列数，即占据的Ping数。根据经验，若$r_h/3\geqslant 20$，则窗口的宽度w_h取$[20, r_h/3]$比较合适，也就是说窗口宽度应大于20才能比较有效地提取剖面特征量，一片连续分布的底质至少应有3个以上窗口覆盖才能被比较准确地分辨出来。

4.3.5.2 基于滑动窗口的浅地层剖面图像分类方法

以浅层剖面图像的窗口为单位进行底质分类的思想类似于对水底地貌图像进行多尺度分割，前者以窗口中浅层剖面图像的特征量为依据进行分类，后者则以图像分割体的特征量为依据进行分类。但是，与多尺度分割依据形状异质性和光谱异质性确定每个图像对象的大小不同，仅根据固定的窗口无法确定由一种底质转变为另一种底质的边界位置，因此本书引入了“滑动窗口”的方法。基于滑动窗口的浅层剖面图像底质分类过程可描述如下。

步骤1：根据经验和浅地层剖面数据的分辨率信息确定滑动窗口的宽度w_h，该宽度在整个分类过程中是不变的。

步骤2：紧密相邻或有一定重叠地将浅层剖面图像划分为若干窗口，使得所有窗口完全覆盖图像。

步骤3：对每个窗口提取图像的特征量，特征量的选择方法见4.2小节。实际上，如3.3.3小节所述，作为训练样本和特征选择依据的浅层剖面局部图像也是采用窗口法确定的。因此，可以将一部分图像窗口作为训练样本进行人工判别和特征量提取，再用于分类器的训练，剩余部分作为被分类的对象，这与常用的遥感图像监督分类原理是相同的。

步骤4：根据各窗口提取的特征量，用训练好的分类器完成分类，再还原到原浅层剖面图像的相应位置则得到剖面图像的初步分类结果。

步骤5：底质变化边界的精确划分。使用滑动窗口方法确定底质类别变化的边界位置。具体做法是，按照步骤2划分的窗口顺序，将各窗口的分类结果依次排列，假设$\{c_1, c_2, \cdots, c_n\}$表示窗口1，2，…，$n$的初始分类结果（窗口的序号相邻表示位置也相邻），$n$为划分的窗口总数。若上述序列中有$c_i \neq c_{i+1}$（$i=1, 2, \cdots, n-1$），表明若分类结果无误，则在这两个窗口之间存在底质类别变化的边界，那么在这两个窗口范围内有重叠地划分k个子窗口，子窗口宽度可与原窗口相同。

步骤6：对k个子窗口再进行分类，将分类结果赋予原浅层剖面图像中相应位置的每一个Ping。也就是说步骤5中找到的编号为i至$i+1$的窗口范围内，每个Ping将得到1至k个不等的分类结果，窗口重叠越多则得到的分类结果越多。

步骤7：采用多数投票法（Major Voting）确定上述每个Ping对应的底质类别。由此可将底质类别变化边界的判定精度提高至$2w_h/k$，若该精度仍无法达到要求，则在类别不同的相邻Ping附近再次生成k个滑动子窗口，循环步骤5至步骤7，直到$2w_h/k \leqslant 1$。

步骤8：分类后处理。由于分类误差存在，根据上述方法得到的分类结果在空间上存在不连续的情况，例如第p个Ping之前的类别为A，第$p+1$至第q个Ping中的类别为B，而第$q+1$个Ping以后的类别又是A，而$q-p$的值很小，不符合底质类别变化的空间尺度规律。在这种情况下，可设定空间异质性阈值T_h，若有$q-p \leqslant T_h$则将第$p+1$至第q个Ping的分类结果合并为A则可提高分类结果的空间连续性。

本书提出的上述算法中需要确定的3个参数，分别为窗口宽度w_h、生成子窗口的数量k以及用于分类后处理的空间异质性阈值T_h。这3个参数都是根据经验确定的。

4.3.5.3 基于浅地层剖面图像的底质分类实验

以下通过实例展示上述分类方法，并验证该方法的分类精度。本书所用的数据已在3.2小节介绍。原始数据经预处理首先生成未滤波的浅层剖面图像，再采用2.4.4小节给出的多次波消除和层界面检测方法做进一步处理，再作为本章底质分类实验的输入数据。

根据钻孔资料，研究区表层底质主要包含强风化砂岩、卵石、淤泥质黏土和粉砂4类。实验取原图像中底质发生明显变化的两段作为分类实验区，两段数据的测线长度分别为2000m和2250m。

依据钻孔数据和浅层剖面图像人工划分了上述4类底质沿测线的分布情况（图4-10），再设定采样窗口宽度$w_h=50$，随机选取了30组训练样本数据，其中，类别A选取样本12处，类别B、C、D各选取样本6处，选取的样本窗口相对位置如图4-11所示。

表 4-10　　通过钻孔测量确定的表层底质类型及其深度表

钻孔号	第一层底质深度/m	底质类型	类别编号
ZK1	18.50～23.50	淤泥质黏土	类别 C
ZK2	22.10～24.80	淤泥质黏土	类别 C
ZK3	29.70～33.90	强风化砂岩	类别 A
ZK4	29.00～32.50	卵石	类别 B
ZK5	25.80～29.80	卵石	类别 B
ZK6	25.40～29.90	粉砂	类别 D
ZK7	8.60～15.40	强风化砂岩	类别 A

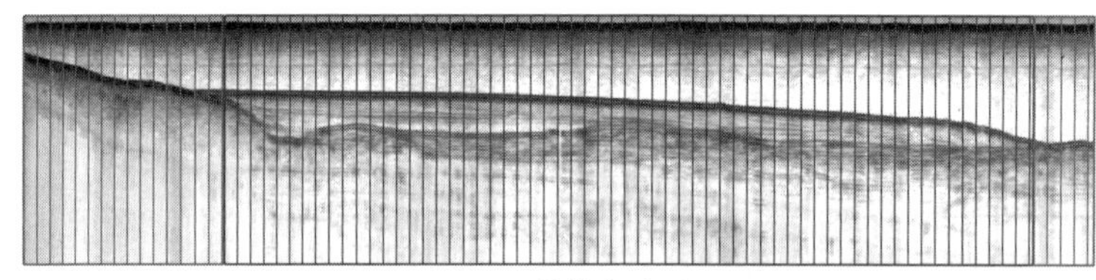

(a) 分类实验区 1

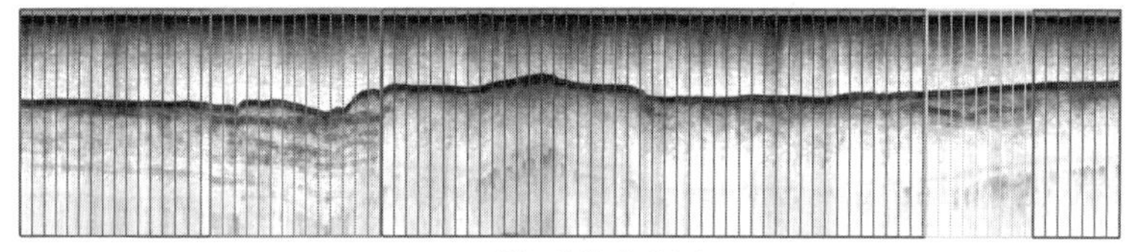

(b) 分类实验区 2

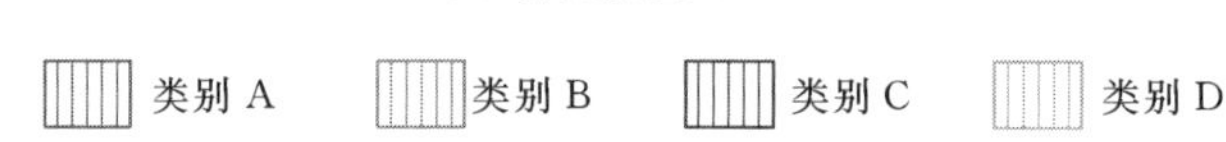

图 4-10　底质的人工划分结果

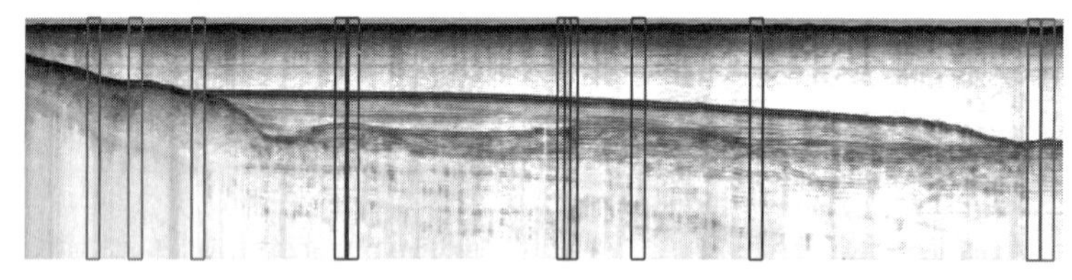

(a) 分类实验区 1

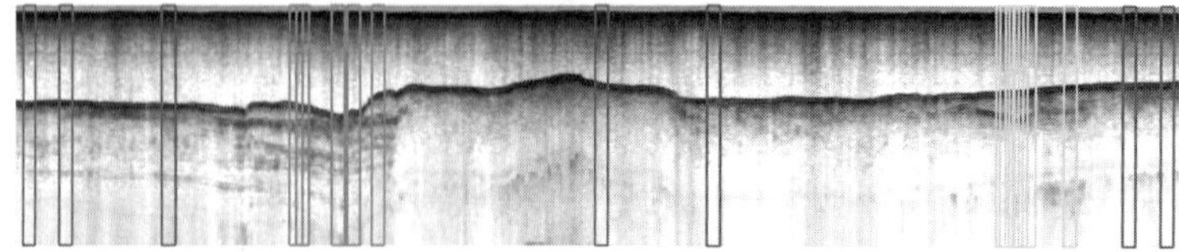

(b) 分类实验区 2

图 4-11　随机选取的训练样本相对位置示意图

采用本小节提出的滑动窗口方法对两段数据进行底质分类，3 个需要人为设定的参数如下：窗口宽度 $w_h=50$、生成子窗口的数量 $k=20$，空间异质性阈值 $T_h=1.5w_h=75$。分类过程如图 4-12 所示。

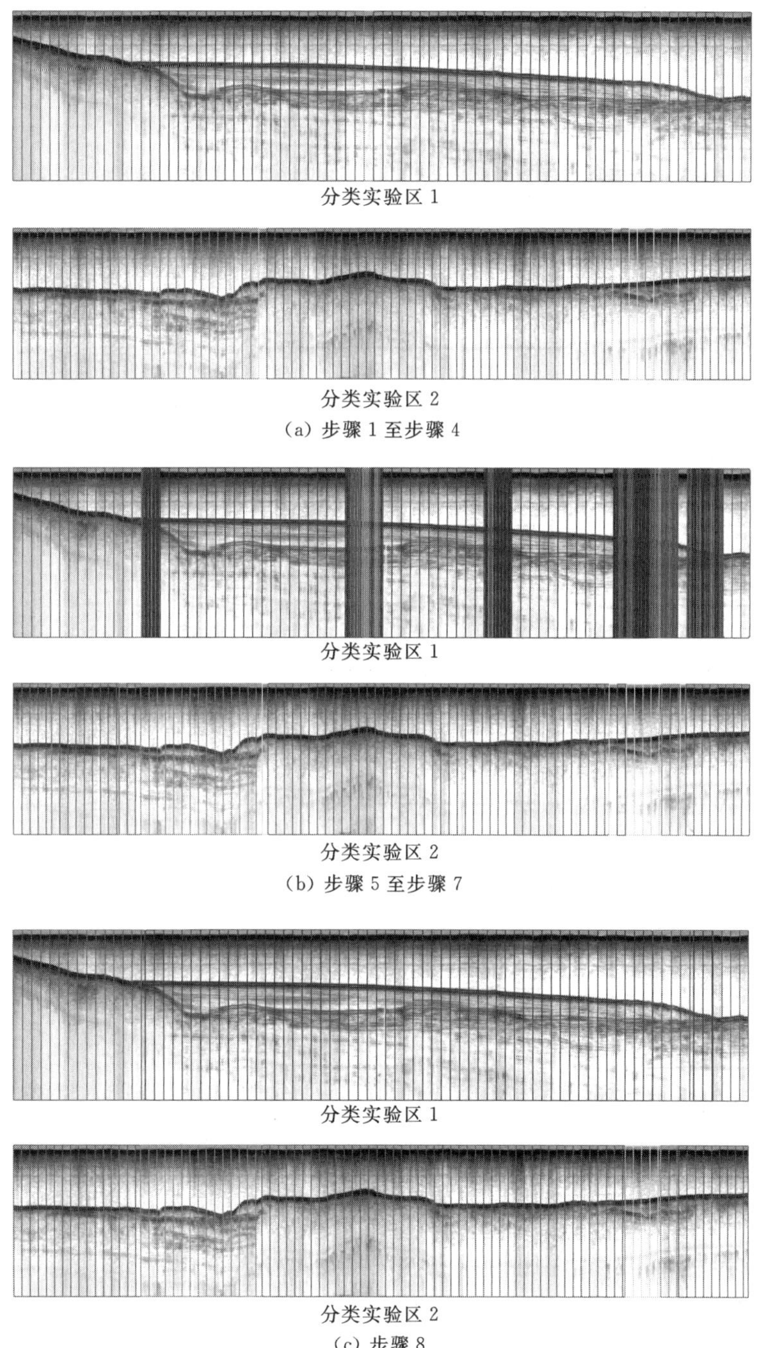
分类实验区 1

分类实验区 2

(a) 步骤 1 至步骤 4

分类实验区 1

分类实验区 2

(b) 步骤 5 至步骤 7

分类实验区 1

分类实验区 2

(c) 步骤 8

图 4-12 基于滑动窗口的水底浅层剖面图像底质分类过程

图 4-12 为本书两个分类实验区的采用 SVM 算法的底质分类过程。图 4-12 (a) 为经过步骤 1 至步骤 4 的初步分类结果，根据结果可看出初步分类既有错分的情况，又有底质变化边界不准确的情况；图 4-12 (b) 为执行步骤 5 至步骤 7 的精细分类过程，可以

看出在每个可能的底质变化边界附近都增加了很多子窗口（$k=20$）进行判别；图4-12（c）为执行步骤8分类后处理得到的最终底质分类结果。

4.3.5.4 分类结果的精度评价与讨论

4.3.1小节和4.3.2小节介绍的分类算法和分类结果精度评价方法同样适用于该实验中基于窗口图像特征量的分类和精度评价。该实验分别采用K-近邻法（K-NN）和支持向量机（SVM）两种分类算法对两组数据各进行一次分类，结果表明两种算法得到的分类结果在图像上的差异较小。两种算法在两个分类实验区的分类结果见表4-11。

表4-11 基于浅层剖面图像的底质分类结果精度评价表

评价指标	底质类别	分类实验区1		分类实验区2	
		K-近邻分类（K-NN）	支持向量机分类（SVM）	K-近邻分类（K-NN）	支持向量机分类（SVM）
制图精度/%	A	93.70	93.70	99.11	99.28
	B	—	—	100.00	99.29
	C	92.64	89.89	—	—
	D	—	—	49.89	54.94
用户精度/%	A	80.59	100.00	96.88	97.20
	B	—	—	83.41	84.51
	C	97.83	97.76	—	—
	D	—	—	100.00	100.00
总体精度/%		92.90	90.83	94.49	95.00
Kappa系数		0.8185	0.7819	0.8611	0.8742

表4-11的结果说明，对于不同实验区数据两种算法的分类总体精度均达到90%以上，这表明了4.2.4小节特征选取结果的有效性。两种算法对A（含强风化砂岩）、B（卵石）、C（淤泥质黏土）3类底质分类的制图精度、用户精度差别均在3%以内，但对数据2中的D类底质制图精度差别较大，且都产生了较大的漏分误差。实际上，D类底质（粉砂）从界面线、水体—底质界面层、表层剖面的灰度以及纹理特征判断是比较容易与B类底质混淆的。对于实验区1的数据，两种分类算法均将一部分C类底质错分为A类，这主要与选取的训练样本代表性不足有关，此外，本书选择浅层剖面图像特征时未考虑剖面层的厚度这一因素，改进该结果的方法之一是尝试提取更多的图像特征，以及选取更多有代表性的训练样本。由于本书使用的浅地层剖面数据量有限，分类结果的精度还可能与各组数据包含的类别数，以及各类别数据所占比例有关。

4.4 本章小结

本章基于面向对象思想研究了采用水底地貌、地形和浅层剖面图像进行水下底质分类的方法，主要内容如下。

（1）首先对水底地貌和地形图像进行分割，以水底地貌图像的分割结果为准。4.1小节研究了基于 eCognition 多尺度分割方法对水底地貌图像分割的参数确定问题，包括形状、光谱异质性权重和分割尺度参数的确定方法。

（2）为了找到最有利于底质分类的多源声学图像特征子集，4.2 小节比较了全局搜索算法和基于最大相关最小冗余算法（mRMR），并提出了结合 mRMR 算法与粒子群优化（PSO）算法的特征选择方法。虽然本书采用全局搜索得到的特征子集作为后续分类依据，但实验结果表明，在初始特征集合规模较大时，结合 mRMR 算法与 PSO 算法的特征选择方法既减少了全局搜索的计算量，又可获得较为稳定的特征子集搜索结果，且往往能得到较接近全局最优的特征子集。

（3）根据面向对象的分类原理，4.3 小节比较了 5 种不同分类算法分别对水底地貌、地形图像进行底质分类的结果。结果表明，仅基于水底地貌图像或地形图像的底质分类结果总体精度偏低；不同分类算法在不同底质类型的分类精度上各有优劣，但数据源仍是决定分类精度的主要因素；水底地貌和地形图像对于不同底质的分类各有优势，具有一定的互补性。

（4）4.3 小节还提出了一种基于滑动窗口的浅层剖面图像底质分类方法，该方法基于面向对象的思想，以滑动窗口为基本单元提取剖面图像特征，再使用监督分类方法判断底质类别，实验结果证实了该分类方法的有效性。

综合本章的研究内容，面向对象的多源声学图像底质分类以图像分割为基础。本书对水底地貌和地形的图像分割均基于水底地貌图像的多尺度分割结果，这考虑到了水底地貌图像对底质类别具有更好的描述能力；对于浅层剖面图像的所谓“分割”，本书利用滑动窗口划分图像对象并进行特征提取，这考虑到浅层剖面图像所描述的空间含义具有特殊性。完成图像分割和特征提取后，多源声学图像信息转化为几类数据各自的特征量，从数据结构的角度看，不但消除了多源数据自身结构的差别，还在一定程度上形成了互补。因此，面向对象的多源声学图像底质分类不仅可以分别得到底质分类结果，还构建了多源声学图像信息融合的基础。

第 5 章

面向水下底质分类的多源声学图像信息融合方法

多源信息融合理论（Multi－source Information Fusion，MSIF）是从 20 世纪 70 年代开始发展起来的，最初的理论和技术研究来自 1973 年美国开展的多声呐信号融合系统研制工作，用于自动探测敌方潜艇的位置[217]。MSIF 目前已发展为一门新兴的交叉学科，各行各业会按自己的理解给出其不同的定义[218-219]。陈科文等[220]在总结了信息融合的几种典型定义后，给出了一个较为通用的定义：信息融合是把从不同空间或时间上获得的多个来源的同质或异构信息进行不同抽象层次的合并或集成，以得到有关实体、关系或事件的更完整、更精确、更可靠的信息或推论。

多源信息融合的优势在于可提高信息的精度、完整性、一致性和可信度[221]，因此，合理地融合多源信息可达到提高信息和资源的利用率、改善系统整体性能等目标[220]。多源信息融合需要解决的问题来自数据、信息处理方法和信息融合系统的设计与实现等方面。其中，来自数据方面的挑战包括数据的不确定性（Uncertainity）、不精确性（Imprecision）、不一致性（Inconsistency）、不同标度（Different Calibration）、不同性质或形态（Different Modality）、不同粒度（Different Granularity）、关联性（Association）、相关性（Correlation）、动态性（Dynamicness）以及海量数据（Mass data）等[220]。

多源图像数据的融合同样面临着上述挑战，按照图像融合所处的阶段不同，通常在 3 个不同层次上进行，即像素级（Pixel Level）融合、特征级（Feature Level）融合和决策级（Decision Level）融合，在不同层次上采用的融合算法也不尽相同[217]。多源声学图像融合作为图像融合的一个分支也可在不同的融合层次上借鉴相关的融合算法。

本章将面向水下底质分类的具体应用，首先根据水底地貌、地形和浅层剖面图像多源、异构、多维的特点总结多源声学图像融合的技术框架；随后，介绍一种特征级融合方法融合水底地貌和地形图像特征实现底质分类；接着，提出一种基于证据理论的决策级融合方法融合水底地貌、地形和浅层剖面图像并用于底质分类。最后，将对本书使用的几种底质分类方法进行综合比较。

5.1 面向水下底质分类的多源声学图像融合综合模型

回顾本书第 2 章的论述可知，侧扫声呐、多波束声呐和浅层剖面仪获取的多源声学数据从提供的信息来看具有相关性和互补性，从原始数据结构来看具有异构性，从描述的空间维度来看具有多维性。所谓数据的“多源性”是指数据的来源、获取方式、探测主体、描述对象等方面存在差别；所谓数据的“异构性”，常见的形式包括计算异构（标准和互操作异构）、垂直拓扑异构、属性异构、参考系统异构、数据质量异构、数据模型异构、元数据和数据格式异构等[222-224]；所谓“多维性”可以理解为数据异构性在空间上的一种表现形式，例如，地貌、地形和地层主题的数据分别描述了 2 维、2.5 维和 3 维信息[15]。

多源声学图像融合需要尽量弱化数据多源、异构和多维属性，同时又在一定程度上保持信息的冗余、相关和互补性。国内外研究者在不同领域对多源、异构数据的融合方法开展了研究。首先，多源异构数据的集成是数据融合的前提条件，一些研究将数据集成（Data Integration 或 Data Conflation）纳入了数据融合（Data Fusion）的范畴。从狭义的角度讲，数据集成并不从原始数据中抽象或合成新的信息，而是将原始数据整合为更加完整、可统一操作和管理的数据集，为数据的进一步综合运用创造条件[225-231]。本书绪论部分对此类方法进行了总结[15][80][89-92]。

多源、异构数据融合的另一层含义在于通过对原始数据的综合处理在不同层次抽象或合成新的信息或推论，使这些信息或推论具有更高的精确性和可靠性[220]。国内外研究者据此提出了许多宏观模型，如 JDL 模型、修正瀑布模型（Modified Waterfall Fusion Model，MW）、情报环模型（Intelligence Cycle - based Model，IC）、Boyd 模型（Boyd Model，BD）、混合模型（Omnibus Model，OB）等[217][232]。对于多源地理空间数据，许多研究者提出了更加具体的模型和方法，例如，余先川等[233-234]讨论并介绍了多源地学信息的空间推理、空间知识表示和自动综合方法（余先川和王桂安，2000；余先川等，2002）；唐文静[235]研究了多源地理空间矢量数据的匹配，实体调整变换，分类编码融合，以及融合的不确定性分析方法（唐文静，2009）；郭黎等[236]讨论了地理矢量数据、栅格数据和 GPS 数据的融合规则、融合模型和应用技术（郭黎等，2007）；陈换新等[237]总结了当前多源空间数据的融合框架、集成方法、匹配方法和融合算法（陈换新等，2013）。

多源遥感图像融合是地理空间数据融合的重要组成部分。按照融合对象的抽象层次可分为像素级、特征级和决策级融合[238]。像素级（Pixel Level）融合也称数据级融合，它直接作用于原始图像或数据层，其优点是尽可能多地保留了对象的原始信息和细节信息，但是存在效率低、分析能力差、纠错要求高、抗干扰性差等缺点[239]；特征级（Feature Level）融合首先对原始数据进行特征提取，然后在特征层面进行综合分析和融合处理，其优点是实现了客观的信息压缩，有利于实时处理，并且直接提供与决策分析相关的特征；决策级（Decision Level）融合是基于每个图像的特征信息进行识别、分类或目标检测形成决策专题图像，再对专题图像进行综合处理，最终获得联合推断结果。决策级融合必须结合具体应用，有选择地利用各类特征信息才能实现决策级融合的目的，其主要优点在于数据量少，容错性和抗干扰能力强，数据源的依赖性和同质性要求低，面向应用的分析能力强，但是决策级融合对数据抽象程度高，因此对细节信息的保留能力差。决策级融合多采用不确定性推理技术，常用的理论或方法包括贝叶斯方法、神经网络方法、Dempster - Shafer 证据推理（DST）、Dezert - Smarandache 理论（DSmT）、模糊集合理论、可能性理论等[217][240]。本书绪论部分已对多源遥感图像的像素级、特征级和决策级融合有关研究进行了总结[21][93-96][99-103]。

再次梳理相关文献可知，多源声学图像融合的技术框架的构建需要考虑从宏观模型到微观技术的多个层面。在宏观层面，多源声学图像融合是多源、异构空间数据融合的分支，可从现有的多源信息融合功能模型中借鉴；在系统层面，目前国内的一些研究已经提出了较为完整的多源声学数据集成与融合系统框架；在融合技术层面，国内外研究多数集中于像素级融合，但在像素级融合算法方面又很少能直接应用相对成熟的遥感图像像素级融合算法，这主要与多源声学图像数据的特殊性有关。目前，对于多源声学图像的特征级和决策级融合的报导相对鲜见，但笔者为，当对多源声学图像进行特征提取或识别、分类或目标检测形成决策后，恰是目前遥感图像特征级和决策级融合方法仍能发挥作用的场合。所以，本小节将对现有融合框架进行细化，提出一种多源声学图像融合的技术框架。

5.1.1 多源信息融合混合模型（Omnibus Model，OB）

多源信息融合的功能模型是从融合过程的角度表述融合系统及其子系统、数据库的功能与作用，以及描述系统工作时各组成部分之间的相互关系。很多功能模型是从军事数据融合的角度提出的（典型的如 JDL 模型等），其中，混合模型综合了 MW 模型、IC 模型、Boyd 模型等模型的优点，因此被看做广泛应用于非军事数据融合处理和应用领域的标准融合处理模型[217]。

潘泉等[217]描述的混合模型的结构如图 5-1 所示（潘泉等，2013），并将该模型分为观测、定向、决策和执行 4 个子系统，各子系统又包含特定的功能模块，前 3 个子系统与执行子系统通过控制和资源分配模块形成反馈结构，从而使混合模型具有反馈和系统自我优化的特性。

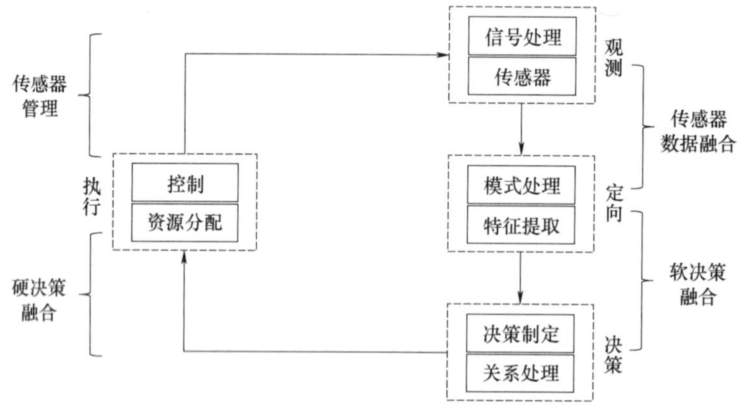

图 5-1 混合模型的结构图

5.1.2 基于 THB 和 SFBAO 的多源声学探测数据集成与融合模型

姜小俊[15]在其博士论文中提出了完整的基于主题（Theme Based，THB）的水底浅层声学探测空间数据集成模型和基于空间特征、面向应用的（Spatial Feature Based and Application Oriented，SFBAO）水底浅层声学探测空间数据融合模型（姜小俊，2009），是目前国内对多源浅层声学数据融合框架最为系统的描述之一。通过这两个模型的有效组合，可对包括多源浅层声学图像在内的多源数据进行有效的管理和信息提取，为多源数据的融合方法的实现和基于多源数据的决策构建良好基础。根据该集成与融合模型的核心内容，本书将其重新表述如图 5-2 所示。

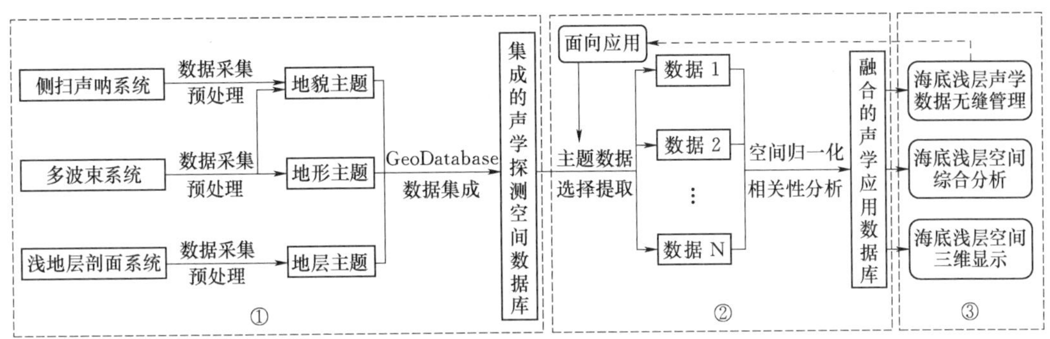

图 5-2 基于 THB 和 SFBAO 的多源声学探测数据集成与融合模型图

图 5-2 中，第一部分为 THB 数据集成模型，可与 OB 混合模型的“观测”子系统对应；第二部分为 SFBAO 数据融合模型，可与 OB 混合模型的“定向”子系统对应；第三部分为集成与融合模型的应用部分，可以部分地与 OB 混合模型的“决策”子系统对应。实际上，若参照 OB 混合模型，上述多源声学探测数据集成与融合模型还应加入第四部分，即反馈与控制模型，通过应用部分的评价与反馈，可再对第一部分至第三部分进行修正和改进。

上述模型第一部分主要完成原始数据的采集和预处理，多源声学数据分别基于各自的硬件和软件平台进行处理。本书采用与图 5-2 中相同的概念，将侧扫声呐和多波束声呐获取的水底反向散射强度数据作为地貌主题数据，将多波束声呐获取的水深数据作为地形主题数据，将浅地层剖面仪获取的浅层剖面数据作为地层主题数据。第一部分数据集成最主要的目的是实现数据结构的统一，以便在地理空间数据库中实现随时存取和互操作。

该模型第二部分主要针对具体应用在不同主题层中选择数据并进行空间归一化。例如，本书第 4 章面向的底质分类应用主要选取了水底地貌、地层和浅层剖面图像及其地理坐标等数据，而对于原始数据的测量参数、测量条件、原始信号等数据则仅起到辅助参考作用。第二部分空间归一化（包括图像配准）最主要的目的是实现数据的地理坐标统一，而后才能在相同的空间范围和尺度下进行数据综合处理与应用。

该模型第三部分为空间数据的扩展应用部分，该部分通常与第二部分密切相关。

5.1.3 面向底质分类的多源声学图像融合综合模型

底质分类是多源声学图像融合的典型应用之一，其数据处理的层次属于图 5-2 描述的数据集成与融合模型中第二部分至第三部分。由于声学图像在第一部分和第二部分分别完成了数据结构统一和地理坐标统一，在接下来的特征级与决策级融合中则可采用与遥感图像特征级与决策级融合相似的融合框架（图 5-3）。

图 5-3 是一种通用的决策级图像融合框架图[217]。其中，特征提取完成了图像信息维

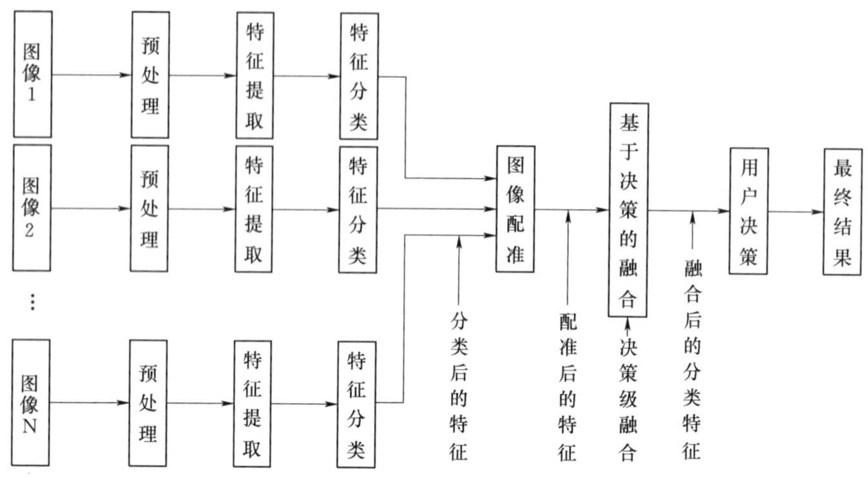

图 5-3　决策级图像融合框架图

度的统一，使得从不同数据源提取的特征信息统一于图像对象的层面（单个像素也可看做对象），基于决策的融合则完成了决策结论的统一，使得不同分类结果得到整合，形成一致的结论。

在多源声学探测数据集成与融合模型和决策级图像融合框架的基础上，本书提出一种面向分类的融合模型，如图 5-4 所示。

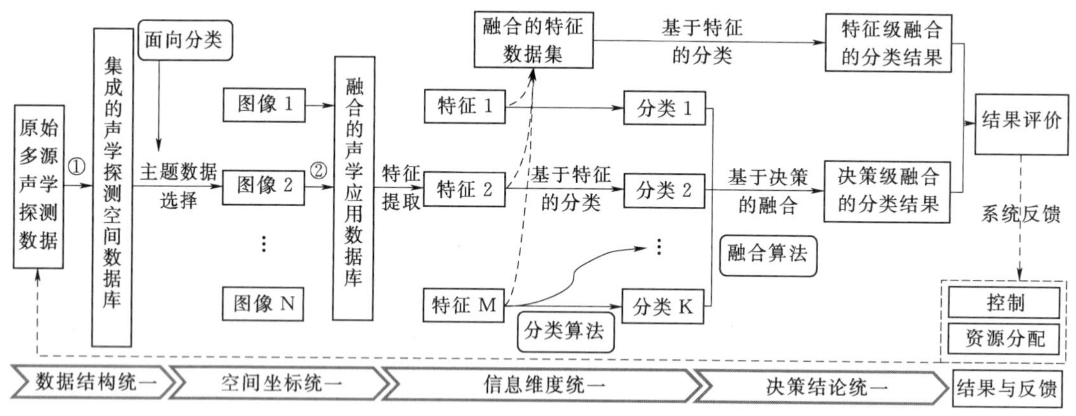

图 5-4　面向底质分类的多源声学图像特征级与决策级融合模型图

图 5-4 描述的融合模型可分为 5 个部分。

（1）从原始数据到集成的声学探测空间数据库的过程是基于 THB 数据集成模型的，该部分主要完成数据结构的统一，图 5-4 中的“①”部分对应图 5-2 中虚线框标注的“①”部分。

（2）从集成的数据库中提取声学图像，并形成声学应用数据库的过程是基于 SFBAO 融合模型的，该部分主要完成空间坐标的统一，图 5-4 中的“②”部分对应图 5-2 中虚线框标注的“②”部分，图 5-3 中的图像配准可在该过程中执行。

（3）从声学应用数据库到特征量是特征提取过程，本书第 3 章对该过程进行了论述；

从特征量到不同分类结果是基于特征的分类过程，由于一组特征可通过多个分类算法得到多个分类结果，因此该过程的输入和输出可以是一对多的关系，本书第 4 章对该过程进行了论述。

(4) 特征级融合首先将多组特征合并形成融合的特征数据集，然后在该数据集层面上进行分类得到分类结果。由于信息维度得到了统一，在该过程中的分类算法与第三部分可以通用；决策级融合首先将多个分类结果合并形成决策集，再采用特定的决策级融合算法得到统一的分类结论，该过程主要完成决策结论的统一。

(5) 结果的精度评价与反馈对于 OB 混合模型来说是重要的组成部分；结果评价相当于 OB 混合模型（图 5-1）中的关系处理模块，依据该模块形成的反馈信息可调整或控制前述过程中的数据流。

5.1.1～5.1.3 小节描述的模型从宏观到微观层次共同构成了一种多源声学图像融合的技术框架。在实际应用中，构建声学探测空间数据库往往是困难的，一些非业务化应用不会专门构建复杂的数据库以管理多源声学图像，王达等[103]在其论文中描述了一种简化的多分辨率图像融合框架可为简化此问题提供参考（王达等，2015）。为了完成数据结构的统一，一种最直接的方法即是将原始数据转化为声学图像——这虽然损失了原始信号包含的部分信息，但声学图像为后续的分类和人工解译提供了便利。为了完成空间坐标的统一，核心在于实现图像的配准，对于浅层剖面图像这类具有 3 维属性的数据，应对其测线的矢量文件进行配准以确定其每一列像素对应的空间坐标。本书的整个实验过程即是基于这种简化的数据处理过程做进一步的分类与融合方法研究。

5.2 基于水底地貌、地形图像的特征级融合与底质分类方法

特征级图像融合的对象可以是相同图像的不同特征量，也可以是不同图像各自的特征量。实际上，本书 4.3.3 小节在讨论基于地貌图像的分类方法时使用了地形图像衍生的坡度、坡向和曲率等特征图像，再基于这些图像提取特征量进行分类，已体现了特征融合的前一种方式。在特征融合层面，不论是相同数据源还是不同数据源，只要能在特征值组成的属性列表中形成匹配即可进行融合，甚至对是否精确配准没有绝对要求，这是特征级融合与像素级融合的重要区别之一。

特征级融合的常用算法有联合统计、马尔可夫估计、广义卡尔曼（Kalman）滤波、神经网络等。特征级融合往往不是目的，大多数研究进行特征级融合后还将基于融合的特征量做分类、目标识别、变化检测、图像增强等具体应用的处理。如图 5-4 中，在得到融合的特征数据集后进行基于特征的分类也是基于这种思路。基于特征级融合的声学图像分类是近年来国外研究较多的方法，本书绪论部分已对有关研究进行了总结[22][37][68][71][94][97-98]。从上述参考文献中可知，基于特征级融合的底质分类方法不仅可融合相同数据源的多特征，还可融合不同数据源的特征并进行分类[241]。特征融合的过程也相对简单，即直接将相同区域的多组特征量合并成新的特征集合，然后使用分类算法实现分类。

5.2.1 基于特征级融合的底质分类方法

本小节采用与上述文献中 Diesing 等[71]、Ismail 等[97]、Lucieer 等[22][98]研究相同的特征级融合方法，使用第 4 章中图像分割得到的图像对象，以及特征选择确定的地貌特征和地形特征进行特征级融合实验，并测试该方法的底质分类精度。具体数据处理流程如图 5-5 所示。

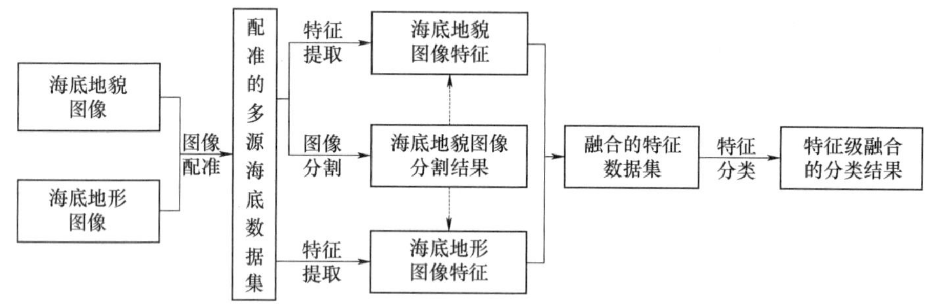

图 5-5 基于水底地貌、地形图像的特征级融合与水下底质分类流程图

图 5-5 中，图像配准在数据预处理过程中完成，特征提取和图像分割方法见本书第 4 章，提取的特征量包括 4.2 小节确定的 10 个地貌特征和 7 个地形特征（表 5-1），并根据地貌图像分割结果提取各图像对象的上述 17 个特征量融合成新的特征集合。该实验中的特征分类方法与 4.3.3 小节和 4.3.4 小节所用的 5 种分类算法方法相同，分别为 K-近邻分类（K-NN)、朴素贝叶斯分类（N-Bayes)、决策树分类（Tree)、支持向量机分类（SVM)、随机森林分类（RF)（表 5-1）。

表 5-1　　融合的水底地貌、地形特征集合包含的特征量表

数据类型	特征集合中包含的 17 个特征量
地貌特征	1. 均值（Mean），2. 标准差（Std），3. 偏度（Skewness），4. 能量（Energy）；灰度共生矩阵特征的各向最大值：5. 角二阶矩（GLCM _ max _ ASM），6. 相关系数（GLCM _ max _ CORR）；Hu 不变矩统计量：7. I_2（Inv _ m2），8. I_3（Inv _ m3），9. I_4（Inv _ m4）；10. 分形维数（Fractal _ dim）
地形特征	1. 坡度标准差（Std _ Slope），2. 坡向标准差（Std _ Aspect）；坡向共生矩阵的各向最大值：3. 角二阶矩（GLCM _ max _ ASM），4. 对比度（GLCM _ max _ CONT），5. 相关系数（GLCM _ max _ CORR），6. 方差（GLCM _ max _ VAR）；7. 地形曲率标准差（Std _ Curvature）

5.2.2 融合多源声学图像特征信息的底质分类过程

根据上述 17 个特征量构成的特征数据集，将研究区的底质类型分为礁石、砾石、粗砂、沙波、细砂和泥共 6 种类别，不同分类器的分类结果如图 5-6 所示。

图 5-6（a)～图 5-6（e）分别表示采用 K-近邻（K-NN)、朴素贝叶斯（N-Bayes)、决策树（Tree)、支持向量机（SVM）和随机森林（RF）5 种算法的分类结果，图 5-6（f）为人工解译确定的水下底质分布图。根据 4.3.2 小节介绍的精度评价方法，以上结果的精度见表 5-2。

在上述分类结果中，K-NN 算法对礁石的分类制图精度最高达 77.75%；N-Bayes

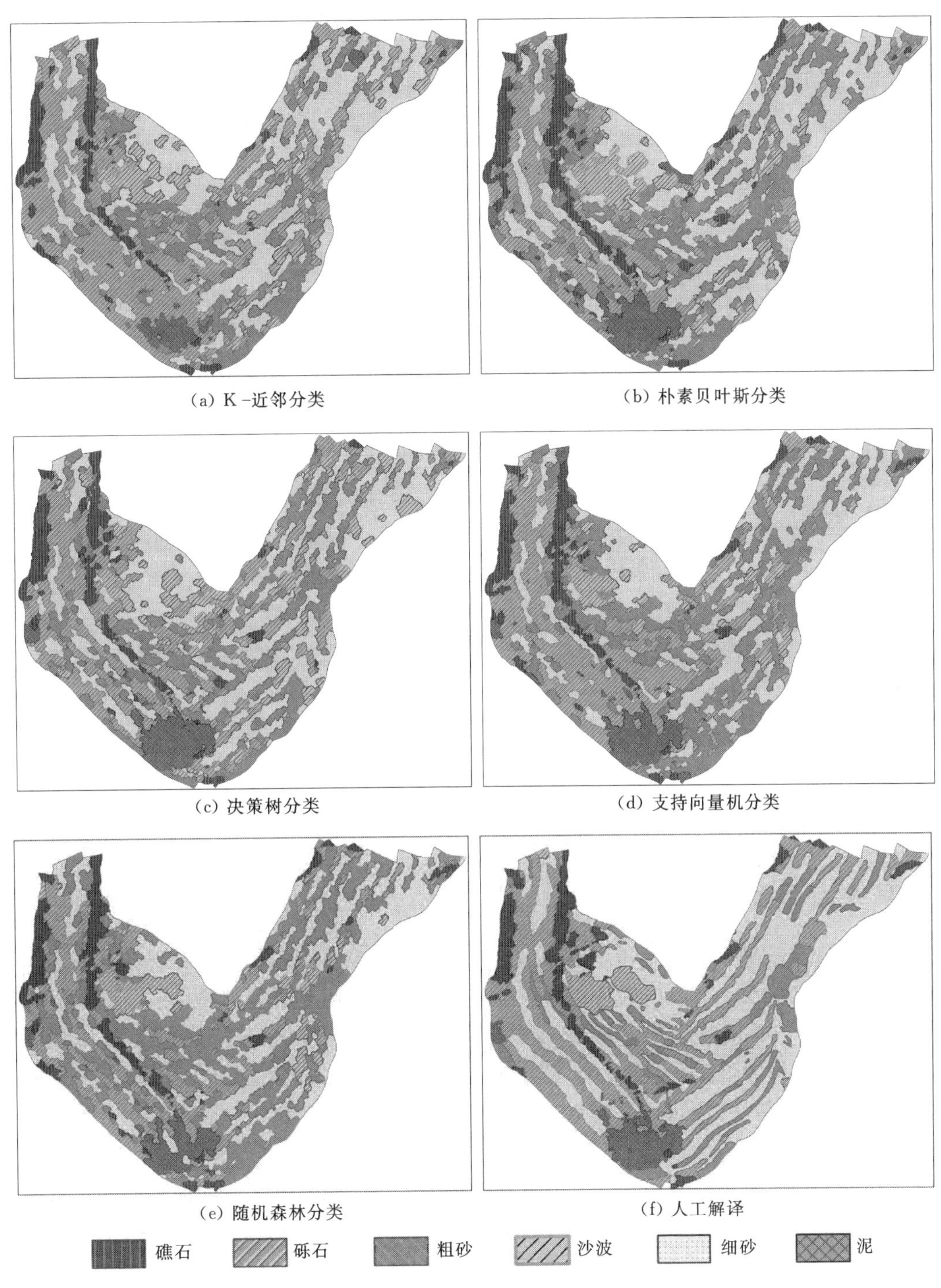

图 5-6 水底地貌、地形图像特征级融合后的分类结果图

算法对粗砂和沙波两类的分类制图精度最高分别达 60.80%和 63.96%，对砾石和泥两类的分类用户精度最高分别达 76.40%和 84.68%；Tree 算法对砾石分类制图精度最高可达

表 5-2 水底地貌、地形图像特征级融合后的分类结果精度评价表

评价指标	底质类别	K-近邻分类 (K-NN)	朴素贝叶斯分类 (N-Bayes)	决策树分类 (Tree)	支持向量机分类 (SVM)	随机森林分类 (RF)
制图精度/%	礁石	77.75	74.41	60.05	72.80	64.51
	砾石	46.90	46.49	64.27	58.68	54.24
	粗砂	45.96	60.80	39.00	54.93	44.89
	沙波	62.01	63.96	59.55	48.29	37.13
	细砂	62.02	61.81	60.06	56.81	64.55
	泥	91.39	72.36	48.50	86.44	92.62
用户精度/%	礁石	71.33	71.33	77.26	75.81	73.30
	砾石	73.76	76.40	59.64	66.39	68.42
	粗砂	18.81	20.06	24.93	21.69	23.67
	沙波	26.18	36.39	26.69	36.47	14.14
	细砂	77.94	80.57	75.27	81.27	76.86
	泥	72.13	84.68	82.06	79.02	82.97
总体精度/%		57.85	58.17	58.80	59.37	59.51
Kappa 系数		0.4393	0.4462	0.4253	0.4542	0.4484

64.27%，对礁石的分类用户精度最高可达 77.26%；SVM 算法对细砂的分类用户精度最高可达 81.27%，且具有最高的 Kappa 系数 0.4542；RF 算法对细砂和泥两类具有最高的制图精度，分别达到了 64.55%和 92.62%，且具有最高的总体精度 59.51%。从总体来看，不同分类算法对不同底质类型的分类各有优势，在上述类比的几种算法中没有绝对最优的分类算法。

5.2.3 特征级融合的结果讨论

将以上分类结果与本书 4.3.3 小节水底地貌图像分类结果做比较可发现，对于相同的分类算法，融合地貌、地形两类特征后的总体分类精度均得到提高（图 5-7）。其中，采用 K-NN 算法，总体精度由 55.93%提升至 57.85%；采用 N-Bayes 算法，总体精度由 53.04%提升至 58.17%；采用 Tree 算法，总体精度由 53.55%提升至 58.80%；采用 SVM 算法，总体精度由 56.56%提升至 59.37%；采用 RF 算法，总体精度由 52.68%提升至 59.51%。由于单独使用地形数据分类的平均分类精度更低，这里不做类比。

再比较本书 4.3.3 小节和 4.3.4 小节分类结果中各类别的最优分类制图精度和用户精度可发现，采用特征融合再分类的方法除了沙波的分类制图精度由 79.72%降至 63.96%，用户精度由 57.64%降至 36.47%；泥底质的分类用户精度和砾石的分类制图精度略微下降 3%左右，其他类别的分类制图精度和用户精度均好于仅使用地貌或地形特征的分类。沙波的分类精度明显降低的原因可能是特征融合后，一部分地貌图像特征对该类的分类不仅未起到提升作用，反而易造成混淆。从 4.3.3 小节和 4.3.4 小节分类结果中也可看出地貌和地形数据对沙波的识别能力差别较大，基于地貌信息对沙波的分类用户精度低于

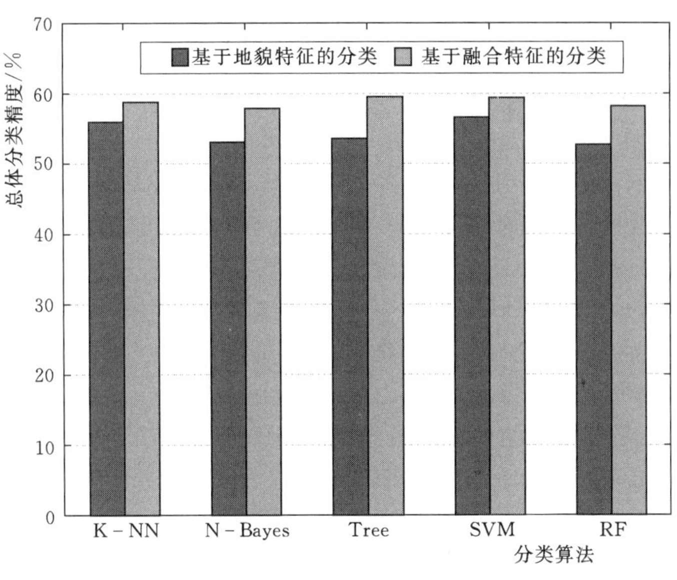

图 5-7 特征级融合前后总体分类精度比较图

15%，而基于地形信息对沙波的分类用户精度高于 33%。

通过以上比较可知，基于特征级融合的底质分类方法能有效提高基于单一数据源分类的精度，主要得益于地貌、地形信息的叠加为底质分类提供了更多有效信息。因此，若有条件同时获取水底地貌和地形数据，融合两类数据的特征再进行分类往往能提高分类精度。

5.3 一种基于水底地貌、地形图像的决策级融合与底质分类方法

图像的决策级融合是一种高层次的融合方法，其基本思想是先由多源图像各自形成决策，再通过特定的融合规则对多个决策进行综合，形成统一的决策结论。由于决策通常具有高度的抽象性和离散性特点，目前决策级融合的大多数输入都是结论为离散型的数据，如同分类、变化检测、目标检测等。决策融合的规则可以十分简洁，例如逻辑规则法[242-244]、多数投票法（Major Voting）[245]、加权平均法（Weighted Average）[246]、奈曼-皮尔逊（Neyman-Pearson，N-P）准则[247]等；也可以相对复杂，例如贝叶斯（Bayes）方法[248]、神经网络方法[249]、Dempster-Shafer 证据推理（Dempster-Shafer Evidential Reasoning）[94][250]、Dezert-Smarandache（DSmT）理论[251]、模糊集合理论（Fuzzy Set Theory）[252]、可能性理论（Probabilistic Theory）等[95][217]。事实上，很多分类算法如随机森林（Random Forest）算法、Adaboost 算法等也体现了决策级融合的思想，而这些分类算法在某些领域的适用性也表明了决策级融合的巨大潜力。根据第 4 章的分类结果来看，基于水底地貌、地形数据的底质分类结果精度很低且差距较大（平均总体精度分别为 54.35%和 44.19%），综合考量上述多种决策级融合方法，本书给出一种基于 Dempster-Shafer 证据推理融合水底地貌、地形分类结果的方法。

5.3.1 Dempster－Shafer 证据推理的基本理论

Dempster－Shafer 证据推理是由 Dempster 于 1967 年提出，并由 Shafer 加以扩充发展而形成的理论，因此也称为 Dempster－Shafer Theory（简写为 D－S 理论或 DST）。D－S 证据推理可处理数据的不确定性、多义性和冲突性，该理论采用信度函数（Belief Function）而不是概率作为度量，信度函数不是严格意义上的概率，因此比概率较容易定义和获得，并可依靠证据的积累不断缩小假设集，当约束限制为严格的概率时可近似为（但不完全等价于）贝叶斯（Bayes）方法[253]。D－S 证据推理具有潜在的指数复杂度，当推理链较长时，Dempster 规则的递归过程将变得复杂，且 Dempster 规则要求证据是独立的。

基于 D－S 理论的遥感图像融合近年来已成为研究热点，例如，张逵等[254]采用纹理特征将 D－S 理论应用于图像的识别（张逵等，2012）；张燕君等[255]将 D－S 理论应用于多传感器目标识别结果的融合（张燕君等，2013）；Rottensteiner 等[256]将 D－S 理论应用于融合 LIDAR 和多光谱影像对建筑物的提取结果，结果表明该方法适用于建筑物提取（Rottenteiner 等，2005）；Bendjebbour 等[257]将 D－S 理论应用于遥感影像分割，结果表明不论是局部还是全局算法，基于 D－S 理论的分割错误率都低于 Bayes 方法（Bendjebbour 等，2001）；Huang 等[94]分别基于多数投票法、模糊隶属度方法和 D－S 证据理论 3 类方法进行侧扫声呐图像多分类结果的决策级融合，结果表明基于证据理论的方法具有最好的效果（Huang 等，2006）。

D－S 理论中最基本的概念是识别框架，它是一组互斥又可穷举的命题的集合。假设有 N 个命题，以 A_i（$i=1, 2, \cdots, N$）表示一个命题，则 $\Theta=\{A_1, A_2, A_3, \cdots, A_N\}$ 表示一个识别框架。例如，对于分类问题，识别框架中的每一个命题 A_i 都可以代表一个类。由识别框架 Θ 的所有子集构成的集合称为 Θ 的幂集，记为 2^Θ，可如式（5－1）表示为

$$2^\Theta=\{\varnothing, \{A_1\}, \{A_2\}, \cdots, \{A_N\}, \{A_1, A_2\}, \{A_1, A_3\}, \cdots, \{A_1, A_2, A_3\}, \cdots, \Theta\} \tag{5-1}$$

假设幂集 2^Θ 的元素：$\forall A \in 2^\Theta$，$\forall B \in 2^\Theta$，采用集合运算符$\subseteq$，$\cup$ 和 $\cap$ 分别表示如下含义。

（1）$A \subseteq B \Leftrightarrow$ 若 A 为真，则 B 为真；

（2）$(A \cap B)$ 为真 $\Leftrightarrow A$ 为真且 B 为真；

（3）$(A \cup B)$ 为真 $\Leftrightarrow A$ 为真或 B 为真。

因此，幂集 2^Θ 中的元素 $\{A_i\}$ 称为单点集（Singleton）构成的单点假设（Single Hypothesis），由多个单点集联合构成的元素，例如 $\{A_i, A_j\}$，称为组合假设（Compound Hypothese），其中，组合假设 $\{A_i, A_j\}$ 也可表示为 $\{A_i \cup A_j\}$，类似地，组合假设 $\{A_i, A_j, A_k\}$ 也可表示为 $\{A_i \cup A_j \cup A_k\}$ 等。对于分类决策问题，识别框架的所有子集表征了所有可能的有效决策，但只有一个 A_i 是该问题的正确决策结果，其他单点假设则是错误决策，包含 A_i 的组合假设如 $\{A_i, A_j\}$，$\{A_i \cup A_j \cup A_k\}$ 等也是一个合理的决策结果，组合假设表示在构成它的单点假设之间做判断时存在不确定性。

D－S 证据推理的过程可基于以下 6 个定义展开。

定义 1：基本信度分配函数 $m(\cdot)$。设 Θ 为识别框架，基本信度分配函数（Basic Belief Assignment，BBA 函数，或称为 mass 函数）记作 $m(\cdot)$，是一个从集合 2^Θ 到 [0，1] 的映射，若用 A 表示识别框架 Θ 中的任一子集，记作 $A \subseteq \Theta$（或表示为幂集 2^Θ 的任一元素，记作 $A \in 2^\Theta$），若 $m(A)>0$ 则称 A 为一个焦元（Focal Element）。BBA 函数应满足如下条件［式（5-2）］

$$m:\begin{cases} m(\varnothing)=0 \\ \sum\limits_{A \in 2^\Theta} m(A)=1 \end{cases} \tag{5-2}$$

BBA 函数的构建并没有统一方法，与具体的应用有关，但又必须遵循上述约束条件。一方面，这为 D—S 理论在不同领域得到应用带来很大的自由度；另一方面，也要求理论的使用者对 BBA 的计算具有自行构建模型的能力。

定义 2：证据体的信度测度向量。设 Θ 为识别框架，通过一个判断（称为一个证据体），对识别框架所有子集的 BBA 函数值构成的向量记为［式（5-3）］

$$E_j=[m_j(A_1),m_j(A_2),\cdots,m_j(A_N),m_j(A_1 \cup A_2),\cdots,m_j(A_1 \cup A_2 \cup A_3),\cdots,m_j(\Theta)] \tag{5-3}$$

该向量称为一个证据体的信度测度向量（Evidence Measurement Vector，EMV）。一个证据体与其相应的信度测度向量是一一对应的，因此，也可用 E_j 表示一个证据体。

在识别框架 Θ 内，所有证据体的信度测度向量可组合为一个矩阵，称为证据测度矩阵（Evidence Measurement Matrix，EMM），记为［式（5-4）］

$$E=\begin{bmatrix} E_1 \\ E_2 \\ \vdots \\ E_n \end{bmatrix} \tag{5-4}$$

定义 3：证据合成规则。证据合成规则是根据证据体的信度测度向量合成新的信度测度向量的计算方法。在识别框架 Θ 内，两个证据体 E_1、E_2 的基本信度分配函数分别为 m_1、m_2，Dempster 给出的一种合成规则为[258]［式（5-5）和式（5-6）］

$$m(C)=m_1 \oplus m_2=\begin{cases} \dfrac{1}{1-K}\sum\limits_{A_i \cap B_j=C} m_1(A_i)m_2(B_j) & (\forall C \subseteq \Theta, C \neq \varnothing, K \neq 1) \\ 0 & (C=\varnothing) \end{cases} \tag{5-5}$$

$$K=\sum_{A_i \cap B_j=\varnothing} m_1(A_i)m_2(B_j)<1 \tag{5-6}$$

式中，K 反映证据之间的冲突程度，若 $K<1$ 不成立，那么称证据体 E_1、E_2 正交，则合成的证据体基本信度分配函数不存在，即 $m_1 \oplus m_2$ 不存在。

目前针对 D-S 理论的研究仍在不断提出新的证据合成规则，常见的合成规则有 Yager 规则[259]、Dubois and Prade 规则[260]、Murphy 规则[261]、分离性（Disjunctive）规则[260]、PCR 规则[262]等，国内研究者如孙全[263]、杨风暴[264]、缪燕子[265]、王丰羽[266]等人都从不同的角度提出了新的融合规则。其中，Smarandache 和 Dezert（他们还提出并发展了 DSmT 理论）提出了一组冲突比例重分配规则（Proportional Conflict

Redistributions，PCR)，通过较详细的对比研究发现在处理高冲突证据融合问题时 PCR5 规则往往能达到最好的效果。PCR5 证据合成规则为［式（5-7）和式（5-8）］

$$m_{PCR5}(C)=m_{12}(C)+\sum_{\forall X_i \cap C=\varnothing}\left[\frac{m_1(C)^2 m_2(X_i)}{m_1(C)+m_2(X_i)}+\frac{m_2(C)^2 m_1(X_i)}{m_1(X_i)+m_2(C)}\right] \tag{5-7}$$

$$(m_1(C)+m_2(X_i)\neq 0, m_1(X_i)+m_2(C)\neq 0)$$

$$m_{12}(C)=\sum_{A_i \cap B_j=C} m_1(A_i)m_2(B_j) \tag{5-8}$$

式中，A_i，B_j，$X_i \in 2^{\theta}$、$A_i \cap B_j=C$、X_i 为中间变量。当式中某项的分母为 0 时则应舍弃该项。

多个证据体可按照证据合成规则依次合成，即［式（5-9）］

$$m=\{[(m_1 \oplus m_2)\oplus m_3]\oplus \cdots\}\oplus m_n \tag{5-9}$$

式中 n——证据体个数；

$m_1, m_2, \cdots, m_n$——各证据的 BBA 函数；

m——合成后的基本信度分配函数。

由于证据合成规则存在这种依次合成 BBA 函数的特点，因此也称为证据推理。

定义 4：信度函数 Bel。信度函数（Belief Function）记作 Bel，也称为信任函数，是一个从集合 2^{Θ} 到［0，1］的映射。若 $A \subseteq \Theta$，则信度函数 Bel 表示一个证据对命题 A 为真的信任程度，可表示为［式（5-10）］

$$Bel(A)=\sum_{B \subseteq A} m(B) \tag{5-10}$$

定义 5：似然函数 Pl。似然函数（Plausibility Function）记作 Pl，也称似真度函数，是一个从集合 2^{Θ} 到［0，1］的映射，若 $A \subseteq \Theta$，则似然函数 Pl 表示一个证据对命题 A 非假的信任程度，即不排除命题 A 为真的程度，可表示为［式（5-11）］

$$Pl(A)=1-Bel(\overline{A})=\sum_{B \cap A \neq \varnothing} m(B) \tag{5-11}$$

可以证明 $Pl(A) \geqslant Bel(A)$，故 $Pl(A)$ 和 $Bel(A)$ 分别表示对命题 A 的信任度的上限和下限，用区间［$Bel(A)$，$Pl(A)$］表示对命题 A 的不确定区间。

定义 6：融合决策规则。根据合成后的证据体的信度函数 Bel 或基本信度分配函数 $m(\cdot)$，可定义一些规则用于决定最终的判别结果，即识别框架 Θ 中的哪个命题被采纳。从现有的文献中总结的一些可用的融合决策规则如下。

规则 1：$Bel(A_c)=\max_i\{Bel(A_i)\}$，表示判别结果对应于有最大的信度函数值的焦元。

规则 2：$Bel(A_c)-Bel(A_i)>\varepsilon$，对 $\forall i \in \{1, 2, \cdots, N\}$，且 $i \neq c$，$\varepsilon>0$，表示判别结果的信度函数与其他判别的信度函数的差值大于某阈值 ε，以确保每一证据对所有判别结果的支持程度应保持足够大的差异。

规则 3：$Bel(A_c)-m_j(\Theta)>\varepsilon$，对 $\forall j \in \{1, 2, \cdots, n\}$，且 $\varepsilon>0$。Θ 是其本身的子集，$m_j(\Theta)$ 表示证据体 E_j 的总不确定度。该规则表示判别结果的信度函数值与所有证据的总不确定度应保持足够大的差异。

规则 4：$m(\Theta)<\gamma$，表示融合后证据的不确定度小于某阈值，以确保对判别结果的无

知程度或证据的不确定性足够小。

D-S证据推理的完整过程如图5-8所示，可表述为：假设识别框架中包含 N 个元素，采用 n 种观测方式，各观测方式相互独立，从而构成 n 个证据体。根据其各自对应的基本信度分配（BBA）函数 $m_j(A_i)$（$i \in \{1, 2, \cdots, N\}$，$j \in \{1, 2, \cdots, n\}$），计算信度函数 $Bel_j(A_i)$ 和似然函数 $Pl_j(A_i)$，再根据给定的证据合成规则依次合成 n 个证据体，计算合成后的证据信度函数 $Bel(A_i)$ 和似然函数 $Pl(A_i)$，再依据给定的决策规则确定最终的决策结果。

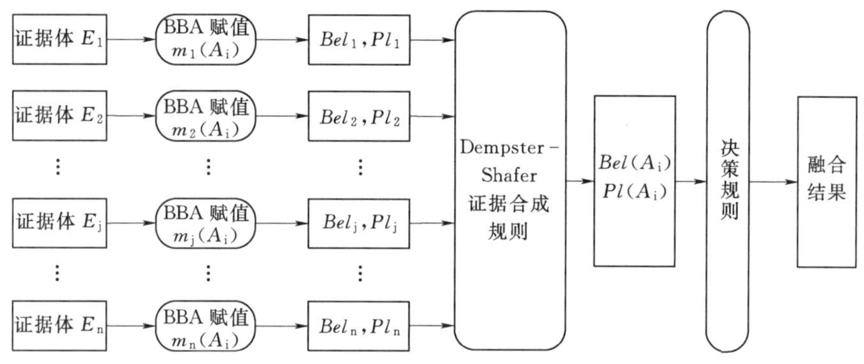

图5-8 Dempster-Shafer证据推理过程示意图

5.3.2 融合水底地貌、地形图像分类信息的决策级融合方法

根据上述过程的描述可知，使用D-S证据推理进行决策级融合需要明确以下4个问题：①选择哪些数据进行融合；②如何定义BBA函数；③采用哪种证据合成规则；④采用哪种融合决策规则。

(1) 待融合数据的选取。基于D-S证据推理的决策级融合能在一定程度上利用输入数据之间的冗余信息和互补信息提升决策精度，但这种提升趋势并不随着被融合证据数量的增加而延续下去，这是因为当更多的证据无法提供更多互补信息，而数据之间的冗余度过高时，继续增加证据将增加证据之间的冲突程度，反而成为噪声信息影响决策。

基于上述规律，本书提出以下方法确定加入D-S证据推理过程的数据及其加入顺序：根据多个分类器训练过程中产生的混淆矩阵计算训练数据的总体分类精度，按照总体精度由高到低依次排序作为证据添加的顺序。由于水底地貌、地形两类数据对底质分类的精度差别较大，可将其分为两个证据集合轮流选择加入待融合的数据集。该过程将在本小节实验部分进行展示。

(2) BBA函数的计算。对于本书先前采用的监督分类方法，一种可行的定义BBA函数的方法是利用分类器训练过程中的混淆矩阵。分类器的混淆矩阵通常是采用交叉验证（Cross-validation）方法得到的，即将训练样本分为 k 份，用其中1份作为模拟测试样本而使用剩余的 $k-1$ 份做训练，再用训练好的分类器验证对这1份模拟测试样本的分类精度，令每1份样本均做一次模拟测试样本，将平均分类结果作为混淆矩阵，混淆矩阵的定义见式（5-12）。

$$\omega=\begin{pmatrix} N_{11} & N_{12} & \cdots & N_{1n} \\ N_{21} & N_{22} & \cdots & N_{2n} \\ \vdots & \vdots & & \vdots \\ N_{n1} & N_{n2} & \cdots & N_{nn} \end{pmatrix} \tag{5-12}$$

式中 ω——混淆矩阵；

n——图像中的总类别数。

首先，对混淆矩阵 ω 进行行归一化［式（5－13）］，即

$$P(k,l)=\frac{N_{kl}}{\sum_{l} N_{kl}} \tag{5-13}$$

式中，N_{kl}表示分类结果中类别为 k 对应分类图像中真实类别为 l 的像素个数（k，$l\in\{1$，2，…，$n\}$），即行表示分类结果，列表示真实类别。

然后，根据某一数据源 j（作为一个证据体 E_j）输入的分类结果类别 k（$k\in\{1$，2，…，$n\}$）确定该证据体对应的 BBA［式（5－14）］，即

$$m_j(A_l)=P(k,l),l\in\{1,2,\cdots,n\} \tag{5-14}$$

$m_j(A_l)$ 的含义是：若证据体 E_j 将某对象判定为类别 k，则其实际的类别为 l 的概率。联立式（5－13）和式（5－14）易证明 $m_j(A_l)$ 满足约束条件［式（5－2）］，即［式（5－15）］

$$m:\begin{cases} m_j(\varnothing)=0 \\ \sum_{l} m_j(A_l)=1 \end{cases} \tag{5-15}$$

（3）证据合成规则选取。根据本书第4章的分类结果可知，多分类器对多源数据分类的结果有较大的差异性（冲突性），因此本书采用 PCR5 规则作为实验中的融合规则。以下通过两个实例证明 PCR5 规则是比 Dempster 给出的合成规则更优的融合规则。

例1：设有4个证据体融合，其证据测度矩阵（EMM）见式（5－16）。

$$E=\begin{bmatrix} E_1 \\ E_2 \\ E_3 \\ E_4 \end{bmatrix}=\begin{bmatrix} 0.057 & 0.086 & 0 & 0 & 0 & 0.857 \\ 0 & 0 & 0 & 1 & 0 & 0 \\ 0.765 & 0.098 & 0.020 & 0 & 0.020 & 0.098 \\ 0.643 & 0.131 & 0.036 & 0 & 0.048 & 0.048 \end{bmatrix} \tag{5-16}$$

根据 Dempster 融合规则，由于信度测度向量 E_1 与 E_2 融合时有 $K=1$，故证据体 E_1、E_2 正交，融合失效。

根据 PCR5 融合规则，则有［式（5－17）］

$$\begin{aligned} m &= m_1\oplus m_2\oplus m_3\oplus m_4 \\ &=[m(A_1),m(A_2),m(A_3),m(A_4),m(A_5),m(A_6)] \\ &=[0.677 \quad 0.039 \quad 0.004 \quad 0.154 \quad 0.007 \quad 0.119] \end{aligned} \tag{5-17}$$

显然焦元 A_1 具有最大的信度函数值 $Bel(A_1)$。这4个证据体中后2个证据一致支持 A_1，前3个证据相互冲突，根据多数投票原则更应支持 A_1，PCR5 规则得到的结论与此更接近。

例2：设有5个证据体融合，其证据测度矩阵（EMM）见式（5－18）。

$$E=\begin{bmatrix}E_1\\E_2\\E_3\\E_4\\E_5\end{bmatrix}=\begin{pmatrix}0.057 & 0.086 & 0 & 0 & 0 & 0.857\\0.033 & 0 & 0 & 0 & 0 & 0.967\\0.059 & 0.029 & 0 & 0 & 0 & 0.912\\0 & 0.064 & 0.064 & 0.872 & 0 & 0\\0 & 0.364 & 0.364 & 0.273 & 0 & 0\end{pmatrix} \tag{5-18}$$

根据 Dempster 融合规则，有 $m=m_1\oplus m_2\oplus m_3\oplus m_4\oplus m_5=[0,\ 0,\ 0,\ 0,\ 0,\ 0]$，此时得到无效决策。

根据 PCR5 融合规则，则有［式（5－19）］

$$m=m_1\oplus m_2\oplus m_3\oplus m_4\oplus m_5=[0,0.155,0.155,0.323,0,0.368] \tag{5-19}$$

若根据决策规则 1，则焦元 A_6 具有最大的信度函数值 $Bel(A_6)$，决策支持 A_6。这 5 个证据体中前 3 个一致支持 A_6，根据多数投票原则，与 PCR5 规则得到的结论一致。

以上两例表明 PCR5 融合规则对高冲突证据的融合性能优于 Dempster 融合规则。因此，本书采用 PCR5 融合规则。

（4）融合决策规则选取。融合决策规则的选取没有严格规定，本书选择上述介绍的规则 1，因为规则 1 的结果便于解释，且不需要另外设定参数。

下面描述本书以水底地貌、地形图像分类结果融合为目的而提出的决策级融合过程（图 5－9）。

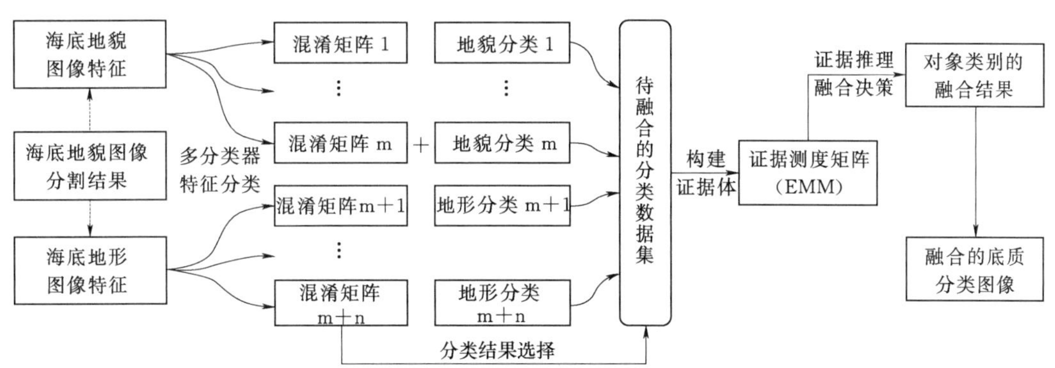

图 5－9 基于 D－S 证据推理的多源声学图像决策级融合过程示意图

步骤 1：直接利用图 5－5 中提取的水底地貌和地形特征作为输入，采用如本书第 4 章介绍的多分类算法，用训练样本训练分类器，同时得到混淆矩阵，再用训练好的分类器分别对水底地貌和地形特征分类，得到基于水底地貌和地形图像的多分类决策，即每一个图像分割的对象都对应一个分类结果。

步骤 2：分析混淆矩阵，选择需要融合的分类结果数据。

步骤 3：基于混淆矩阵和各分割对象的分类结果确定的 BBA 函数构建证据测度矩阵（EMM）。

步骤 4：根据证据合成规则和融合决策规则，依次对各分割对象的 EMM 进行证据推理，得到融合结果。

步骤 5：将上述证据推理结果还原到图像上，得到最终的底质分类图像。

5.3.3 实验过程

5.3.3.1 确定证据融合的顺序

本书4.3.3小节和4.3.4小节分别对地貌和地形数据分类之前，进行了分类器的训练，其中训练样本通过人工解译从图像中获取，在训练过程中采用交叉验证（Cross-validation）法进行了分类器训练精度评价。对水底地貌和地形数据分类的5种分类器总体训练精度如图5-10所示。

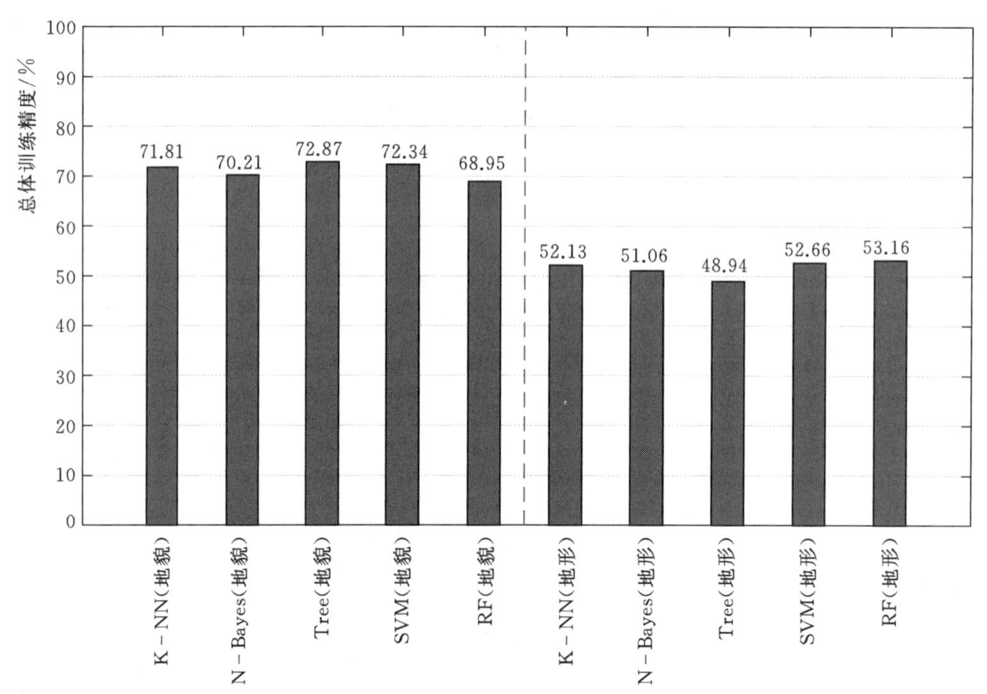

图5-10 水底地形和地貌图像底质分类的总体训练精度示意图

如前文所说，可将水底地貌数据和水底地形数据的底质分类结果分为两个证据集合并按照分类精度由高到低分别排序，排序结果见表5-3。

表5-3 水底地形和地貌图像底质分类的总体训练精度排序表

证据集合1（地貌证据）			证据集合2（地形证据）		
序号	分类结果数据	总体训练精度/%	序号	分类结果	总体训练精度/%
1	Tree（地貌）	72.87	6	RF（地形）	53.16
2	SVM（地貌）	72.34	7	SVM（地形）	52.66
3	K-NN（地貌）	71.81	8	K-NN（地形）	52.13
4	N-Bayse（地貌）	70.21	9	N-Bayse（地形）	51.06
5	RF（地貌）	68.95	10	Tree（地形）	48.94

根据上述排序结果可确定分类结果数据加入待融合的分类数据集的次序，即：1→6→2→7→3→8→4→9→5→10。可以预见的是，并非将所有数据加入数据集进行融合就可得

到最好的结果，因此该实验测试了在每次加入一组分类结果数据的过程中，融合结果的分类精度变化过程。

5.3.3.2 依次加入不同分类结果数据的决策级融合结果

按照以上所述顺序依次加入不同分类结果数据构建证据体，再采用 D－S 证据推理方法融合分类结果，在此过程中融合的分类图像数由 1 逐步增加到 10，对每一次融合后的底质分布图做精度检验，结果见表 5－4。

表 5－4 基于决策级融合的底质分类结果精度评价表

评价指标	底质类别	融合的分类图像数									
		1	2	3	4	5	6	7	8	9	10
制图精度/%	礁石	50.70	83.95	59.67	81.06	80.47	80.16	79.73	81.29	81.29	80.94
	砾石	43.01	44.46	64.95	71.54	72.04	73.19	73.65	75.17	74.99	73.02
	粗砂	40.40	38.29	30.11	14.01	13.16	4.15	5.77	0.01	0.81	0.00
	沙波	37.13	68.03	36.19	72.25	64.14	75.12	75.12	76.69	76.69	78.30
	细砂	64.22	66.40	74.15	65.36	69.39	69.91	69.49	65.83	65.43	52.49
	泥	75.97	75.97	86.39	79.31	76.37	59.16	59.61	40.47	40.47	38.74
用户精度/%	礁石	40.14	41.30	53.87	53.13	55.07	54.91	55.09	57.61	57.61	57.15
	砾石	60.84	64.59	61.62	56.81	58.46	57.46	57.93	55.28	54.93	48.07
	粗砂	22.36	22.24	31.49	31.98	34.91	39.02	29.47	0.42	31.79	0.00
	沙波	11.43	45.40	63.64	56.33	56.36	50.92	50.92	49.95	49.49	49.99
	细砂	76.70	77.34	75.55	78.29	77.39	75.83	76.87	74.02	74.16	69.00
	泥	86.41	86.41	87.21	89.76	91.98	89.24	88.94	67.76	68.96	57.19
总体精度/%		53.55	58.18	64.95	64.10	65.50	64.78	64.90	62.64	62.49	56.19
Kappa 系数		0.3742	0.4337	0.4929	0.4864	0.5012	0.4862	0.4900	0.4535	0.4518	0.3654

在依次融合的过程中可发现一些规律：礁石、砾石、沙波的分类制图精度随着证据数的增加逐渐稳定在较高的范围（80%附近）；粗砂的分类制图精度随着证据数的增加反而一直降低至 0；细砂和泥两类的分类制图精度呈先增加后减少的规律，在第 3 组分类结果（地貌图像的 SVM 分类结果）加入后达到最高；礁石的分类用户精度随着证据数的增加逐渐稳定在较高的范围（57%附近）；其他类别的分类用户精度均呈先增加后减少的规律。在第 5 组分类结果（地貌图像的 K－NN 分类结果）加入后，总体精度达到最高 65.50%，Kappa 系数同时达到最高 0.5012。

再将融合结果的总体分类精度与每次新增数据的总体精度比较，结果如图 5－11 所示。图 5－11 中，横坐标轴从左至右表示分类结果数据加入的顺序，即：1→6→2→7→3→8→4→9→5→10，纵坐标表示总体分类精度。从图 5－11 中可以看出，融合结果的分类总体精度明显高于每次新增数据的精度。该实验采用地形和地貌分类数据轮流加入融合的策略，这是因为根据 PCR5 证据合成规则式（5－7）可知，新增证据的顺序会影响融合结果，因此，依次加入地形和地貌分类数据才能充分利用两类数据各自分类的优势。

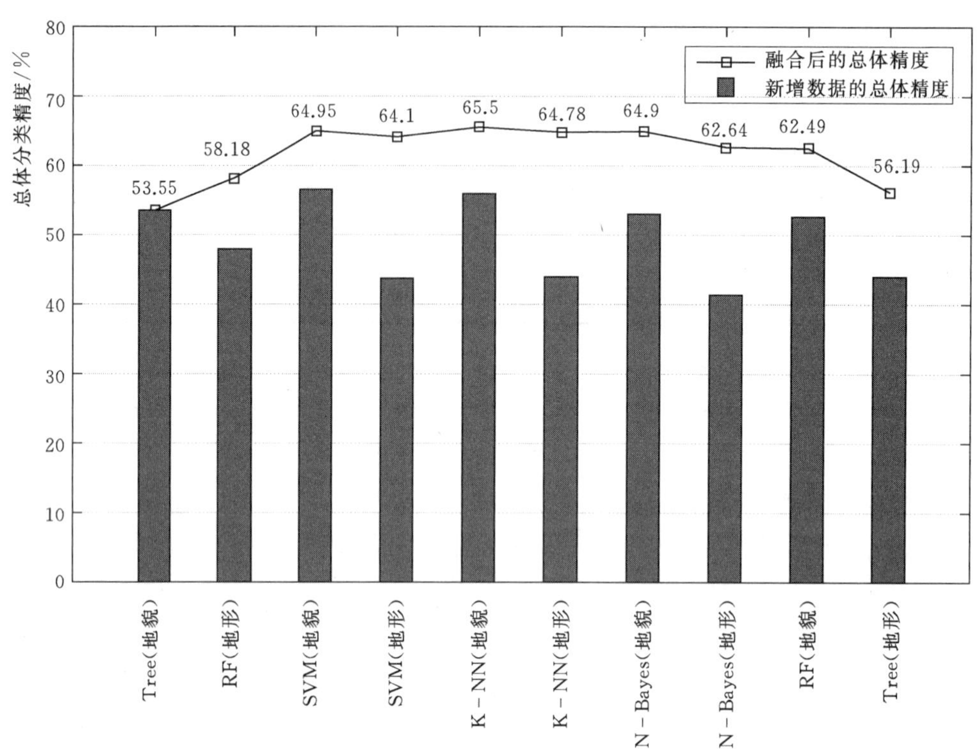

图 5-11 Dempster-Shafer 融合逐步增加证据数量时总体精度的变化过程图

5.3.3.3 不同融合方法的结果比较

根据表 5-4 的结果可知，当加入 5 组分类结果，并按照 1→6→2→7→3 的顺序进行融合时，可达到最高的总体分类精度，以下考察不同的融合方法对结果精度的影响，结果见表 5-5。用于比较的方法如下。

方法 1：使用原有的证据融合顺序，按照 1→6→2→7→3 的顺序进行 D-S 证据推理。

方法 2：使用不同的证据融合顺序，按照 1→2→3→6→7（地貌数据优先融合）的顺序进行 D-S 证据推理。

方法 3：使用不同的证据融合顺序，按照 6→7→1→2→3（地形数据优先融合）的顺序进行 D-S 证据推理。

方法 4：使用多数投票方法（Major Voting，MV）进行融合，根据第 1 组、第 2 组、第 3 组、第 6 组、第 7 组的分类结果进行多数投票得到最终的分类结果。

方法 5：使用多数投票方法（MV）融合，将全部 10 组的分类结果进行多数投票得到最终的分类结果。

根据上述 5 种方法计算得到的研究区的底质分类数据融合结果如图 5-12 所示。

根据上述融合结果图像和精度评价指标可知，采用相同的输入数据，基于 D-S 证据推理的决策级融合方法总体精度高于多数投票法。对于本书所用的数据，根据上文介绍的证据加入方法可得到上述 5 种融合方法中精度最高的结果。其中，采用本书提出的 D-S 证据推理方法依次按照 1→6→2→7→3 的顺序进行融合，总体精度达到 65.50%，对礁石、

表 5-5　　多种决策级融合方法的结果精度比较表

评价指标	底质类别	方法 1	方法 2	方法 3	方法 4	方法 5
制图精度/%	礁石	80.47	78.42	48.97	56.09	62.74
	砾石	72.04	72.23	64.89	72.76	69.33
	粗砂	13.16	12.22	34.10	34.36	27.13
	沙波	64.14	55.39	14.90	29.05	56.81
	细砂	69.39	69.04	71.32	61.18	59.54
	泥	76.37	72.95	75.35	69.35	48.65
用户精度/%	礁石	55.07	57.69	54.43	66.82	67.50
	砾石	58.46	57.45	58.08	54.61	51.71
	粗砂	34.91	34.39	28.50	29.89	32.11
	沙波	56.36	47.36	67.75	33.42	57.26
	细砂	77.39	76.67	75.05	79.32	72.07
	泥	91.98	90.13	87.79	89.77	77.04
总体精度/%		65.50	64.76	62.22	61.19	59.14
Kappa 系数		0.5012	0.4886	0.4521	0.4455	0.4094

砾石、沙波、细砂和泥底质的分类制图精度分别达到 80.47%，72.04%，64.14%，69.39%和 76.37%，对细砂和泥底质的分类用户精度分别达到 77.39%和 91.38%。但该方法对粗砂底质的分类精度较低，这与单独使用水底地貌图像和地形图像的分类结果对粗砂的分类精度均偏低是一致的。

5.3.4 实验结果讨论

（1）基于 D-S 证据推理融合的结果总体精度优于多数投票法，更优于仅基于单一数据源的底质分类精度。根据图 5-11 可知，基于 D-S 证据推理融合的结果总体精度总优于仅使用单一数据源进行底质分类的总体精度；根据表 5-5 中方法 1 与方法 4、方法 5 的总体精度对比可知，使用 D-S 证据推理（方法 1）的总体精度优于使用相同证据数量进行多数投票（方法 4、方法 5）的结果。

（2）融合结果与证据加入的顺序有关，本书给出的一种确定证据加入顺序的方法（对应表 5-5 的方法 1）可得到较好的融合精度。从理论上分析，PCR5 证据合成规则公式［式（5-7）］预示着使用该规则时新增证据的顺序会影响融合结果；从实验结果来看，表 5-5 的方法 1 与方法 2、方法 3 的结果也印证了上述结论。采用地貌数据优先的 D-S 融合方法（方法 2）比采用地形数据优先的 D-S 融合方法（方法 3）总体精度略高，两种方法对礁石、粗砂、沙波等底质的分类精度差别较大，而这三类正是基于地形数据分类比较有优势的底质类别，这表明改变 D-S 融合的先后顺序还可改变对特定底质的分类精度。另一个值得注意的规律是，除了第一次以外，其后每一次加入新的地形分类数据都会使融合结果的总体精度降低，因此，在使用该实验介绍的决策级融合方法时，建议将地形和地貌分类数据成对加入。

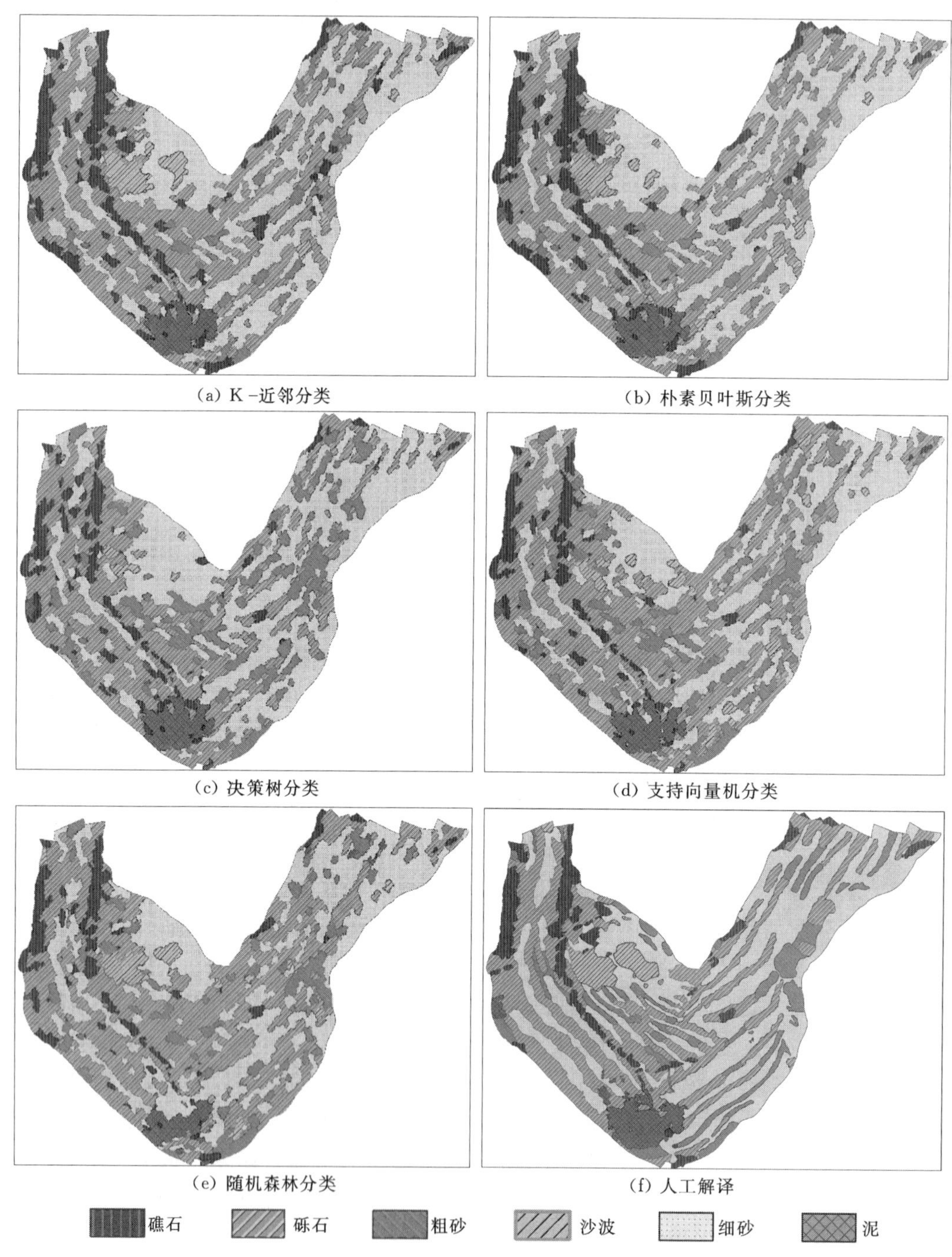

图 5-12 多种决策级融合方法的融合结果

(3) 融合结果与证据加入的数量有关，证据并非加入越多越好。通过对比图 5-11 和表 5-5 的方法 4、方法 5 可知，不论是使用 D-S 融合方法还是 MV 方法，并非使用越多证据得到的结果越好。对于本书使用的数据，D-S 融合结果的总体精度呈先增后减的规律，当加入 5 组分类结果作为证据时达到最优的总体精度。

综上所述，利用地貌和地形数据多分类器的分类结果，采用该实验的决策级融合策略能够有效改进底质分类的精度。方法是先加入训练精度最高的地貌分类数据，再依次将地形和地貌分类数据成对加入可达到较好的融合效果。对于本书所用数据，加入 3 组地貌分类数据和 2 组地形分类数据后，总体精度达到最高。

5.4 一种基于水底地貌、地形和浅地层剖面图像的决策级融合与底质分类方法探讨

Waldo Tobler[267] 在 1970 年的一篇论文中提出过这样的观点，“Everything is related to everything else, but near things are more related than distant things”，即著名的“地理学第一定律（First Law of Geography）”。该观点肯定了事物之间普遍联系的特征，并总结了“相近即相似”的重要规律。从地理学第一定律的观点出发，考虑以下问题：水底浅层剖面图像的分类结果在水下底质分布的二维图像上的投影为带有分类属性的线或一连串带属性的点，但是水底地貌、地形、浅层剖面三类表达不同空间维度的数据，可否基于“相近即相似”的假设进一步提高决策级融合精度？从该问题出发，本小节将探讨一种基于空间叠加性的决策级融合方法——用空间上存在重叠的水底地貌、地形和浅层剖面图像的分类结果共同构建证据体进行基于 D－S 证据推理的决策级融合，最终得到融合后的底质分类结果。

5.4.1 融合水底地貌、地形和浅层剖面图像分类信息的决策级融合方法

根据 5.3 小节介绍的 D－S 证据推理融合方法，对于浅层剖面数据与水底地貌、地形图像存在重叠的区域，可利用浅层剖面图像的分类结果构建新的证据体，再采用 D－S 证据推理进行融合，基本过程如下。

步骤 1：同 5.3.2 小节所述决策级融合过程的第 1 步。对水底地貌、地形图像分别进行图像分割、特征提取和多分类器底质分类，得到分割后各图像对象的分类结果和分类混淆矩阵。

步骤 2：采用 4.3.5 小节所述的方法，基于水底浅层剖面图像进行底质分类，得到浅层剖面测线上每个测点对应的底质分类结果，同时也可计算分类混淆矩阵，并用如式（5－12）的方法做行归一化处理。

步骤 3：将浅层剖面测线与水底地貌分割图像叠加，将叠加在不同图像对象上的测线各分为一段，并统计各段测线上的不同底质所占比例。

步骤 4：将上述测线段作为新的证据体与其经过的图像分割对象进行关联，用测线上各类底质所占比例值形成的行向量乘以浅层剖面分类结果的混淆矩阵（得到新的行向量），以此作为新证据体的信度测度向量（EMV），可以证明新的行向量满足公式的约束条件。

步骤 5：对于有测线经过的分割对象，加入新的证据体进行决策级融合；对于无测线经过的分割对象，则采用与 5.3 小节相同的方法进行决策级融合。

步骤 6：将上述证据推理结果还原到图像上，得到最终的底质分类图像。

5.4.2 实验过程

由于缺少同一研究区的水底地貌、地形和浅层剖面数据，本实验对浅层剖面图像的分类结果采用模拟法进行原理展示。从原理上看，浅层剖面图像的分类结果也可代表使用其他底质探测方法（如采样法、光学探测法等）获取的底质分类结果，但由于这些探测方法覆盖的空间范围较小，因此应结合其他底质探测手段或采用空间插值方法才能得到底质空间分布结果。

本实验选用普利茅斯研究区的局部区域进行，模拟的浅层剖面图像的分类结果通过以下方法获得：在局部实验区生成平行的 10 条模拟浅剖测线，测线间距为 40m（图 5－13），该研究区不同底质的地貌、地形样本图像采集的位置如图 5－14（a）所示，采用测线经过的水底底质人工解译结果［图 5－14（b）］作为浅剖图像的模拟分类结果，为模拟如 4.3.5 小节的浅剖图像分类误差，模拟时设定的分类随机误差率为 20％。

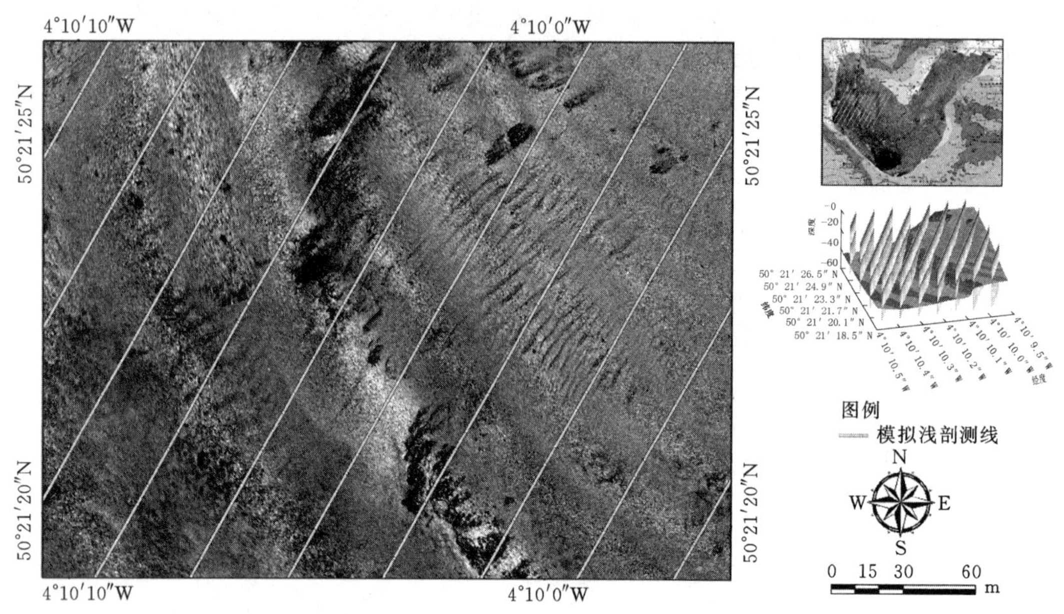

图 5－13 模拟的浅剖测线位置示意图

根据如 5.4.1 小节介绍的算法，首先判断区域中的地貌图像分割对象是否与浅剖测线存在重合。若存在重合，则利用相应部分的浅剖图像分类结果构成新的证据体，在 D－S 证据推理融合过程中作为最后一个被融合的证据；若不存在重合，则直接根据 5.3.2 小节介绍的方法使用地貌和地形分类结果进行 D－S 证据推理融合。

为了进行结果比较，本实验将第 4 章和第 5 章中提到的几类底质分类方法中总体精度最优的分类算法作为比较，此外还采用常用的空间最近邻插值方法得到的底质分类作为比较，包括本小节提出的方法，共得到 6 组分类结果，各结果对应的底质分类方法如下。

方法 1：采用本小节提出的方法，融合水底地貌、地形和浅层剖面图像分类结果。

方法 2：采用 4.3.3 小节提出的方法，只使用地貌图像进行 SVM 分类。

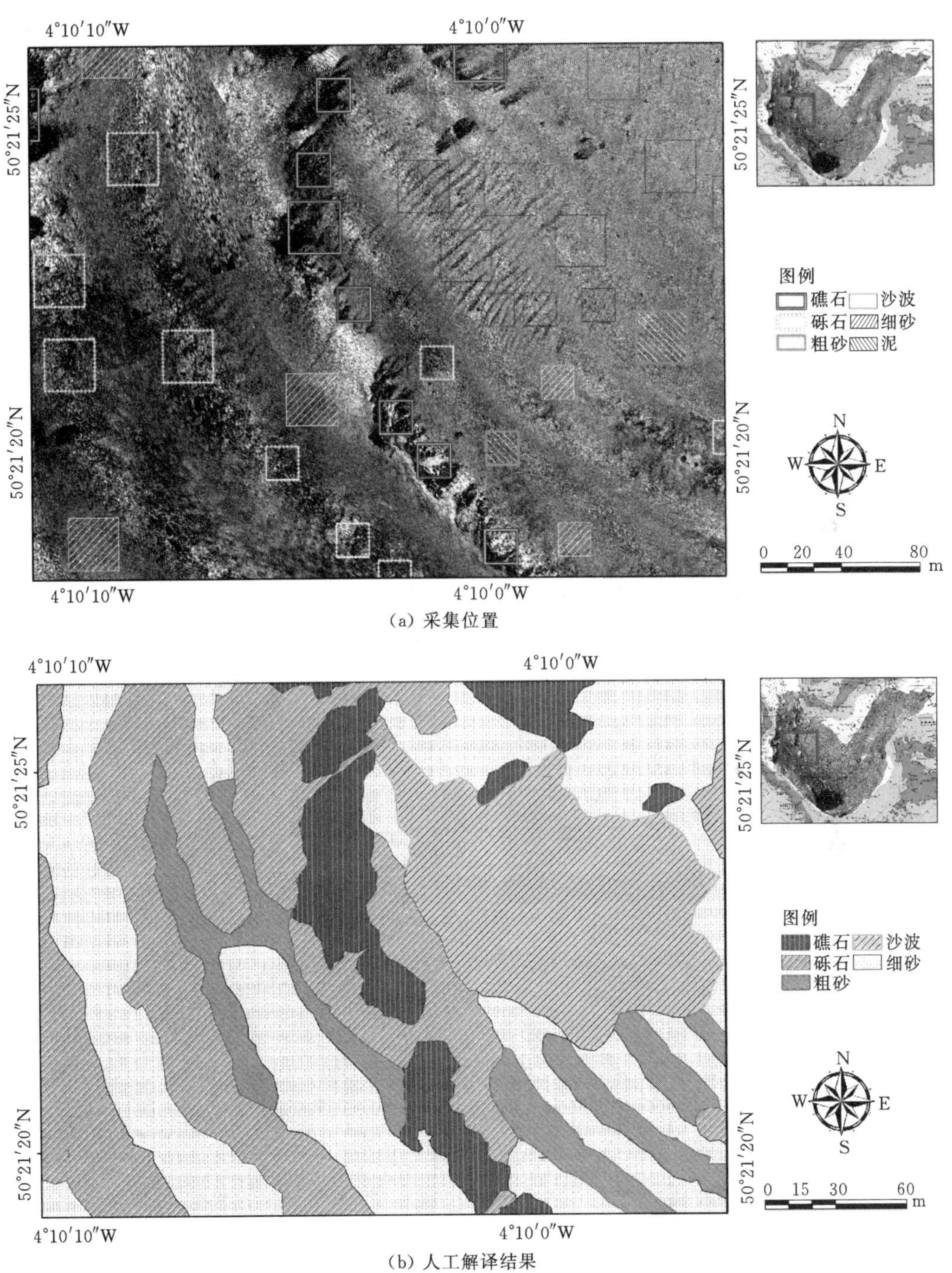

图 5-14 研究区的局部水底地貌图像和底质人工解译结果图

方法 3：采用 4.3.4 小节提出的方法，只使用地形图像进行 RF 分类。

方法 4：采用空间最近邻插值法，只使用浅剖分类结果做最近邻插值得到底质分布图。

方法 5：采用 5.2 小节提出的方法，进行地貌、地形图像特征级融合再做 RF 分类。

方法 6：采用 5.2 小节提出的方法，进行地貌、地形图像分类结果的 D-S 证据推理融合。

使用上述 6 种底质分类方法的实验结果如图 5-15 所示。

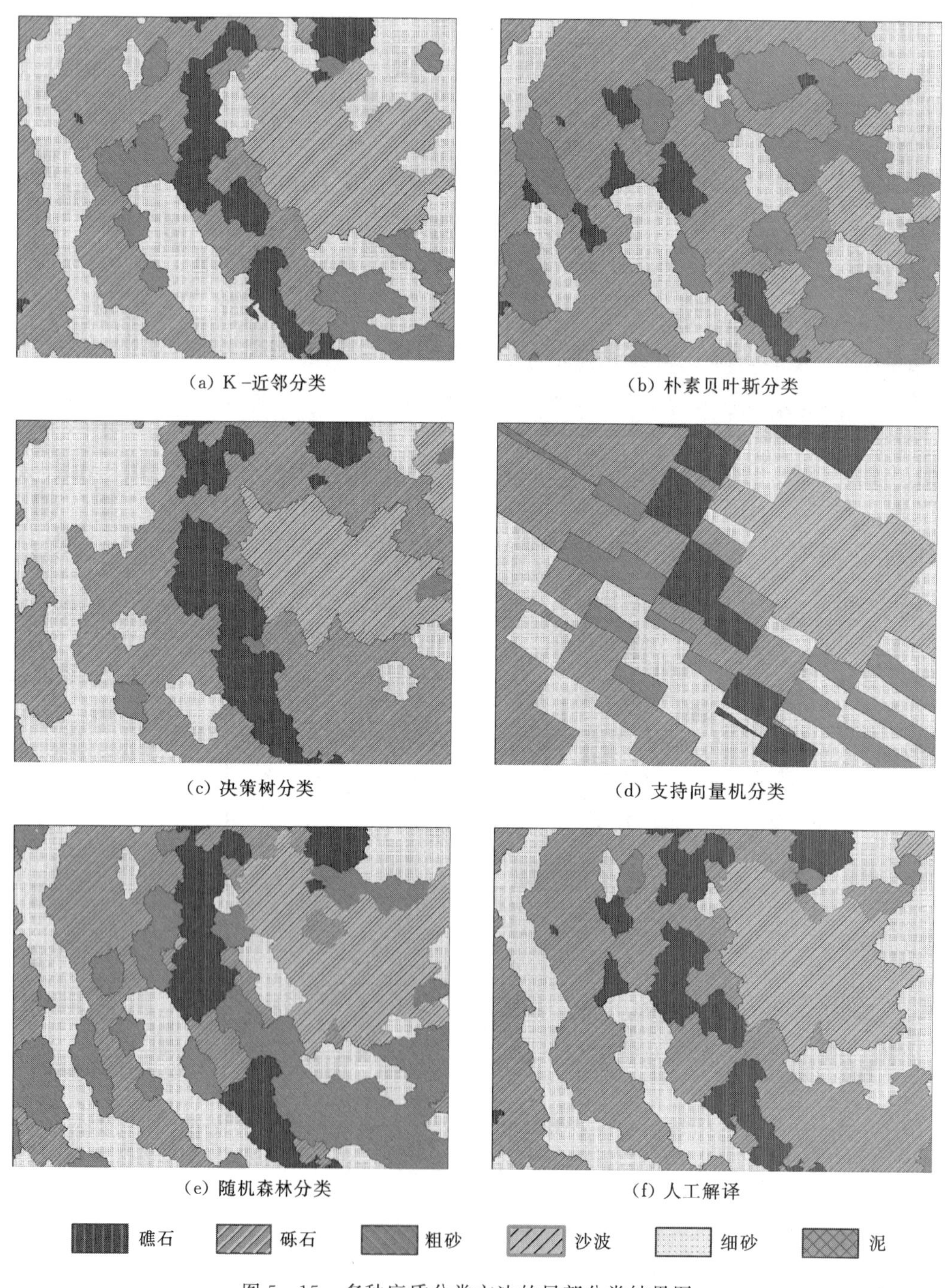

图 5-15 多种底质分类方法的局部分类结果图

图 5-15（a）～图 5-15（f）的分类结果分别对应方法 1～方法 6。以图 5-14（b）所示的底质人工解译结果为标准，评价各方法的分类精度见表 5-6。

表 5-6　多种底质分类方法的局部分类结果精度评价表

评价指标	底质类别	方法 1	方法 2	方法 3	方法 4	方法 5	方法 6
制图精度/%	礁石	76.76	32.51	77.70	68.51	75.00	73.80
	砾石	79.88	72.26	51.82	77.14	57.74	82.36
	粗砂	54.40	40.29	0.00	65.95	63.63	1.04
	沙波	83.66	19.28	75.01	89.25	73.87	77.65
	细砂	73.52	40.59	39.79	70.75	59.83	60.01
	泥	—	—	—	—	—	—
用户精度/%	礁石	75.39	53.03	63.93	65.06	70.76	64.73
	砾石	77.43	50.92	33.91	71.78	75.76	54.99
	粗砂	54.26	15.75	0.00	63.71	25.69	7.75
	沙波	83.95	58.41	84.30	89.84	78.93	82.08
	细砂	75.98	69.04	50.97	77.63	76.64	74.60
	泥	—	—	—	—	—	—
总体精度/%		75.40	45.92	48.66	74.86	63.31	64.86
Kappa 系数		0.6716	0.2911	0.3023	0.6653	0.5302	0.5221

5.4.3　实验结果讨论

（1）本小节提出的方法［方法 1，对应图 5-15（a）］在局部区域可得到最优的总体分类精度，达到 75.40%，比仅使用地貌、地形图像分类结果的 D-S 证据推理融合［方法 6，对应图 5-15（f）］精度提高约 10%，这一结果表明融合新的浅剖分类信息后有助于进一步提高底质分类的精度。

（2）采用传统的空间最近邻插值法，只使用浅剖分类结果做最近邻插值得到底质分布图［方法 4，对应图 5-15（d）］总体精度，达 74.86%，仅次于方法 1，且对于粗砂、沙波、细砂等底质的分类精度优于方法 1，因此也可作为一种有效的底质分类方法。但从图 5-15（d）可看出，方法 4 的分类结果对不同底质边缘的描述能力弱于其他方法，这主要是受到浅剖测线间距的限制，通过合理设置测线方向和提高测线密度可进一步提高精度。

（3）根据表 5-6 所示的局部分类结果总体精度进行比较，基于 D-S 证据推理融合和基于特征级融合的方法仍然明显优于仅使用地貌或地形图像进行底质分类的方法，这表明本书提出的几种多源声学图像融合方法在局部区域仍然可达到比基于单一声学图像的分类更高的精度。

5.5 本书采用的几种底质分类方法综合比较

综合全书提出的底质分类方法，第 4 章分别提出了基于单一数据源（地貌、地形或浅层剖面数据）的底质多分类器分类方法，第 5 章分别提出了融合两类数据（地貌、地形数据）的特征级融合方法和 D－S 证据推理决策级融合方法，并对融合三类数据（地貌、地形、浅层剖面数据）的 D－S 证据推理决策级融合方法进行了探讨。上述 6 种底质分类方法代表了 6 种不同的分类策略，由于本研究没有相同研究区的浅层剖面实测数据，因此对其中 4 中分类策略做综合比较，分别为基于地貌数据的分类策略，基于地形数据的分类策略，基于地貌、地形数据特征级融合的分类策略和基于地貌、地形数据决策级融合的分类策略。

（1）多种分类策略的平均精度比较。根据第 4 章、第 5 章的分类结果可知，采用不同分类算法对不同底质的分类精度各有优劣，但是在实践中往往无法预知何种分类器的分类精度更高。为了消除分类器性能差异影响对不同的分类策略的比较，以下比较多组分类结果的平均精度。对单独使用地貌数据、单独使用地形数据和特征级融合三种策略的多算法分类结果，计算了 5 种分类算法各类评价指标的平均值（表 4－8、表 4－9 和表 5－2 各行的平均值）；对决策级融合逐次加入证据得到的融合结果，也计算了融合的数据由 1 到 10 各次的评价指标的平均值（表 5－4 各行的平均值）。结果见表 5－7。

表 5－7　本书多组分类结果的精度评价指标（平均值）表

评价指标	底质类别	基于地貌图像的多分类平均精度	基于地形图像的多分类平均精度	基于特征级融合的多分类平均精度	基于决策级融合的多次融合平均精度
制图精度/%	礁石	48.65	74.73	69.90	75.93
	砾石	49.62	54.35	54.12	66.60
	粗砂	46.51	8.12	49.11	14.67
	沙波	25.03	63.71	54.19	65.97
	细砂	61.15	39.81	61.05	66.27
	泥	72.70	28.43	78.27	63.25
用户精度/%	礁石	50.81	60.67	73.81	52.59
	砾石	63.39	39.33	68.92	57.60
	粗砂	21.56	15.71	21.83	24.37
	沙波	8.96	44.62	27.97	48.44
	细砂	78.54	53.05	78.38	75.52
	泥	80.64	27.50	80.17	81.39
总体精度/%		54.35	44.19	58.74	61.73
Kappa 系数		0.3849	0.2043	0.4427	0.4535

根据表 5－7 的数据可知，基于特征级融合和基于决策级融合的结果总体精度和 Kappa 系数优于单独基于地貌图像和地形图像的分类精度。其中，基于特征级融合的分类

对粗砂和泥两类的平均制图精度达到最高，对礁石和砾石两类的平均用户精度达到最高，对细砂的平均用户精度为78.38%，略低于单独基于地貌图像分类对细砂的平均分类用户精度。在其余指标中，决策级融合的平均精度均为最高。这一结果反映了特征级融合和决策级融合在底质分类中的优势和互补性。

但是在决策级融合结果中，对粗砂的分类平均制图精度（14.67%）远低于特征级融合的结果（49.11%），对粗砂分类的平均用户精度也仅有24.37%。由此可知，本书采用的特征指标和提出的分类方法对粗砂的识别精度不足。对于上述结果中分类精度无法达到应用精度要求的类别，未来可尝试从训练样本选取、特征量提取、分类算法选择等方面加以改进，以达到提高某一类底质识别精度的目的。

（2）多种分类策略最理想情况下的分类精度比较。本书对实验结果进行比较时，多种分类策略均使用了如4.3.1小节介绍的5种分类算法，分别为K-近邻分类（KNN）、朴素贝叶斯分类（N-Bayes）、决策树分类（Tree）、支持向量机分类（SVM）和随机森林分类（RF）。通过结果分析发现，基于地貌数据的SVM分类方法、基于地形数据的RF分类方法和基于地貌、地形数据特征级融合的RF分类方法具有最高的总体分类精度，而基于地貌、地形数据决策级融合的分类策略对其中5组分类结果按照一定顺序进行D-S证据推理时可达到最优分类精度，上述结果是本书各种底质分类策略可达到的最理想情况，以下对上述情况做综合比较，如表5-8所示。

表5-8　　本书多种底质分类方法中最优结果的精度评价指标表

评价指标	底质类别	基于地貌图像的SVM分类精度	基于地形图像的RF分类精度	基于特征级融合的RF分类精度	基于决策级融合的5组证据融合精度
制图精度/%	礁石	44.41	77.88	64.51	80.47
	砾石	58.32	56.51	54.24	72.04
	粗砂	55.38	11.88	44.89	13.16
	沙波	11.34	68.03	37.13	64.14
	细砂	58.59	44.75	64.55	69.39
	泥	80.22	32.49	92.62	76.37
用户精度/%	礁石	53.12	58.15	73.30	55.07
	砾石	60.96	41.70	68.42	58.46
	粗砂	23.48	20.57	23.67	34.91
	沙波	7.71	57.64	14.14	56.36
	细砂	82.06	57.63	76.86	77.39
	泥	87.97	40.07	82.97	91.98
总体精度/%		56.56	47.92	59.51	65.50
Kappa系数		0.4104	0.2551	0.4484	0.5012

表5-8中各列数据分别来自表4-8、表4-9、表5-2和表5-4中总体精度最高的列。根据总体精度比较可知，决策级融合具有最高的底质分类精度，特征级融合结果次之，基于地貌图像的底质分类结果再次，基于地形图像的分类结果总体精度最低；根据各

类底质的制图精度和用户精度比较可知，除了对粗砂、细砂和沙波的分类制图精度和用户精度偏低以外，采用特征级和决策级融合后对其他底质类型的分类精度均高于融合之前的最理想情况下的分类结果；特征级融合对泥底质的分类制图精度达 92.62%，对礁石和砾石的分类用户精度分别达 73.30%和 68.42%，决策级融合对礁石、砾石、沙波和细砂的分类制图精度分别为 80.47%、72.04%、64.14%和 76.37%，对细砂和泥底质的分类用户精度分别为 77.39%和 91.98%，上述数据表明特征级融合与决策级融合在对某些特定底质（如礁石、砾石和泥底质）分类的精度方面具有互补性。

(3) 多种分类策略的局部分类结果与全局分类结果精度比较。综合表 5-6 中的方法 2、方法 3、方法 5 和方法 6（局部分类结果）以及表 5-8（全局分类结果）的数据可知，不论是全局分类还是局部分类，特征级融合与决策级融合均有效提高了仅基于地貌或地形数据的分类精度，决策级融合结果在全局和局部的总体精度均高于特征级融合结果，该结果进一步证明了本书提出的几种数据融合方法的有效性。

(4) 可能的改进方向。从本书的实验结果来看，虽然对多源声学图像信息的特征级、决策级融合可达到优于仅使用单一声学图像的底质分类精度，对于礁石、泥、细砂等底质分类精度已超过或接近 70%，但总体分类精度仍有待提高。未来可以从样本的选取方法、特征量的选择方法，图像分割方法以及分类算法等方面加以改进，以达到进一步提高底质分类精度的目的。

5.6 本章小结

本章是对全书所述方法的应用和汇总，主要研究了多源声学图像信息的特征级融合与决策级融合方法以得到水下底质的空间分布结果，这些方法包括对地形、地貌数据的特征级融合，对地形、地貌分类数据的决策级融合，以及对水底地貌、地形和地层分类数据的决策级融合。本章的主要内容可归纳如下。

(1) 探讨了多源声学图像融合的技术框架。宏观层面，可基于混合模型（Omnibus Model，OB）形成由观测、定向、决策和执行四个子系统构成融合框架；中观层面，采用基于主题的（Theme Based，THB）和基于空间特征、面向应用的（Spatial Feature Based and Application Oriented，SFBAO）水底浅层声学探测空间数据融合模型作为 OB 模型中观测、定向和决策子系统的具体架构；微观层面，面向底质分类的应用提出了一种特征级和决策级融合模型。上述 3 个模型层层细化，构成了具体的融合技术框架。

(2) 研究了一种特征级融合的底质分类方法。实际上这是基于地貌图像的分割对象，将相应对象的水底地貌和地形图像特征合并为一个特征数据集，并基于融合的特征数据集进行分类的方法。分析表明，基于特征级融合的底质分类方法能在一定程度上提高基于单一声学图像分类的精度，因此，若有条件同时获取水底地貌和地形数据，融合两类数据的特征再进行分类有望能达到较好的底质分类效果。

(3) 提出了一种基于 Dempster - Shafer 证据推理的决策级融合方法。基于地貌和地形数据多分类器的分类结果，依据分类器训练得到的混淆矩阵决定融合顺序和相应证据体的基本信度分配函数（Basic Belief Assignment，BBA 函数），采用 PCR5 证据合成规则和信度函数最大化的决策规则融合，得到融合后的底质分类结果。分析表明，在合理设置证据输入的顺序和数量时，本章提出的决策级融合方法也能够有效提高基于单一声学图像的底质分类精度。

（4）在 D－S 证据推理的融合模型下讨论了一种融合水底地貌、地形和地层分类数据的决策级融合方法。模拟了浅层剖面的分类结果，将水底浅层剖面数据的分类结果与其测线经过的地貌图像分割对象的分类结果进行 D－S 证据推理融合。模拟实验的结果表明该方法有望进一步提高底质分类结果的精度。

（5）对全书介绍的几种底质分类方法进行了综合比较结果表明，融合水底多源声学图像信息进行水下底质分类具有合理性和有效性，融合有助于提高底质分类精度。在分类数据的输入顺序和数量设定合理的情况下，决策级融合可在总体精度上超过特征级融合。在对某些底质类型的分类精度方面，特征级和决策级融合结果具有较好的互补性。

第6章

总结与展望

水下底质分类对海洋、河流、湖泊的科学研究、资源开发、环境保护和海权维护具有重要意义。侧扫声呐、多波束系统和浅地层剖面仪探测是声学法底质分类的常用技术。声学图像是通过上述三种技术得到的主要成果之一，不同技术得到的声学图像信息既有较大的差异性，又有良好的互补性。如何从多源声学图像中提取有效的信息用于底质分类，以及怎样融合多源声学图像信息用以提高底质自动分类的精度是贯穿本书的主线。

6.1 本书的主要结论和创新点

根据多源声学图像的特点，本书围绕侧扫声呐、多波束系统和浅地层剖面仪分别获取的水底地貌、地形和浅地层剖面数据，探讨了其预处理、特征提取、分类和融合等过程的有关方法。本书的主要结论如下。

（1）侧扫声呐、多波束系统和浅地层剖面仪分别采用了不同的水声成像方式，本书第2章对多源声学图像的成像原理进行了论述，并分别提出了面向底质分类的侧扫声呐图像预处理方法和浅层剖面图像多次波压制与层界检测方法。以上论述表明，多源声学图像具有共同点、差异性和互补性，融合多源声学图像信息进行底质分类具有可行性。

（2）多源声学图像特征分析和特征提取是声学法底质分类以及图像信息融合的基础。本书第3章分别从定性和定量角度描述了多源声学图像特征，分析了具有代表性的36种水底地貌图像特征量、11种水底地形特征量和12种水底浅层剖面图像特征量。通过特征量相关性分析可知，根据经验提取的多源声学图像定量特征往往具有冗余性，提取的特征量越多并非越有助于底质分类，因此第3章提出了基于相关性聚类的多源声学图像特征筛选方法。

（3）在利用多源声学图像进行水下底质分类的方法中，面向对象的图像分类是一种行之有效的方法。本书第4章基于面向对象的分类思想，研究了水底多源声学图像分割、特征选择和底质分类方法。对于水底地形和地貌图像，本书采用多尺度分割技术，并结合mRMR（最大相关最小冗余算法）与PSO算法（粒子群优化算法）的特征选择方法，以及常用的5种监督分类算法进行了面向对象的底质分类研究。根据水底浅层剖面图像仅描述水底表层底质一维分布的特点，本书提出了一种面向对象的、基于滑动窗口的浅层剖面图像监督分类方法。实验结果表明，不同分类算法对不同底质类型的分类效果各有优劣；地貌数据更适合对砾石、粗砂、细砂和泥等底质进行分类，地形数据更适合对礁石和沙波的分类；基于滑动窗口的浅层剖面图像监督分类方法可有效分辨黏土、粉砂、卵石、基岩等底质在浅层剖面图像中的水平分布，总体分类精度高于 90.83%。

(4) 鉴于多源声学图像的共同点、差异性和互补性，其图像信息的有效融合有利于进一步提高底质分类精度。本书第 5 章面向水下底质分类应用，在多源信息融合 OB 模型（混合模型）和水底浅层声学数据 THB－SFBAO 模型（基于主题和基于空间特征、面向应用的水底浅层声学数据集成与融合模型）基础上，进一步提出了多源声学图像特征级和决策级融合模型，从而形成了从宏观到微观的多源图像融合的技术框架；在上述融合框架下，分别基于第 3 章的特征提取结果和第 4 章的底质分类结果比较了基于合并特征子集的特征级融合和基于 Dempster-Shafer 证据推理的决策级融合两种信息融合策略。实验结果表明，基于单一声学图像的底质分类、水底地貌与地形数据的特征级融合、水底地貌与地形数据的决策级融合三种方法的底质分类总体精度依次提高；在基于 Dempster－Shafer 证据推理的决策级融合框架下，还可进一步融合水底地貌、地形和浅层剖面三类图像信息，模拟实验表明，即使浅层剖面图像的水底覆盖率有限且模拟分类误差率为 20%，融合上述三类图像信息后的局部底质分类精度仍可达 75.40%，上述研究进一步证明了融合多源声学图像进行底质分类的有效性。

本书的主要创新点如下。

(1) 改进了面向底质分类应用的数据预处理方法。针对侧扫声呐图像常出现的灰度不均衡问题和浅层剖面图像中常出现的多次波，分别提出了一种基于路径缓冲区的侧扫声呐图像灰度均衡化方法和一种浅层剖面图像多次波压制与层界检测方法。这些方法可有效提高侧扫声呐图像和浅层剖面图像的预处理质量，有助于后续的自动底质分类。

(2) 应用面向对象的方法实现了多源声学图像底质分类。针对现有分类方法无法适应大范围、复杂地貌区域的底质分类问题，采用多尺度分割方法实现对地貌、地形图像的划分，采用滑动窗口方法实现对浅层剖面图像的划分，实现了基于图像分割结果的特征提取和底质分类，使得利用现有特征提取和分类算法进行大范围、全覆盖的底质分类成为可能。

(3) 构建了面向水下底质分类的多源声学图像信息融合综合模型，并提出了基于 Dempster－Shafer 证据推理方法的决策级融合方法。实现了多源声学图像分类结果的融合，提高了基于单一声学图像底质分类的精度，为未来基于多源声学图像的水下底质分类研究提供了一种行之有效的方案。

6.2 研究展望

现有的基于单一数据源的水下底质分类具有一定的局限性，基于多源声学图像融合的底质分类虽然是一种具有潜力的方法，但其中的理论、方法和技术仍有许多问题需要进一步开展研究。

(1) 需探索新的图像特征量，提高对特定底质类型的识别精度。多源声学图像的特征提取方法是一个大有可为的研究方向，可以预见，通过发展新的图像特征描述量或结合声波反向散射强度和波束掠射角的耦合关系，有望提高对某些底质类型的分类精度。

(2) 需改进多源声学图像的特征选择方法。本书基于已有文献的经验提取多源声学图像定量特征，再通过特征选择得到有效的特征子集，但本书采用的特征选择方法尚不能保证所选特征的完备性。通过改进特征选择方法以提高特征子集的完备性将有助于进一步提高底质分类精度。

（3）需改进面向对象的图像初始分割方法。本书提出的面向对象的底质分类方法依赖于图像的初始分割结果，初始分割带来的误差将降低基于图像对象的特征量计算和底质分类的精度。研究适用于大范围、复杂底质类型分布的、具有更好局部分割精度的新型图像分割方法有利于进一步提高底质的分类精度和制图精度，是值得继续探索的重要问题。

（4）需研究新的底质分类算法。本书采用的声学图像分类算法均为监督分类方法，对分类器进行训练是将样本区域提取的灰度、纹理等作为统计信息输入的，因此样本的代表性和样本区域的大小对分类结果有一定影响。未来研究中可尝试改进或提出新的分类算法以适用于大范围声学图像的监督或半监督分类。

（5）在现有多源声学图像的特征级和决策级融合框架下，需尝试更多融合方法以寻求更好的融合结果。在本书提出的融合框架下，更多的特征级融合方法包括联合统计、马尔可夫估计、广义卡尔曼滤波、神经网络等，决策级融合方法或理论包括神经网络、DSmT理论、模糊集合理论、可能性理论等都值得进行广泛的尝试。在本书提出的融合算法中，优化信度分配函数、证据合成规则、决策规则，以及证据加入的顺序和数量，也有望得到更好的多源声学图像融合结果。

参 考 文 献

[1] M. B. 克利诺娃，范时清，徐经. 海洋底质图 [J]. 海洋与湖沼，1958 (1)：243 - 251.

[2] 范时清，秦蕴珊. 中国东海和黄海南部底质的初步研究 [J]. 海洋与湖沼，1959 (2)：82 - 85.

[3] 中华人民共和国国家质量监督检验检疫总局，中国国家标准化管理委员会. GB/T 12763.8—2007 海洋调查规范　第8部分：海洋地质地球物理调查 [S]. 北京：中国标准出版社，2007.

[4] 刘志杰，殷汝广. 浅海沉积物分类方法研讨 [J]. 海洋通报，2011 (2)：194 - 199.

[5] 温朝江，崔高嵩，卞鸿巍，等. 专用底质类型符号系统逻辑体系的设计研究 [J]. 海洋测绘，2013，33 (1)：53 - 56.

[6] 国家质量技术监督局　GB 12319—1998　中国海图图式 [S]. 北京：中国标准出版社，1999：38 - 41.

[7] 潘国富. 声学方法进行海底沉积物遥测分类 [J]. 海洋技术，1997，16 (1)：14 - 19.

[8] 杨鲲，吴永亭，赵铁虎，等. 海洋调查技术与应用 [M]. 武汉：武汉大学出版社，2009.

[9] 吴自银，郑玉龙，初凤友，等. 海底浅表层信息声探测技术研究现状及发展 [J]. 地球科学进展，2005，20 (11)：1210 - 1217.

[10] 郑红霞，张训华. 海底底质分类方法综述 [C]. 中国地球物理 2013，2013：1319 - 1323.

[11] 孟金生，关定华. 海底沉积物的声学方法分类 [J]. 声学学报，1982，7 (6)：3 - 9.

[12] 刘胜旋，关永贤. 介绍几种典型的海底底质分类技术 [C]. 第十四届海洋测绘综合性学术研讨会论文集，2002：412 - 416.

[13] 杜德文，王宁，周兴华. 声学与海洋沉积学交叉领域的研究 [J]. 海洋科学进展，2006 (3)：392 - 396.

[14] 贺西丽. 压缩感知在声呐成像中的应用研究 [D]. 哈尔滨：哈尔滨工程大学，2012.

[15] 姜小俊. 海底浅层声学探测空间数据集成与融合模型及 GIS 表达研究 [D]. 杭州：浙江大学，2009.

[16] 熊明宽，吴自银，李守军，等. 基于遗传小波神经网络的海底声学底质识别分类 [J]. 海洋学报 (中文版)，2014 (5)：90 - 97.

[17] 熊明宽，吴自银，李守军，等. 基于 SVM 的海底声呐图像底质识别 [J]. 海洋通报，2012，31 (4)：1210 - 1217.

[18] 魏长寿，唐秋华，丁继胜，等. 最大似然分类法在多波束底质分类中的应用 [J]. 海洋测绘. 2005 (4)：5 - 7.

[19] 徐超，李海森，王川，等. 基于合成核 SVM 的多波束海底声图像底质分类研究 [J]. 地球物理学进展，2014 (5)：2437 - 2442.

[20] 张海青，王宁. 应用浅剖灰度图像进行海底底质分类 [J]. 中国海洋大学学报 (自然科学版)，2006 (12)：131 - 135.

[21] 阳凡林. 多波束和侧扫声纳数据融合及其在海底底质分类中的应用 [D]. 武汉：武汉大学，2003.

[22] Lucieer V.，Hill N. A.，Barrett N. S.，et al. Do marine substrates 'look' and 'sound' the same? Supervised classification of multibeam acoustic data using autonomous underwater vehicle images [J]. Estuarine，Coastal and Shelf Science，2013，117：94 - 106.

[23] Fakiris E.，Papatheodorou G.. Quantification of regions of interest in swath sonar backscatter images using grey - level and shape geometry descriptors：the TargAn software [J]. Marine Geophysical Research，2012，33 (2)：169 - 183.

[24] 王雷. 侧扫声呐图像分割算法研究 [D]. 哈尔滨：哈尔滨工程大学，2013.

[25] 李庆武，霍冠英，周妍. 声呐图像处理 [M]. 北京：科学出版社，2015：164.

[26] Haralick R. M., Shanmugam K., Dinstein I.. Textural features for image classification [J]. IEEE Transactions on Systems, Man and Cybernetics, 1973, 3 (6): 610 - 621.

[27] Tsatsanis M. K., Giannakis G. B.. Object and texture classification using higher order statistics [J]. IEEE Transactions on Pattern Analysis and Machine Intelligence, 1992, 14 (7): 733 - 50.

[28] Pentland A.. Fractal - based description of natural scenes [C]. Proceedings of the IEEE Computer Society Conference on Computer Vision and Pattern Recognition. Silver Spring, MD, USA: IEEE Comput. Soc. Press, 1983: 201 - 209.

[29] 杨词银，许枫. 基于分形维的底质分类 [J]. 海洋测绘，2004 (6): 5 - 8.

[30] 胡玉薇. 基于分形理论的水声图像分割与识别 [D]. 哈尔滨：哈尔滨工程大学，2009.

[31] Lam W., Li C.. Rotated texture classification by improved iterative morphological decomposition [J]. IEEE Proceedings - Vision, Image and Signal Processing, 1997, 144 (3): 171 - 179.

[32] Eichmann G., Kasparis T.. Topologically invariant texture descriptors [J]. Computer Vision, Graphics, and Image Processing, 1988, 41 (3): 267 - 281.

[33] Hideki Noda. MRF - based texture segmentation using wavelet decomposed images [J]. Pattern Recognition, 2002 (35): 771 - 782.

[34] Krishnamachari S., Chellappa R.. GMRF models and wavelet decomposition for texture segmentation [C]. International Conference on Image Processing, IEEE Computer Society, 1995, (3): 568 - 571.

[35] 秦清亮. 二维小波变换在侧扫声图目标检测中的应用 [J]. 海洋测绘，2014，34 (3): 63 - 66.

[36] 张志龙，李吉成，沈振康，等. 局部傅里叶变换系数各阶矩的纹理鉴别性能分析 [J]. 中国图像图形学报，2006，11 (1): 34 - 40.

[37] Naitchabane A., Zerr B., Chenadec G. L.. Range - independent segmentation of sidescan sonar images with unsupervised SOFM Algorithm (Self - Organizing Feature Maps) [J]. Proceedings of Meetings on Acoustics Acoustical Society of America, 2013, 17 (1): 1505 - 1515.

[38] 杨词银，许枫. 基于二次反锐化掩模的多特征侧扫声纳成像海底底质分类 [J]. 电子学报，2005 (10): 115 - 118.

[39] Krishnamachari S., Chellappa R.. Multiresolution Gauss - Markov random field models for texture segmentation [J]. IEEE Transactions on Image Processing, 1997, 6 (2): 251 - 267.

[40] Wang R., Gu D. B., Liu G. W., etc. A multi - scale image inpainting algorithm based on GMRF model [J]. Robotics and Biomimetics, 2009: 1844 - 1848.

[41] Rama, Shankar. Classification of textures using gaussian markov random fields [J]. Acoustics, 1985, 33 (4): 959 - 963.

[42] Tamura H., Mori S., Yamawaki T.. Textural features corresponding to visual perception [J]. IEEE Transactions on Systems, Man and Cybernetics, 1978, 8 (6): 460 - 73.

[43] Bovik A. C., Clark M., Geisler W. S.. Multichannel texture analysis using localized spatial filters [J]. IEEE Transactions on Pattern Analysis and Machine Intelligence, 1990, 12 (1): 55 - 73.

[44] David A.. Comparison and fusion of Co - occurrence, Gabor and MRF texture features for classification of SAR sea - ice imagery [J]. Atmosphere - Ocean, 2001, 39 (3): 183 - 194.

[45] 刘晨晨. 高分辨率成像声纳图像识别技术研究 [D]. 哈尔滨：哈尔滨工程大学，2006.

[46] 王梁. 基于稀疏表示的声呐图像识别及超分辨率重建 [D]. 哈尔滨：哈尔滨工程大学，2012.

[47] 马金凤，郭军. 基于 GLCM 的侧扫声呐影像纹理数据库设计 [J]. 测绘与空间地理信息，2014，37 (7): 36 - 42.

[48] Huvenne V. A. I., Blondel Ph, Henriet J. P.. Textural analyses of sidescan sonar imagery from two

mound provinces in the Porcupine Seabight [J]. Marine Geology, 2002 (189): 323 - 341.

[49] 李庆武，石丹，霍冠英. 基于 Contourlet 变换的海底声纳图像特征提取与分类 [J]. 海洋学报（英文版），2011，33 (5)：163 - 168.

[50] 杨词银，许枫，魏建江. 基于邻域灰阶共生矩阵的海底沉积物分类 [J]. 哈尔滨工程大学学报（英文版），2005，26 (5)：561 - 564.

[51] 郭军，马金凤. 基于粒子群优化算法的 SVM 神经网络在海底底质分类中的应用 [J]. 测绘与空间地理信息，2012，35 (12)：77 - 79.

[52] 郭军，马金凤，王爱学. 基于改进 GLCM 的侧扫声纳影像分类研究 [J]. 测绘工程，2016，25 (6)：6 - 9.

[53] Fournier J., Baltzer A., Godet L., et al. Acoustic imagery for benthic habitats mapping and monitoring [C]. Geomatic solutions for coastal environments, 2010: 141 - 161.

[54] Lucieer V. L.. Object - oriented classification of sidescan sonar data for mapping benthic marine habitats [J]. International Journal of Remote Sensing, 2008, 29 (3): 905 - 921.

[55] 沈蔚，章守宇，李勇攀，等. C3D 测深侧扫声呐系统在人工鱼礁建设中的应用 [J]. 上海海洋大学学报，2013，22 (3)：404 - 409.

[56] 王志光，孙新轩，刘强，等. 侧扫声纳系统在海底障碍物扫测中的应用 [J]. 海洋测绘，2012，32 (6)：48 - 50.

[57] Kaeser A. J., Litts T. L., Tracy T. W.. Using low - cost side - scan sonar for benthic mapping throughout the lower Flint river, Georgia, USA [J]. River Research & Applications, 2013, 29 (5): 634 - 644.

[58] Gutperlet R., Capperucci R. M., Bartholomä A., et al. Relationships between spatial patterns of macrofauna communities, sediments and hydroacoustic backscatter data in a highly heterogeneous and anthropogenic altered environment [J]. Journal of Sea Research, 2017, 121: 33 - 46.

[59] Preston J.. Automated acoustic seabed classification of multibeam images of Stanton Banks [J]. Applied Acoustics, 2009, 70 (10): 1277 - 1287.

[60] 唐秋华，陈义兰，周兴华，等. 多波束海底声像图的形成及应用研究 [J]. 海洋测绘，2004，24 (5)：9 - 12.

[61] 吕海龙，杜德文，刘焱光，等. 多波束回声数据的统计与底质分类应用 [J]. 海洋科学进展，2006，24 (4)：463 - 471.

[62] 赵旭. 海底底质多波束声学方法探测技术研究 [D]. 哈尔滨：哈尔滨工程大学，2009.

[63] Brown C. J., Todd B. J., Kostylev V. E., et al. Image - based classification of multibeam sonar backscatter data for objective surficial sediment mapping of Georges Bank, Canada [J]. Continental Shelf Research, 2011, 31 (2): 110 - 119.

[64] 赵建虎，刘经南. 多波束测深及图像数据处理 [M]. 武汉：武汉大学出版社，2008.

[65] 金绍华，翟京生，刘雁春，等. SimradEM 多波束声呐系统回波强度数据的分析与应用 [J]. 海洋技术，2011，30 (1)：48 - 51.

[66] 金绍华，肖付民，边刚，等. 利用多波束反向散射强度角度响应曲线的底质特征参数提取算法 [J]. 武汉大学学报（信息科学版），2014 (12)：1493 - 1498.

[67] 何林帮，赵建虎，张红梅，等. 基于 MB 栅格回波强度和改进 BPNN 的底质分类 [J]. 中国矿业大学学报，2014，43 (5)：956 - 962.

[68] Zhi H., Siwabessy J., Nichol S. L., et al. Predictive mapping of seabed substrata using high - resolution multibeam sonar data: A case study from a shelf with complex geomorphology [J]. Marine Geology, 2014 (357): 37 - 52.

[69] Marsh I., Brown C.. Neural network classification of multibeam backscatter and bathymetry data

from Stanton Bank (Area IV) [J]. Applied Acoustics, 2009, 70 (10): 1269 - 1276.

[70] Micallef A., Bas T. P. L., Huvenne V. A. I., et al. A multi - method approach for benthic habitat mapping of shallow coastal areas with high - resolution multibeam data [J]. Continental Shelf Research, 2012 (40): 14 - 26.

[71] Diesing M., Green S. L., Stephens D., et al. Mapping seabed sediments: Comparison of manual, geostatistical, object - based image analysis and machine learning approaches [J]. Continental Shelf Research, 2014 (84): 107 - 119.

[72] 丁继胜，董立峰，唐秋华，等. 高分辨率多波束声纳系统海底目标物检测技术 [J]. 海洋测绘，2014，34 (5)：62 - 64.

[73] 陈正荣，王正虎. 多波束和侧扫声呐系统在海底目标探测中的应用 [J]. 海洋测绘，2013 (4)：51 - 54.

[74] 黄承义，肖春桥，李春风，等. 多波束测量技术在海底管道探测中的应用 [J]. 天津科技，2013 (3)：12 - 13.

[75] 陆俊. 多波束系统在水下探测中的应用 [D]. 南京：河海大学，2006.

[76] 唐秋华，刘忠臣，周兴华. 多波束海底底质分类软件 Simrad Triton 的应用 [J]. 海洋测绘，2002 (4)：21 - 24.

[77] 李海森，周天，徐超. 多波束测深声纳技术研究新进展 [J]. 声学技术，2013，32 (2)：73 - 80.

[78] 谷明峰，郭常升. 海底声学探测技术——浅地层剖面测量技术 [C]. 中国地球物理学会年会，2006.

[79] 曾宪军，伍忠良，郝小柱. 海洋地质调查方法与设备综述 [J]. 气象水文海洋仪器，2009 (1)：111 - 117、120.

[80] 任少华，姜小俊. 结合特征和应用的海底浅层声学空间数据融合方法 [J]. 测绘科学，2013 (5)：72 - 73、76.

[81] 王旭军，王永锋. 海底浅层空间可视化方法研究 [J]. 现代测绘，2010 (2)：27 - 29，35.

[82] 魏碧辉，滕惠忠，王克平，等. 海底目标探测技术与应用 [C]. 海洋测绘综合性学术研讨会，2009：579 - 582.

[83] 姜小俊，胡建炯，史永忠. 海底基岩高程测量中浅地层剖面仪数据处理方法研究 [J]. 测绘科学，2008 (5)：169 - 170.

[84] Stevenson I. R., Mccann C., Runciman P. B.. An attenuation - based sediment classification technique using Chirp sub - bottom profiler data and laboratory acoustic analysis [J]. Marine Geophysical Researches, 2002, 23 (4): 277 - 298.

[85] Zheng H., Yan P., Chen J., et al. Seabed sediment classification in the northern South China Sea using inversion method [J]. Applied Ocean Research, 2013 (39): 131 - 136.

[86] Nitsche F. O., Bell R., Carbotte S. M., et al. Process - related classification of acoustic data from the Hudson River Estuary [J]. Marine Geology, 2004 (209): 131 - 145.

[87] Schrottke K., Becker M., Bartholomä A., et al. Fluid mud dynamics in the Weser estuary turbidity zone tracked by high - resolution side - scan sonar and parametric sub - bottom profiler [J]. Geo - Marine Letters, 2006, 26 (3): 185 - 198.

[88] Lowag J., Bull J., Vardy M., et al. High - resolution seismic imaging of a Younger Dryas and Holocene mass movement complex in glacial lake Windermere, UK [J]. Geomorphology, 2012, 171 (9): 42 - 57.

[89] 刘长东.海洋多源数据获取及基于多源数据的海域管理信息系统 [D]. 青岛：中国海洋大学，2008.

[90] 李鹏. 面向地质勘查的多源异构数据集成关键技术研究 [D]. 武汉：中国地质大学，2013.

[91] Parrott R., Clarke J. H., Fader G., et al. Integration of multibeam bathymetry and sidescan sonar data for geological surveys [J]. Oceans, 1999, 3 (2): 1129 - 1133.

[92] Ware C., Plumlee M., Arsenault R., et al. GeoZui3D: data fusion for interpreting oceanographic data [J]. Oceans, 2001 (3): 1960 - 1964.

[93] Bas T. P. L., Mason D. C.. Automatic Registration of TOBI Side - Scan Sonar and Multi - Beam Bathymetry Images for Improved Data Fusion [J]. Marine Geophysical Research, 1997, 19 (2): 163 - 176.

[94] Huang R. Y. M., Moreira A., Notarfonzo R., et al. Comparative study of information fusion methods for sonar images classification [C]. International Conference on Information Fusion, 2006, 10 (1): 7.

[95] Reed S., Tena Ruiz I., Capus C., et al. The fusion of large scale classified side - scan sonar image mosaics [J]. IEEE Transactions on Image Processing A Publication of the IEEE Signal Processing Society, 2006, 15 (7): 2049 - 2060.

[96] Noel C., Viala C., Coquet M., et al. Acoustic data fusion devoted to underwater vegetation mapping [J]. Journal of the Acoustical Society of America, 2008, 123 (5): 3951.

[97] Ismail K., Huvenne V. A. I., Masson D. G.. Objective automated classification technique for marine landscape mapping in submarine canyons [J]. Marine Geology, 2015 (362): 17 - 32.

[98] Lucieer V., Lamarche G.. Unsupervised fuzzy classification and object - based image analysis of multibeam data to map deep water substrates, Cook Strait, New Zealand [J]. Continental Shelf Research, 2011, 31 (11): 1236 - 1247.

[99] 阳凡林，吴自银，独知行，等. 多波束声纳和侧扫声纳数字信息的配准及融合 [J]. 武汉大学学报信息科学版，2006，31 (8)：740 - 743.

[100] 郭军. 基于 SURF 的声呐图像配准与融合方法研究 [J]. 测绘与空间地理信息，2013 (3)：56 - 58.

[101] 赵建虎，王爱学，郭军. 多波束与侧扫声呐图像区块信息融合方法研究 [J]. 武汉大学学报（信息科学版），2013，38 (3)：287 - 290.

[102] 汤春瑞. 水下目标声图像多分辨率分析及识别研究 [D]. 哈尔滨：哈尔滨工程大学，2009.

[103] 王达，卞红雨. 基于 Piella 框架的声纳图像融合研究 [J]. 四川大学学报（工程科学版），2015 (2)：95 - 101.

[104] 刘晓东，傅命佐，李萍，等. 河北南堡-曹妃甸海域潜在的浅表灾害地质类型及特征 [J]. 海洋学报，2014，36 (7)：90 - 98.

[105] 彭俊，陈沈良，陈一强，等. 黄河三角洲侵蚀性岸段水下岸坡地质灾害及其空间分布 [J]. 海洋通报，2014，33 (1)：1 - 6.

[106] 刘乐军，傅命佐，李家钢，等. 荔湾 3 - 1 气田海底管道深水段地质灾害特征 [J]. 海洋科学进展，2014，32 (2)：162 - 174.

[107] 林曼曼. 青岛近海海域灾害地质特征研究 [D]. 石家庄：石家庄经济学院，2014.

[108] 姜小俊，刘仁义，刘南，等. 强潮地区海底管线状态检测方法研究——杭州湾海底管线状态检测 [J]. 浙江大学学报（工学版），2009 (9)：1739 - 1742.

[109] Ruffell A.. Lacustrine flow (divers, side scan sonar, hydrogeology, water penetrating radar) used to understand the location of a drowned person [J]. Journal of Hydrology, 2014 (513): 164 - 168.

[110] Tian W.. Integrated method for the detection and location of underwater pipelines [J]. Applied Acoustics, 2008, 69 (5): 387 - 398.

[111] Georgiadis M., Papatheodorou G., Tzanatos E., et al. Coralligène formations in the eastern Mediterranean Sea: Morphology, distribution, mapping and relation to fisheries in the southern Aegean Sea (Greece) based on high - resolution acoustics [J]. Journal of Experimental Marine Biology and Ecology, 2009, 368 (1): 44 - 58.

[112] Shumchenia E. J., King J. W.. Comparison of methods for integrating biological and physical data for ma-

rine habitat mapping and classification [J]. Continental Shelf Research，2010 (30)：1717 - 1729.
[113] 赵建虎. 现代海洋测绘（上册）[M]. 武汉：武汉大学出版社，2007.
[114] 李国栋. “声呐” 和 “声纳” [J]. 中国科技术语，1999 (1)：44 - 45.
[115] 李启虎. 声呐信号处理引论 [M]. 北京：科学出版社，2012.
[116] 汪德昭，尚尔昌. 水声学（第二版）[M]. 北京：科学出版社，2013.
[117] 苏程. 深水多波束测深侧扫声纳显控系统研究 [D]. 杭州：浙江大学，2012.
[118] 朱小辰，刘雁春，肖付民，等. 海道测量多波束声速改正精确模型研究 [J]. 海洋测绘，2011 (1)：1 - 3.
[119] 朱小辰，刘雁春，肖付民，等. 多波束测深波束脚印位置归算模型研究 [J]. 海洋测绘，2011 (5)：24 - 27.
[120] 卜宪海，王明伟，阳凡林，等. 多波束测深波束归位近似转换模型研究 [J]. 山东科技大学学报（自然科学版），2016 (5)：28 - 34.
[121] Hampton L.. Acoustic properties of sediments：An update [J]. Reviews of Geophysics，1985，23 (1)：49 - 60.
[122] Hampton L. D.. Acoustic Properties of Sediments [J]. Journal of the Acoustical Society of America，1967，42 (4)：1993 - 1993.
[123] Bentrem F. W.，Sample J.，Kalcic M. T.，et al. High - frequency acoustic sediment classification in shallow water [J]. Oceans. 2006 (1)：7 - 11.
[124] Akal T.. Acoustics of characteristics of the sea floor，Physics of Sound in Marine Sediments [M]. New York：Plenum Press，1974.
[125] 金中原，杨日杰，战和. 典型海底底质散射强度研究 [J]. 兵器装备工程学报，2016 (7)：158 - 162.
[126] 朱艳. 声学方法海底沉积物类型分类研究 [D]. 哈尔滨：哈尔滨工程大学，2007.
[127] 李家彪. 多波束勘测原理技术与方法 [M]. 北京：海洋出版社，1999.
[128] 唐秋华，周兴华，丁继胜，等. 多波束反向散射强度数据处理研究 [J]. 海洋学报（中文版），2006 (2)：51 - 55.
[129] 中华人民共和国国家质量监督检验检疫总局，中国国家标准化管理委员会. GBT 12763.10—2007 海洋调查规范 第10部分：海底地形地貌调查 [S]. 北京：中国标准出版社，2007.
[130] 沈蔚，程国标，龚良平，等. C3D测深侧扫声纳探测系统综述 [J]. 海洋测绘，2013 (4)：79 - 82.
[131] 赵建虎，王爱学，王晓，等. 侧扫声呐条带图像分段拼接方法研究 [J]. 武汉大学学报（信息科学版），2013，38 (9)：1034 - 1038.
[132] 黄盛炜，陈冠宇，郭振华. 水下载具侧扫声纳航道与目标物即时辨识 [C]. 第十届水下技术研讨会暨国科会成果发表会，2008.
[133] 蒋立军，杜文萍，许枫. 侧扫声纳回波信号的增益控制 [J]. 海洋测绘，2002，22 (3)：6 - 8.
[134] Miller R. L.，Dwan F. S.，Cheng C. F.. Digital preprocessing techniques for GLORIA Ⅱ sonar images [J]. Geo - Marine Letters，1991，11 (1)：23 - 31.
[135] 张济博，潘国富，丁维凤. 侧扫声纳图像改正研究 [J]. 声学技术，2009，28 (6)：44 - 47.
[136] 程秀丽，段文凯，邬旋，等. 多波束声纳图像处理关键技术的研究 [J]. 计算机技术与发展，2014 (10)：197 - 201.
[137] 陈爽，肖付民，金绍华，等. 多波束探测分辨率估计模型研究 [J]. 海洋测绘，2016 (4)：12 - 15.
[138] 赵建虎，冯杰，施凤，等. 基于图像处理技术的浅地层层界划分方法 [J]. 中国矿业大学学报，2016，45 (2)：411 - 417.
[139] 李平，杜军. 浅地层剖面探测综述 [J]. 海洋通报，2011 (3)：344 - 350.
[140] 郭英歌，邹彬彬，陈晶晶，等. 单通道盲信号分离算法在浅地层剖面数据处理中的应用 [J]. 测试技术学报，2016 (1)：51 - 56.

[141] 刘秀娟，高抒，赵铁虎. 浅地层剖面原始数据中海底反射信号的识别及海底地形的自动提取 [J]. 物探与化探，2009 (5)：576 - 579.

[142] Quinn R.，Bull J. M.，Dix J. K.. Optimal Processing of Marine High - Resolution Seismic Reflection (Chirp) Data [J]. Marine Geophysical Research，1998，20 (1)：13 - 20.

[143] 王琪，肖付民，暴景阳，等. 浅地层剖面仪垂直测量性能分析 [J]. 海洋测绘. 2013 (2)：30 - 33.

[144] 宋家文，D. J. Verschuur，陈小宏. 多次波压制的研究现状与进展 [J]. 地球物理学进展，2014，29 (1)：240 - 247.

[145] 赵昌垒，叶月明，姚根顺，等. 线性拉东域预测反褶积在海洋多次波去除中的应用 [J]. 地球物理学进展，2013，28 (2)：1026 - 1032.

[146] 蔡锋，曹超，周兴华，吴自银，等. 中国近海海洋——海底地形地貌 [M]. 北京：海洋出版社，2013.

[147] Sams T.，Hansen J. L.，Thisen E.，et al. Segmentation of sidescan sonar images [R]. Danish Defence Research Establishment，2004.

[148] 陈义兰. 基于多波束数据的东海陆坡区地形分类 [D]. 青岛：国家海洋局第一海洋研究所，2007.

[149] 陈翠霞. 基于多波束数据的数字海底地形地貌分析研究 [D]. 青岛：山东科技大学，2011.

[150] Kim H. J.，Chang J. K.，Jou H. T.，et al. Seabed classification from acoustic profiling data using the similarity index [J]. Journal of the Acoustical Society of America，2002，111 (2)：794 - 799.

[151] 李斌，杨文达，张异彪，等. 海底管道的浅地层剖面图上反射特征与判读方法 [J]. 海洋测绘，2010 (5)：56 - 58.

[152] 安永宁. 海底管道测量声学剖面特征分析 [J]. 海洋测绘，2015 (6)：62 - 64.

[153] Peli E.. Contrast in complex images [J]. Journal of the Optical Society of America A Optics & Image Science，1990，7 (10)：2032 - 2040.

[154] Yang X.，Tridandapani S.，Beitler J. J.，et al. Ultrasound GLCM texture analysis of radiation induced parotid, gland injury in head, and neck cancer radiotherapy：An in vivo study of late toxicity [J]. Medical Physics，2012，39 (9)：5732 - 5739.

[155] 赵锋，赵荣椿. 纹理分割及特征提取方法综述 [J]. 中国体视学与图像分析，1998 (4)：47 - 54.

[156] Hu M.. Visual - Pattern Recognition by Moment Invariants [J]. IRE Transactions on Information Theory，1962，8 (2)：179.

[157] 张伟，何金国. Hu不变矩的构造与推广 [J]. 计算机应用，2010 (9)：2449 - 2452.

[158] Teague M. R.. Image analysis via the general theory of moments [J]. Journal of the Optical Society of America，1980，69 (8)：1468.

[159] Abu - Mostafa Y. S.，Psaltis D.. Recognitive Aspects of Moment Invariants [J]. IEEE Transactions on Pattern Analysis & Machine Intelligence，1984，6 (6)：698 - 706.

[160] Shen D.，Ip H. H. S.. Discriminative wavelet shape descriptors for recognition of 2 - D patterns [J]. Pattern Recognition，1999，32 (2)：151 - 165.

[161] Flusser J.. On the independence of rotation moment invariants [J]. Pattern Recognition，2000，33 (9)：1405 - 1410.

[162] 高薇，王珂，原发杰，等. 基于不变矩的高分辨率遥感图像建筑物提取方法 [J]. 计算机应用研究，2014 (2)：622 - 624.

[163] Mandelbrot B. B.. Fractal Geometry of Nature [M]. San Francisco：Freeman Press，1982.

[164] 汤荣志，段会川，孙海涛. SVM训练数据归一化研究 [J]. 山东师范大学学报（自然科学版），2016 (4)：60 - 65.

[165] Hay G.，Castilla G.. Geographic Object - Based Image Analysis (GEOBIA)：A new name for a new discipline [M]. Springer：Object - based image analysis，2008：75 - 89.

[166] Hay G. J. , Blaschke T. Special issue: geographic object - based image analysis (GEOBIA) [J]. Photogrammetric Engineering and Remote Sensing, 2010 (76): 121 - 122.

[167] Kettig R. L. , Landgrebe D. A. . Classification of Multispectral Image Data by Extraction and Classification of Homogeneous Objects [J]. Geoscience Electronics IEEE Transactions on, 1976, 14 (1): 19 - 26.

[168] 韩凝. 空间信息在面向对象分类方法中的应用 [D]. 杭州：浙江大学，2011.

[169] 陈启浩. 面向对象的多源遥感数据分类技术研究与实现 [D]. 武汉：中国地质大学，2007.

[170] Baatz M. , Schäpe A. . Multiresolution Segmentation: An optimization approach for high quality multi - scale image segmentation [C]. Beiträge zum AGIT - Symposium, 2000: 12 - 23.

[171] 郝虑远. 基于纹理分析的高分辨率影像面向对象分类研究 [D]. 北京：北京师范大学，2014.

[172] 周莉莉，姜枫. 图像分割方法综述研究 [J]. 计算机应用研究，2017 (7): 1 - 11.

[173] Otsu N. . A threshold selection method from gray - level histograms [J]. Automatica, 1975, 11 (285 - 296): 23 - 27.

[174] 曹建农. 图像分割的熵方法综述 [J]. 模式识别与人工智能，2012 (6): 958 - 971.

[175] Davis L. S. . A survey of edge detection techniques [J]. Computer graphics and image processing, 1975, 4 (3): 248 - 270.

[176] Vincent O. R. , Folorunso O. . A Descriptive Algorithm for Sobel Image Edge Detection [C]. Proceedings of Informing Science & IT Education Conference (InSITE), 2009: 97 - 107.

[177] Meyer F. . Skeletons and watershed lines in digital spaces [C]. Proc of International Society for Optics and Photonics. 1990: 85 - 102.

[178] Adams R. , Bischof L. . Seeded region growing [J]. IEEE Trans on Pattern Analysis and Machine Intelligence. 1994, 16 (6): 641 - 647.

[179] Cheng Y. . Mean shift, mode seeking, and clustering [J]. IEEE Trans on Pattern Analysis and Machine Intelligence, 1995, 17 (8): 790 - 799.

[180] Levinshtein A. , Stere A. , Kutulakos K. N. , et al. Turbopixels: fast superpixels using geometric flows [J]. IEEE Trans on Pattern Analysis and Machine Intelligence, 2009, 31 (12): 2290 - 2297.

[181] 钱芸，张英杰. 水平集的图像分割方法综述 [J]. 中国图象图形学报，2008 (1): 7 - 13.

[182] Wu Z. , Leahy R. . An optimal graph theoretic approach to data clustering: Theory and its application to image segmentation [J]. IEEE Trans on Pattern Analysis and Machine Intelligence, 1993, 15 (11): 1101 - 1113.

[183] Boykov Y. , Funka - Lea G. . Graph cuts and efficient ND image segmentation [J]. International journal of computer vision, 2006, 70 (2): 109 - 131.

[184] 王梅，李玉鑑，全笑梅. 图像分割的图论方法综述 [J]. 计算机应用与软件，2014 (9): 1 - 12.

[185] 徐胜军，韩九强，刘光辉. 基于马尔可夫随机场的图像分割方法综述 [J]. 计算机应用研究，2013 (9): 2576 - 2582.

[186] Wang X. Y. , Wu Z. F. , Chen L. , et al. Pixel classification based color image segmentation using quaternion exponent moments [J]. Neural Networks, 2016 (74): 1 - 13.

[187] Long J. , Shelhamer E. , Darrell T. . Fully convolutional networks for semantic segmentation [C]. Proc of IEEE Conference on Computer Vision and Pattern Recognition, 2015: 3431 - 3439.

[188] Wang X. , Wang H. , Ye X. , et al. A novel segmentation algorithm for side - scan sonar imagery with multi - object [C]. IEEE International Conference on Robotics and Biomimetics. IEEE, 2008: 2110 - 2114.

[189] 罗明愿. 侧扫声纳图像感兴趣区域提取算法研究 [D]. 哈尔滨：哈尔滨工程大学，2011.

[190] 卞红雨，罗明愿，刘立昕. 侧扫声纳图像分割中种子区域获取方法 [J]. 计算机工程与应用，

2011 (25)：165 - 167.

[191] 王雷，叶秀芬，王天. 模糊聚类的侧扫声纳图像分割算法 [J]. 华中科技大学学报（自然科学版)，2012 (9)：25 - 29.

[192] 李庆武，马国翠，霍冠英，等. 基于 NSCT 域边缘检测的侧扫声呐图像分割新方法 [J]. 仪器仪表学报，2013 (8)：1795 - 1801.

[193] 刘辰龙. 基于遗传算法的水声图像分割技术研究 [D]. 哈尔滨：哈尔滨工程大学，2013.

[194] 黄昕. 高分辨率遥感影像多尺度纹理、形状特征提取与面向对象分类研究 [D]. 武汉：武汉大学，2009.

[195] 边肇祺，张学工. 模式识别（第 2 版）[M]. 北京：清华大学出版社，2000.

[196] Dash M.，Liu H.. Feature selection for classification [J]. Intelligent Data Analysis，1997，1 (3)：131 - 156.

[197] 姚旭，王晓丹，张玉玺，等. 特征选择方法综述 [J]. 控制与决策，2012 (2)：161 - 166.

[198] 杨克昌. 计算机常用算法与程序设计案例教程（第 2 版）[M]. 北京：清华大学出版社，2015.

[199] Langley P.. Selection of relevant features in machine learning [C]. Proc of the AAAI Fall Symposium on Relevance，New Orleans，1994：1 - 5.

[200] Kohavi R.，John G. H.. Wrappers for feature subset selection. In Artificial Intelligence journal，special issue on relevance，1997，97 (1 - 2)：273 - 324.

[201] Peng H.，Long F.，Ding C.. Feature selection based on mutual information：criteria of max - dependency，max - relevance，and min - redundancy [J]. IEEE Transactions on Pattern Analysisand Machine Intelligence. 2005，27 (8)：1226 - 1238.

[202] 邹利东，潘耀忠，朱文泉，等. 结合邻域相关影像与最大相关性最小冗余性特征选择的面向对象变化检测 [J]. 中国图象图形学报，2014 (1)：158 - 166.

[203] Kennedy J.，Eberhart R.. Particle swarm optimization [C]. IEEE International Conference on Neural Networks，1995 (4)：1942 - 1948.

[204] Eberhart R. C.，Shi Y. Particle swarm optimization：developments，applications and resources [C]. IEEE Congress on Evolutionary Computation，2001 (1)：81 - 86.

[205] Kennedy J.，Eberhart R. C.. A discrete binary version of the particle swarm algorithm [C]. IEEE International Conference on Systems，Man，and Cybernetics，1997 (5)：4104 - 4108.

[206] 李宁，付国江，库少平，等. 粒子群优化算法的发展与展望 [J]. 武汉理工大学学报（信息与管理工程版)，2005，27 (2)：26 - 29.

[207] 李丽，牛奔. 粒子群优化算法 [M]. 北京：冶金工业出版社，2009.

[208] Harrington P.. 机器学习实战 [M]. 李锐，李鹏，曲亚东，等，译. 北京：人民邮电出版社，2013.

[209] Breiman L.，Friedman J. H.，Olshen R.，et al. Classification and Regression Trees [J]. Biometrics，1984，40 (3)：358.

[210] 李红英. 支持向量分类机的核函数研究 [D]. 重庆：重庆大学，2009.

[211] Platt J. C.. Using analytic QP and sparseness to speed training of support vector machines [C]. Conference on Advances in Neural Information Processing Systems II. MIT Press，1999：557 - 563.

[212] Cortes C，Vapnik V. Support - vector networks [J]. Machine Learning，1995，20 (3)：273 - 297.

[213] 刘志刚，李德仁，秦前清，等. 支持向量机在多类分类问题中的推广 [J]. 计算机工程与应用，2004 (7)：10 - 13.

[214] 李朝锋，曾生根，许磊. 遥感图像智能处理 [M]. 北京：电子工业出版社，2007.

[215] Ho T. K.. Random decision forests [C]. International Conference on Document Analysis and Recognition. IEEE，1995 (1)：278 - 282.

[216] Breiman L.. Random Forests [J]. Machine Learning，2001，45 (1)：5-32.
[217] 潘泉，程咏梅，梁彦，等. 多源信息融合理论及应用 [M]. 北京：清华大学出版社，2013.
[218] 韩崇昭，朱洪艳，段战胜，等. 多源信息融合（第2版）[M]. 北京：清华大学出版社，2010.
[219] 彭冬亮，文成林，薛安克. 多传感器多源信息融合理论及应用 [M]. 北京：科学出版社，2010.
[220] 陈科文，张祖平，龙军. 多源信息融合关键问题、研究进展与新动向 [J]. 计算机科学，2013 (8)：6-13.
[221] 何友，王国宏，关欣，等. 信息融合理论及应用 [M]. 北京：电子工业出版社，2010.
[222] Bishr Y.. Overcoming the Semantic and other Barriers to GIS Interoperability [C]. International Journal of Geographical Information Science，1998：299-314.
[223] Edwards D.，Simpson J.. Integration and access of multi-source vector data [J]. Symposium on Geospatial Theory Processing & Applications Isprs Commission Ⅳ，2002.
[224] Rajabifard A.. Development of an interoperable tool to facilitate spatial data integration in the context of SDI [J]. International Journal of Geographical Information Science，2010，24 (4)：487-505.
[225] 房立芳. 基于本体的异构数据集成与融合方法研究 [D]. 合肥：中国科学技术大学，2010.
[226] 张峰. 基于本体的海洋数据集成方法研究 [D]. 青岛：中国海洋大学，2008.
[227] 蔚继承，杨丽丽. 一种基于本体的异构数据集成方法 [J]. 信息化研究，2013 (1)：9-14.
[228] 苏红军，盛业华，温永宁，等. 面向虚拟地理环境的多源异构数据集成方法 [J]. 地球信息科学学报，2009，11 (3)：292-298.
[229] 孟凡荣，闫秋艳. 基于GML的异构空间数据融合模型研究与设计 [J]. 计算机应用与研究，2005 (25)：162-171.
[230] 尹潘，胡光道. 基于GDW的空间数据融合 [J]. 吉林大学学报（地球科学版），2006，36 (3)：486-490.
[231] 杨春国，金翔龙，高金耀. 利用ArcGIS管理和分析海底探测数据 [J]. 海洋测绘，2007，27 (4)：74-77.
[232] Solaiman B.，É. Bossé，Pigeon L.，et al. A conceptual definition of a holonic processing framework to support the design of information fusion systems [J]. Information Fusion，2015，21 (1)：85-99.
[233] 余先川，王桂安. 空间推理和空间知识表示研究进展 [J]. 地质论评，2000 (11)：384-386.
[234] 余先川，姚力，叶青，等. 多源地学信息的自动综合研究综述 [J]. 北京师范大学学报（自然科学版），2002，38 (1)：70-73.
[235] 唐文静. 海陆地理空间矢量数据融合技术研究 [D]. 哈尔滨：哈尔滨工程大学，2009.
[236] 郭黎，崔铁军，王玉海，等. 多源空间数据融合技术探讨 [J]. 地理信息世界，2007 (1)：62-66.
[237] 陈换新，刘栋永，徐明世，等. 空间数据融合的框架流程及发展现状研究 [J]. 地理信息世界，2013 (5)：26-31.
[238] Pohl C.，Van Genderen J. L.. Review article multisensor image fusion in remote sensing：concepts，methods and applications [J]. International journal of remote sensing，1998，19 (5)：823-854.
[239] 韩玲. 多源遥感信息融合技术及多源信息在地学中的应用研究 [D]. 西安：西北大学，2005.
[240] 孙洪泉，窦闻，易文斌. 遥感图像融合的研究现状、困境及发展趋势探讨 [J]. 遥感信息，2011 (1)：104-108.
[241] 姚为. 像素级和特征级遥感图像融合方法研究与应用 [D]. 大连：大连理工大学，2011.
[242] 马毅，张杰，任广波，等. 基于决策级数据融合的CHRIS高光谱图像分类方法研究 [J]. 海洋科学，2015 (2)：8-14.
[243] 贾永红，李德仁. 多源遥感影像像素级融合分类与决策级分类融合法的研究 [J]. 武汉大学学报（信息科学版），2001 (5)：430-434.

[244] 徐钰明，于平，郭宝峰，等. 基于决策级融合的 RX 高光谱影像异常检测算法 [J]. 红外技术，2013 (6)：339 - 344.

[245] 赵书河，李培军，冯学智. 遥感影像决策级融合方法实验研究 [J]. 测绘科学技术学报，2007 (4)：247 - 250.

[246] 孙灏，杜培军，赵卫常. 基于多分类器组合的高分辨率遥感影像目标识别 [J]. 地理与地理信息科学，2009 (1)：32 - 35.

[247] 刘向君，常文革，常玉林. 基于决策级融合的多波段 SAR 目标检测方法 [J]. 现代雷达，2007 (2)：22 - 25.

[248] Kampa K., Hasanbelliu E., Cobb J. T., et al. Deformable Bayesian Network: A Robust Framework for Underwater Sensor Fusion [J]. IEEE Journal of Oceanic Engineering, 2012, 37 (2): 166 - 184.

[249] Du P., Xia J., Zhang W., et al. Multiple classifier system for remote sensing image classification: a review [J]. Sensors, 2012, 12 (4): 4764 - 92.

[250] 江金娜. 基于 D - S 证据理论的多传感器决策级图像融合的算法研究 [D]. 哈尔滨：哈尔滨理工大学，2015.

[251] 李新德. 多源不完善信息融合方法及其应用研究 [D]. 武汉：华中科技大学，2007.

[252] 崔林丽，陈昭，尹球，等. 基于模糊集合理论的中国区域土地覆盖数据集融合及精度分析 [J]. 长江流域资源与环境，2014 (11)：1627 - 1632.

[253] 韩德强，杨艺，韩崇昭. DS 证据理论研究进展及相关问题探讨 [J]. 控制与决策，2014 (1)：1 - 11.

[254] 张逵，朱大奇. 基于 D - S 证据理论的信息融合图像识别 [J]. 上海海事大学学报，2012 (3)：81 - 86.

[255] 张燕君，龙呈. 基于证据理论的目标识别方法 [J]. 系统工程与电子技术，2013 (12)：2467 - 2470.

[256] Rottensteiner F., Trinder J., Clode S., et al. Using the Dempster - Shafer method for the fusion of LIDAR data and multi - spectral images for building detection [J]. Information fusion, 2005, 6 (4): 283 - 300.

[257] Bendjebbour A., Delignon Y., Fouque L., et al. Multisensor image segmentation using Dempster - Shafer fusion in Markov fields context [J]. IEEE Transactions on Geoscience and Remote Sensing, 2001, 39 (8): 1789 - 1798.

[258] Shafer G.. A mathematical theory of evidence [M]. Princeton: Princeton University Press, 1976.

[259] Yager R. R.. On the D - S framework and new combination rules [J]. Information Sciences, 1987, 41 (2): 93 - 138.

[260] Dubois D., Prade H.. A set - theoretic view of belief functions [M]. Classic Works of the Dempster - Shafer Theory of Belief Functions, Springer Berlin Heidelberg, 2008: 375 - 410.

[261] Murphy C. K.. Combining belief functions when evidence conflicts [J]. Decision support systems, 2000, 29 (1): 1 - 9.

[262] Smarandache F., Dezert J.. Information fusion based on new proportional conflict redistribution rules [C]. IEEE International Conference on Information Fusion, 2005: 8.

[263] 孙全，叶秀清，顾伟康. 一种新的基于证据理论的合成公式 [J]. 电子学报，2000 (8)：117 - 119.

[264] 杨风暴，王肖霞. D - S 证据理论的冲突证据合成方法 [M]. 北京：国防工业出版社，2010.

[265] 缪燕子，方健，马小平，等. D - S 证据理论融合技术及其应用 [M]. 北京：电子工业出版社，2013.

[266] 王丰羽. 一种新的证据理论合成方法 [J]. 工业控制计算机，2015 (3)：82 - 84.

[267] Tobler W. R.. A Computer Movie Simulating Urban Growth in the Detroit Region [J]. Economic Geography, 1970, 46 (1): 234 - 240.

[268] 张锡越，朱照荣，齐永良. 结合无人测量船的什刹海西海水下地形测 [J]. 测绘通报，

2018 (S1): 121-123.

[269] 蒲进菁，刘涵，江云华，等. 无人船现状及发展趋势综述 [J]. 海洋信息，2020，35 (1): 6-11.

[270] 李斌，金利军，洪佳，等. 三维成像声纳技术在水下结构探测中的应用 [J]. 水资源与水工程学报，2015，26 (3): 184-188.

[271] Lee S., Moon Y., Ko N., et al. A method for object detection using point cloud measurement in the sea environment [J]. Underwater Technology (UT), New York: IEEE, 2017: 1-4.

[272] Thompson D., Coyle E., Brown J. Efficient LiDAR-Based Object Segmentation and Mapping for Maritime Environments [J]. IEEE Journal of Oceanic Engineering, 2019, 44 (2): 352-362.

[273] 高宗江，张英俊，孙培廷，等. 无人驾驶船舶研究综述 [J]. 大连海事大学学报，2017，43 (2): 1-7.

[274] 陈佳. 无人驾驶救助船路径规划算法的研究 [D]. 武汉：武汉理工大学，2013.

[275] 金久才，张杰，邵峰，等. 一种海洋环境监测无人船系统及其海洋应用 [J]. 海岸工程，2015，34 (3): 87-92.

致　谢

“天下之水，莫大于海。万川归之，不知何时止而不盈”，《庄子·秋水》里这句话深刻地道出了江河湖海生生不息、时空往复的奥义和众源汇聚方能成就博大的哲理。在本书成稿之际，谨代表作者团队感谢北京师范大学、上海海洋大学、武汉大学诸多同行的大力支持和帮助。

衷心感谢北京师范大学地理科学学部陈云浩教授、蒋卫国教授对本书研究内容提出的指导意见；感谢上海海洋大学海洋科学学院张进老师、武汉大学何林帮博士、冯杰博士为本书有关研究内容获取一手数据做出的巨大努力。

此外，应该感谢 MathWorks 公司、Esri 公司、Definiens Imaging 公司、Triton Imaging 公司、Teledyne Caris 公司、Google 公司、Microsoft 公司、百度公司、Teledyne Reson 公司、Edgetech 公司、Kongsberg Maritime 公司和 Geoforce 公司，正是基于他们的优秀产品，我们才能完成本书中的绝大多数研究。

无人船和水下多源声学遥感技术仍处于日新月异的发展阶段，本书所述理论和技术方案未来很可能为新的理论方法所取代。因此，我们既希望本书的内容能为多源声学遥感的发展起到些许启发作用，亦诚挚欢迎各位读者批评指正。

雷添杰

2020 年 7 月